JN493814

제3판

사회복지실천의 기초지식

인간행동과 사회환경

Human Behavior And Social Environment

인간행동과 사회환경 제3판

장수복 · 한주빈 · 이예종 · 양시영 · 오봉욱 · 고경은 공저

동문사

머리말

사회복지실천을 위해 사회복지사에게 기본이면서 가장 중요한 것은 생애주기에 따른 인간의 발달 특성과 환경에 대한 지식을 습득하는 것이다. 사회복지사는 '환경 속의 인간'에 대한 관점을 갖고 인간의 행동은 개인적인 부분이 아닌 환경에 의해 영향을 받는다는 전제하에 인간을 바라봐야 한다. 따라서 인간행동에 대한 이해를 바탕으로 사회복지적 접근에서 요구되는 지식을 습득할 수 있도록 돕는 교과목인 『인간행동과 사회환경』은 예비 사회복지사에게 매우 중요한 교과목이다.

『인간행동과 사회환경』 교과목은 '사회복지실천의 기초지식'인 인간행동 및 인간발달, 사회환경 체계에 관한 이론적 기반을 형성해줄 수 있어야 한다. 이를 위해 사회복지실천과 관련된 다양한 이론과 가치를 형성하는 과정의 기초지식을 학습하도록 하는 데 그 목적을 두고, 전 생애주기의 발달 맥락에서 인간의 행동을 이해하는 이론들과 인간을 둘러싼 사회환경을 보다 구체적으로 파악할 수 있는 지식들을 중심으로 구성하고자 하였다. 사회복지를 전공하면서 사회환경 속에 존재하는 인간에 대한 이해를 위해 사회학·심리학 등의 이론적 배경이 중요함에도 많이 다루지 못하고 있는 것이 현실이다. 따라서 『인간행동과 사회환경』에서 제시되는 이론을 학습할 때 교재에서 다루지 못한 학습영역에 대해 자신의 역량에 맞게 관련 지식을 찾아 스스로 공부하는 습관을 가졌으면 한다. 그것이 배움의 기쁨이라 생각된다.

본 집필진들은 예비 사회복지사들에게 사회복지에 대한 기본적인 이해에 도움이 되고자 사회복지에 대한 기본서로써 내용을 구성하였다. 특히 사회복지 관련 대학에서 『인간행동과 사회환경』을 수업하시는 교수님과 학습을 해야 하는 학생들이 쉽게 이해할 수 있도록 성격 이론을 생애주기별 인간발달의 다음에 집필하였다. 이를 위해 한국사회복지교육협의회에서 제시한 2018 교과목 지침서에 의거하여 제1부는 '인간행동과 사회환경 그리고 사회복지', 제2부는 '전 생애 발달의 통합적 이해'에 관하여 논의하고 있다. 제3부에서는 '인간행동에 관한 주요 이론'을 제시하였다. 제4부에서는 '사회환경 및 사회적 차별에 관한 이론 및 관점'을 제시하였다. 마지막으로 제5부에서는 '사회체계의 이해'를 다루었다. 각 장은 학습목표에 따라 집필되었고 핵심적인 부분에 대해서는 '핵심정리'를 제시하였다. 또한 각 장마다 연습문제를 제시하여 시험을 대비한 '자기 점검'이 가능하도록 하였다.

끝으로 바쁘신 일정 가운데 집필에 애써주신 집필진에게 감사의 말씀을 드리며, 이 책의 발간을 위해 적극 지원해주시고 수고해주신 도서출판 동문사 이중수 사장님과 임직원 분들께 감사드린다.

2024년
저자 일동

CONTENTS

차 례

CONTENTS

I PART

인간행동과 사회환경 그리고 사회복지

제1장 인간행동과 사회환경 그리고 사회복지

CHAPTER

01

인간행동과 사회환경 그리고 사회복지

이 장에서는 사회복지의 기본 가치인 인권과 사회정의를 살펴보고, 인간행동과 사회환경을 설명하는 다양한 사회복지 이론의 개괄적 소개가 이어진다. 이와 함께 사회복지실천의 정체성이 되는 '환경 속의 인간' 관점에 대한 이해를 바탕으로 인간의 생애주기에 대해 학습한다.

학습목표

1. 사회복지의 기본가치인 인권과 사회정의의 의미를 설명한다.
2. 사회복지에서 인간행동에 관한 이론들을 파악한다.
3. 사회복지에서 사회환경에 관한 이론들을 파악한다.
4. '환경 속의 인간' 관점에서 인간의 생애를 이해하고 설명한다.

01 인간과 사회를 바라보는 사회복지의 기본 가치 : 인권과 사회정의

1) 사회복지와 인권

사회복지학은 가치 중심의 실천학문으로 '인간의 존엄성'이라는 기본가치에 입각해서 실천한다. 인간의 존엄성은 인간의 권리를 존중하고 보장하는 사회복지의 실천과 연관되어 있다. 사회복지는 취약계층과 소외계층 등 사회적 약자의 욕구해소와 문제해결을 위해 노력해왔다. 사회복지 주요 서비스 대상자들의 인권과 권리의 보장은 사회복지실천에서 중요한 가치로서 사회복지 교육과 사회복지실천에서의 기본가치로 인권은 지속적으로 강조되어 왔다.

인권은 국적이나 인종, 문화, 연령, 성별 또는 그 밖의 어떤 것과도 무관하게 모든 사람에게 적용되는 것으로서 주장되는 권리를 의미한다(김형식 외, 2001). 「헌법」 제10조에는 "모든 국민은 인간으로서의 존엄과 가치를 가지며, 행복을 추구할 권리를 가진다. 국가는 개인이 가지는 불가침의 기본적 인권을 확인하고 이를 보장할 의무를 진다"라고 명시되어 있다. 모든 사람들은 인간으로 존중받고, 인간답고 행복한 삶을 살아갈 권리를 가지며, 국가는 개인의 인권을 보장해야 하는 의무가 있다. 국가는 인권의 보장을 통한 인간의 존엄성과 삶의 질의 향상을 위해 법과 제도를 통해 노력해 왔다. 사회복지도 이러한 노력의 일환이다. 인권에 대한 이해와 구체적인 실천적 담론을 통해 복지분야의 새로운 방향을 제시하며, 복지가 개인적이고 추상적인 인간이 아닌 공동체 구성원으로서의 구체적 인간의 존재를 인식하게 하고, 인권이 내포하고 있는 인간의 존엄, 자유와 평등과 같은 인권 사상은 욕구 중심의 복지에서 권리 중심의 복지로 잔여적 복지에서 보편적 복지로 나아가는 데 이념적 근거가 된다고 보는 것이 바람직하다(최윤영, 2013; 임경옥 외, 2018 재인용).

사회복지사의 윤리강령에도 인권실천의 내용이 담겨져 있다. 윤리강령에 따르면 "사회복지사는 인본주의·평등주의 사상에 기초하여, 모든 인간의 존엄성과 가치를 존중하고 천부의 자유권과 생존권의 보장 활동에 헌신한다"고 하였다. 여기에서 천부의 자유권과 생존권은 인권의 하위 범주로 해석이 가능하다(손병돈 외, 2008). 사회복지사들은 빈곤가정, 한부모가족, 조손가족, 다문화가족 등 다양한 가족의 형태, 북한이탈주민과 외국인 노동자의 유입, 노인, 장애인, 성적 소수자 등 다양한 개인과 가족의 특성을 존중하고 권리를 보장하기 위한 노력이 필요하다. 이러한 인권에 바탕을 둔 실천은 사회복지실천의 기본원칙인 개별화, 수용, 비심판적 태도, 통제된 정서적 관여, 비밀보장 등의 원칙과도 연결된다.

2) 사회복지와 사회정의

사회정의(social justice)는 사회복지사 윤리강령의 핵심가치로써 사회적으로 취약한 계층에 있는 사람들을 위하여 일하고 그들과 함께 사회적 변화를 추구하는 것을 의미한다(엄태완 외, 2012).

일반적으로 사회정의는 절차상의 정의, 실질적인 정의, 능동적 과정으로써의 정의 측면에서 다음과 같이 살펴볼 수 있다(윤철수 외, 2018). 절차상의 정의는 법률에서 정한 합법적인 절차를 강조하고, 실질적인 정의는 결과로써의 분배적 정의를 강조한다. 또한 능동적 과정으로써의 정의는 불의한 현상을 예방하고 치료하는 사회적 과정을 강조한다. 사회복지에서는 실질적인 정의와 능동적 과정으로써의 정의를 강조하며, 사회적으로 보다 나은 처우와 권한 및 자원의 배분이 이루어지도록 노력한다.

사회복지실천과 정책의 방향은 사회정의의 실현을 위해 빈곤, 자원과 정보에서의 배제, 신체적·정신적 장애, 기회 및 자원의 박탈, 사회적 소외와 차별 등의 문제를 해결하고 예방하도록 노력해야 한다. 이를 위해 사회복지사는 부조리한 사회환경에 대한 이해와 인종이나 문화적 다양성에 대한 이해와 민감성을 증진시켜야 한다.

NASW 윤리강령에 의하면 전문직으로서의 사회복지사의 윤리적 책임에는 '인종·민족·국적·피부색·성별·성적지향·연령·혼인상태·정치적 신념·종교·정신적 또는 신체적 장애로 인한 어떠한 유형의 차별도 행하거나 이를 묵과·조장·협조하여서는 안 된다'는 내용이 포함되어 있다. 사회복지사는 사회정의와 인간의 존엄성이라는 기본 가치를 바탕으로 인간의 천부적 권리를 보장하기 위하여 부조리한 환경과 사회문제를 이슈화하여 대중의 관심을 이끌어 내고, 클라이언트 집단을 조직화하고 클라이언트 집단과 협력하며, 클라이언트를 대변하고 옹호하는 역할을 수행한다.

02 '환경 속의 인간' 관점에서 전 생애의 통합적 이해

사회복지는 인간의 행복과 삶의 질 향상을 목적으로 환경 속의 인간이라는 관점을 견지하며 인간과 환경에 개입하는 활동이다. 환경 속의 인간이라는 인간이해의 도식은 사회복지 전문직에서는 없어서는 안 될 필수 요소이며, 사회복지 전문직의 이론기반 구축과 실천기술의 발전뿐 아니라 전문직 자체의 정체성 확립에도 많은 기여를 한다(조흥식 외, 2009).

이러한 환경 속의 인간이라는 관점은 인간의 발달과 생애주기에 대한 개입이나 사회복지적 실천 대안을 마련할 때도 기본 전제가 된다. 인간의 발달은 전 생애에 걸쳐 이루어지는 과정이며, 각 발달단계별로 나타나는 인간의 보편적 특성과 함께 개별적 특성의 역동적 과정에 대해서도 관심을 가져야 한다.

생애주기에 대해 사회복지 영역에서 관심을 가지는 이유는 다음과 같다.

첫째, 모든 인간은 전 생애에 걸쳐 삶을 영위하기 위해 연령별 또는 시기별로 다양한 욕구를 공통적으로 가지며, 이러한 연령별 시기별 욕구를 충족하지 못할 때 대다수 인간은 문제에 맞닥뜨리거나 위험에 빠짐으로써 복지증진을 이룰 수 없음을 미리 알고 사전 대책을 강구할 수 있기 때문이다(윤철

수 외, 2018). 따라서 사회복지실천에서는 각 발달단계별 인간의 변화와 성숙과 각 단계별 발달과업에 따른 기본 지식과 이해가 필수적이다.

둘째, 사회복지실천에서 생애주기별 특성에 대한 지식은 사회복지의 대상과 가족을 이해하고 사정하고 개입함에 있어서 유용한 지식이 된다. 대상자 및 가족의 욕구를 파악하고 문제를 사정할 때 유용하며, 그에 따라 필요한 자원이 무엇인지, 문제해결을 위한 개입계획의 수립과 서비스와 프로그램을 고안하고 실행할 때 유용하다.

인간의 발달은 수정에서 죽음에 이르기까지 전 생애를 통해 이루어지는 모든 양적 또는 질적 변화의 양상과 과정을 의미한다. 인간은 태아기와 영아기를 거쳐서 학령 전기(유아기), 아동기, 청소년기, 청년기, 중장년기, 노년기에 이어 죽음에 이르게 되는 인간의 전 생애에 걸쳐 나타난다. 모든 인간은 전 생애에 거쳐 변화되며, 각 발달단계마다 공통적인 욕구가 발생하며, 발달단계별 기본 욕구를 충족시키지 못할 때 문제에 직면하고 적응상의 어려움을 겪을 수 있다. 인간의 발달단계에서 이러한 문제나 적응상의 어려움은 발달단계상의 보편적 특성과 함께 환경 속의 인간의 관점에서 각 사람이 직접적으로나 간접적으로 사회환경과 접촉하고 상호작용하며 발생되는 개별적 욕구와 문제에 대해서도 통합적으로 이해하고 관심을 기울여야 한다.

03 인간행동을 설명하는 이론과 사회복지

사회복지에서 인간행동 이해의 필요성은 다음과 같다(조흥식 외, 2009).

첫째, 인간관계를 향상시키는 자원이 될 수 있으며, 인간행동과 그 기능수행을 효율적이며 질적으로 발전시키는 정보로써 기능할 수 있다.

둘째, 인간행동에 대해 잘 이해하는 것은 집단구성원의 만족도와 자발적인 참여를 증대시키고, 집단의 목표달성과 집단의 효율성을 극대화시킬 수 있도록 한다.

셋째, 인간과 인간의 행동에 대한 보다 정확한 지식과 정보는 국가 사회복지정책이나 사회복지 서비스 개혁의 효과성 및 효율성을 증대시키고, 사회정의와 공동체의 복지증진에 기여할 수 있다.

넷째, 인간의 문제를 미리 파악하여 사회문제나 개인문제에 의한 사회병리 현상을 사전에 예방할 수 있도록 한다.

인간행동을 설명하는 주요 이론으로는 정신역동 이론, 행동주의 이론, 인지발달 이론, 인본주의 이론 등이 있다. 본 장에서는 이론들에 대해 간략하게 소개하고, 각 이론은 Part Ⅲ에서 자세하게 살펴본다.

1) 정신역동 이론

정신역동 이론에는 프로이트 정신분석 이론, 에릭슨의 심리사회 이론, 아들러의 개인심리학 이론, 융의 분석심리학 이론이 포함된다. 각 이론의 주요 내용을 살펴보면 다음과 같다.

(1) 프로이트의 정신역동 이론

정신분석 이론은 프로이트(Sigmund Freud)에 의해 창안되었으며, 인간 정신세계의 대부분을 차지하고 있는 무의식과 결정론에 기초한 이론이다. 프로이트는 인간을 비합리적이고 무의식에 지배를 받으며 결정론적인 존재로 가정하였다. 프로이트는 인간의 성격을 설명하기 위해 원초아, 자아, 초자아 등의 개념을 제시하였으며, 정신수준과 관련된 무의식, 전의식, 의식의 개념과 함께 불안, 자아방어기제에 대해 설명하고 있다. 프로이트는 인간의 모든 본능을 성적인 것으로 보았고, 성적 에너지를 리비도(libido)라고 명명하였다. 프로이트는 각 발달단계마다 성적 에너지가 집중되는 부위에 차이가 있으며, 성적 에너지의 만족은 아동의 성격발달에 중요한 요인으로 작용한다고 주장하였다. 특히 성격발달은 출생 후 6세 이전 유아들의 성적 욕구에 대한 부모들의 태도에 따라 결정되며, 이 기간 동안의 성적 경험은 성인기 성격 형성에 기초가 된다고 보았다. 프로이트의 과거와 무의식 이론에 근거한 정신분석 상담의 주요 목적은 클라이언트의 자기 인식을 증가시켜 현재 행동에 대한 지적 통찰을 얻게 하는 것이다.

(2) 에릭슨의 심리사회 이론

정신분석 이론에 기초한 에릭슨(Erikson)의 심리사회 이론은 인간발달에 프로이트의 성심리 이론과 심리사회적 요인을 모두 포함하는 통합된 관점을 제시하였다. 에릭슨은 인간을 합리적이며 더 나아가 창조적 존재로 보고 있다. 즉, 인간을 내적 통합성, 좋은 판단력 그리고 성공할 수 있는 능력을 지니고 있는 합리적이고 이성적이며 창조적인 존재로 규정하고 있다. 에릭슨은 프로이트와는 달리 본능보다는 자아의 역할이 중요하며, 자아는 발달과제를 유능하고 창조적으로 처리할 수 있는 능력과 힘을 가지고 있다고 보았다. 에릭슨의 심리사회 이론은 인간 성격과 행동발달의 심리사회적 요인과 자아의 역할을 간과한 프로이트 이론을 보완하는 동시에 발달 이론을 전 생애로 확장하여 영아기, 유아기, 학령 전기, 학령기, 청소년기, 성인기, 중년기, 노년기의 8단계로 구분했다.

(3) 아들러의 개인심리학 이론

아들러(Alfred Adler)의 개인심리학은 인간을 단일하며 분할할 수 없는 총체적이고 통합된 실체로 보았다. 인간은 현상적 자아에서 가공적 목적(fictional goal)을 끊임없이 추구하는 창조의 존재, 책임지는 존재, 선을 실현하는 존재로, 완성을 향해 '형성되어가는 존재'라고 주장하였다. 인간의 성격형성과 발달에 사회적 요인의 중요성을 강조하면서 인간의 사회적 관심은 선천적인 것으로 개인의 사회적 관계의 확대와 함께 경험하게 되는 열등감은 극복이라는 보상의 노력으로 우월성을 추구하며, 이러한 과정에서 성격의 핵심인 생활양식이 형성된다고 보았다.

(4) 융의 분석심리 이론

융(Carl Gustav Jung)은 프로이트의 정신분석학에 영향을 받고 인간의 정신 내에는 의식적으로 이해할 수 없는 무의식적인 요소들이 있으며, 독립적으로 작용한다는 사실을 발견하였다. 융은 무의식에 내포되어 있는 상징과 의식, 원형, 신화 등의 요소들을 분석하는 과정에서 인류역사와 함께 개인이 속한 문화적 영향을 기초로 형성된 정신적 소인으로 집단무의식(collective unconscious)

이라는 개념을 도출하고 그 중요성을 강조하였다. 인간은 자신의 무의식의 세계를 분석하고 통찰을 통해 관계를 회복해서 의식과 무의식의 세계가 통합되어야 한다고 제안하였다. 인간의 정신적 갈등과 불안이 해결되고 창조력을 발휘하기 위해서는 무의식과 의식의 통합, 즉 인간 성격의 심리적·영적인 부분이 조화를 이루어야 한다고 주장하였다.

2) 행동주의 이론

행동주의의 대표적인 이론은 스키너의 조작적 조건화 이론과 반두라의 사회학습 이론이다. 각 이론의 주요 내용을 살펴보면 다음과 같다.

(1) 스키너의 조작적 조건화 이론

스키너(Frederick Skinner)는 파블로프의 고전적 조건화 이론을 수용하여 조작적 조건화 이론(operant conditioning theory)을 제안하였다. 조작적 조건화 이론은 인간의 행동은 행위의 결과로 결정되기 때문에 환경을 조작하여 행동의 변화를 일으킬 수 있다고 보았다. 인간행동은 내적 충동보다 외적 자극에 의해 동기화되며, 인간은 보상과 처벌에 따라 유지되는 기계적 존재이다. 인간의 내적인 변화보다는 행동변화에 초점을 맞추고, 관찰과 측정이 가능한 표출된 행동을 중심으로 설명한다. 인간은 환경의 자극에 반응하는 유기체로 인간의 모든 행동은 생활환경이 제공하는 자극의 강화형태와 행동의 빈도에 의한 학습으로 결정되며, 긍정적·부정적 습관으로 구성된다고 주장하였다. 이와 같이 행동주의 이론은 인간행동이 보상과 처벌에 의해 유지된다는 것으로 인간은 기계적 존재라고 할 수 있다. 모든 인간행동은 법칙적으로 결정되고, 예측이 가능하며, 통제될 수 있다고 본다.

(2) 반두라의 사회학습 이론

반두라(Albert Bandura)의 사회학습 이론(social learning theory)은 내적 과정과 외적 과정을 잘 결합한 행동주의 학파의 이론이다. 인간은 인지적 능력이 있기에 창조적인 사고를 함으로써 합리적 행동을 계획할 수 있다. 반두라의 사회학습 이론에서는 관찰학습, 모델링, 자기효능감 등에 대해 설명하였다. 반두라는 자신의 경험뿐만 아니라 관찰학습을 통해서도 학습이 이루어진다고 하였다. 관찰을 통한 대리강화를 함으로써 학습한다는 측면은 사회학습 이론에서 인지가 중요한 역할을 한다는 의미이다. 반두라는 인간이 환경과의 접촉을 통하여 행동유형을 어떻게 발전시켜 나가는가 하는 이론을 발전시켰다.

3) 인지 이론

인지 이론의 대표적 이론은 피아제(Piaget)의 인지 이론이다. 인지(cognition)란 인간이 외부세계를 이해하고 파악하는 지각능력이며, 인식능력으로 지식, 의식, 학습, 사고 작용, 개념화, 지각 등 모든 정신적 과정을 말한다. 인지 이론에서는 인간의 성장과 변화 그리고 잠재력에 대하여 가능성을 보이는 비결정론적 입장이다. 개인적인 의미로 구성하는 인지과정은 타인을 지각하고 이해하는 것, 외부세계를 이해하는 것, 보상이나 처벌로써 경험하는 것, 어느 것에 주의집중하거나 간과하는 것 등이 있다. 세상이 어떠하느냐 하는 것보다는 개인이 세상을 어떻게 지각하고 이해하느냐가 더 중요하다. 피아제의 인지 이론은 기억, 학습, 언어, 사회인지 등의 다양한 분야, 특히 아동발달심리학자와 교육심리학자들에게 지대한 영향을 미쳤다. 피아제는 아동의 인지가 감각이나 운동발달에서 시작하여 논리적 사고의 습득과정인 형식적 사고로 이어지는 인지발달단계를 4단계로 설명한다. 즉, 감각운동기 – 전조작기 – 구체적 조작기 – 형식적 조작기를 통하여 적응하는 것으로 본다.

4) 인본주의 이론

인본주의 이론에서는 로저스의 현상학 이론과 매슬로우의 자아실현 이론에 대해 살펴보고자 한다.

(1) 로저스의 현상학 이론

칼 로저스(Carl Rogers)는 심리학에 인본주의 철학을 접목해서 발전시킨 학자로서 인간본성의 긍정적인 측면에 초점을 맞추고 상담에서 클라이언트의 잠재력과 성장 가능성을 강조하였다. 로저스는 인간의 긍정적인 측면을 강조하는 인본주의 철학에 입각하여 인간은 선한 존재로 신뢰할 만한 존재이며, 근본적으로 합리적·사회적·전인적·현실적이라고 하였다. 또한 인간은 어느 순간에 결정되는 존재가 아니라 끊임없이 변화하는 존재이기 때문에 자신을 실현하기 위한 기본적 동기와 함께 자기의 잠재능력을 개발, 자아실현의 의지를 가지고 있다고 하였다. 로저스는 인간에 대해 현상학적인 입장에서 전체적으로 기능하는 유기체로 보고, 인간은 자기 고유의 주관적인 경험으로 이루어진 '현상학적 장(phenomenal field)'을 통해 자신을 가장 잘 이해하고 있기 때문에 자기 문제를 해결할 수 있는 능력을 가지고 있다고 주장하였다. 인본주의 철학에 기초하여 로저스는 인간중심적인 상담을 개발하였다.

(2) 매슬로우의 자아실현 이론

매슬로우(Maslow)는 자아실현을 체계화한 인본주의 심리학의 창시자이다. 매슬로우는 인간 각자는 자신의 잠재력을 발달·성장시키고, 완성시킬 수 있는 본능적 욕구를 가지고 태어난다고 보았다. 인간은 심리적 부적응 요인을 자각하는 능력과 부적응 상태에서 벗어난 심리적 적응상태로 향상하는 능력 및 경향성을 가지고 있으며, 인간은 본래 특정한 성격유형을 갖고 태어나는 것이 아니라 다양한 주관적인 경험들을 통해 성격이 형성된다. 매슬로우는 동기의 단계로써 욕구위계(생리적 욕구－안전과 안정의 욕구－사랑과 소속감의 욕구－존경의 욕구－자아실현)를 설명하였다. 매슬로우의 주요 공헌은 동기가 어떻게 위계적으로 조직되는가에 대한 분석(욕구위계 이론/동기위계 이론)과 건강한 성격에 대한 기술을 바탕으로 인간의 자아실현의 중요성을 강조한 점이다.

04 사회환경을 이해하는 이론과 사회복지

사회복지에서는 '환경 속의 인간'이라는 관점을 유지하며 인간을 환경과 분리된 실체가 아닌 통합된 존재로 이해한다(김윤정, 2011). 인간은 독립된 존재가 아닌 인간을 둘러싼 다양한 사회적 환경과 관계를 맺고 상호작용을 통해 영향을 주고받는다. 따라서 사회복지실천에서 인간의 욕구를 해소하거나 문제해결을 위해서 인간이 교류하는 다양한 환경에 대한 이해와 개입이 필수적이다.

환경은 물리적 환경뿐 아니라 사회환경을 포함하는 것으로 가족, 친구, 동료, 이웃, 집단, 조직 등 개인이 접촉하는 다양한 체계들이 포함되며, 정책, 법, 문화, 교육 등 거시적 측면의 사회제도가 포함된다. 사회복지실천에서 인간의 행동과 욕구를 이해하기 위해서는 인간을 둘러싼 다양한 환경체계 안에서 인간과 환경의 상호작용과 반응을 살펴보고 개입해야 한다. 사회환경 이해의 필요성은 다음과 같다(조흥식 외, 2009).

첫째, 역동적으로 변화하는 존재인 인간은 물리적 환경이나 사회적 환경의 조건에 자신을 맞춰 가는 존재이면서 또한 환경을 자신에게 맞게 수정하거나 변화시키기도 하는 능동적 주체이기 때문이다.

둘째, 사회복지실천에서 클라이언트 개인은 물론 그를 둘러싼 가족과 동료 집단, 지역사회, 문화를 함께 이해하는 수단이 될 수 있다.

셋째, 사회환경은 인간 개개인의 행동에 큰 영향을 미치며, 특히 클라이언트의 행동을 분석하고 이해하는 데 매우 중요한 도구이다.

넷째, 사회환경은 인간행동에 영향을 미친다는 점뿐만 아니라 사회복지사의 자원 동원과도 밀접한 관계를 맺고 있다는 측면에서 중요하다.

사회행동을 설명하는 주요 이론으로는 체계 이론, 생태 이론 및 생태체계 이론, 사회적 차별과 관련된 이론으로 다문화주의 이론 등이 있다. 본 장에서는 이론들에 대해 간략하게 소개하고, 각 이론은 Part Ⅳ에서 자세하게 살펴본다.

1) 체계 이론

체계 이론은 다양한 체계들 간의 상호작용을 강조하는 개념이며, 한 영역의 변화가 다른 부분에 영향을 미칠 수 있다는 관점이다. 체계 이론은 가족, 집단, 조직 등을 포함하는 하나의 체계에서 인간이 관계의 강화 또는 관계

유지를 위해 서로에게 영향을 주는 것을 이해할 수 있도록 돕는다. 체계 이론에서는 인간은 하나의 체계에서 결합을 구성하고 결합이 더 강하게 되도록 노력한다고 하였다(Payne, 1997). 체계 이론을 활용하면 가족이나 조직체계 같은 작은 체계뿐만 아니라 지역체계도 살펴볼 수 있다. 우리는 지역을 개인과 집단 그리고 조직들을 포함하고 있는 하위체계(subsystem)라는 측면에서 살펴볼 수 있다. 사회체계는 인간과 상호작용하고 인간에게 상호의존하는 구조이다(Green & Ephross, 1991).

인간 역시 하나의 체계로써 바라보는데 내부의 심리적인 요인들과 외부의 제도적인 구조들로 특성화된 인간체계는 개인, 가족, 사회집단들과 같은 다양한 실재(實在)들을 포함한다. 인간의 외부 환경으로는 가족, 이웃, 학교, 직장, 지역사회와 같은 다양한 사회환경이 있다.

2) 생태 이론, 생태체계 이론

생태 이론(ecological theory)은 유기체와 환경의 관계에 대해 연구하는 이론 즉 생태 이론은 인간과 다른 체계 간의 교류를 설명하고 각 체계 간의 영향에 의한 상호작용 등이 인간행동에 영향을 미친다고 설명하였다. 생태체계(ecosystem)는 생태학과 일반체계 이론을 포함한 개념으로, 생태학의 상호적응의 개념과 일반체계의 상호작용을 하는 요소와 인간, 환경 등의 변수 간의 체계적인 상호 관련을 기술한다는 점에서 두 이론의 개념을 종합한 의미이다. 따라서 생태체계 관점에서 인간의 행동은 그들의 사회체계에 대한 설명 없이는 이해할 수 없다. 인간이 어떤 환경 속에 존재하고 있는가에 따라 인간의 행동은 변화될 수 있으며, 그에 따른 삶은 정해진 것이 아니라 변화될 수 있다. 그리고 인간의 발달을 설명하기 위해서는 인간의 발달 과정, 발달이 일어나는 환경, 모든 인간이 처해 있는 다차원적인 환경들 간의 상호작용과 상호연계성을 규명하는 것이 중요하다(홍정미, 2008).

생태 이론은 '환경 속의 인간'이라는 관점을 제공하여 사회복지실천에 기본 전제가 된다. '환경 속의 인간(person in environment : PIE) 관점'은 인간과 환경을 따로 이해하기보다는 인간과 환경 혹은 그를 둘러싼 상황까지도 함께 고려해야 한다는 관점으로 사회복지실천에 있어 중요한 기본적 관점이다. 단순한 인간관계를 규명하는 것이 아니라, 인간과 환경 간의 복잡한 상호 보완성을 설명하는 데 관심을 둔다.

3) 사회적 차별 및 억압과 관련된 이론 : 다문화주의

다문화주의는 다양한 문화적 주체들의 특수한 삶의 권리에 대한 제도적 보장의 의미를 담고 있다. 다문화주의는 다인종 또는 다민족 국가를 형성해온 북미를 중심으로 한 서구 국가들이 다인종·다종교 그리고 다문화의 사회로 발전되어가는 과정에 사회적·정치적·경제적 갈등을 해소하려는 목적에서 비롯되었다. 다문화주의는 정책의 지향점과 결과에 있어서 다양한 역사적·정치적·경제적 맥락에서 그 의미를 해석해야 한다. 점차적으로 다문화와 다양성은 인종이나 민족뿐만 아니라 성별, 연령별 집단, 장애, 문화, 성적 지향 등을 포괄하는 개념으로 확대되고 있다.

핵심정리

- 인간의 존엄성을 바탕으로 하는 인권과 사회정의는 사회복지의 기본가치이다.
- 인간의 발달은 전 생애에 걸쳐 이루어지는 과정이며, 각 발달단계별로 나타나는 인간의 보편적 특성과 함께 환경 속의 인간이라는 관점 안에서 개별적 특성의 역동적 과정을 통합적으로 고려해야 한다.
- 인간행동을 설명하는 주요 이론으로는 생물학적 이론, 정신역동 이론, 행동주의 이론, 인본주의 이론, 인지 이론 등이 있다.
- 사회환경을 설명하는 주요 이론으로는 체계 이론, 생태 이론 및 생태체계 이론, 사회적 차별과 관련된 이론으로 다문화주의 이론 등이 있다.

01
CHAPTER

연습문제

01 사회복지에서 사회환경을 이해하는 관점으로 거리가 먼 것은?

① 사회환경에는 정책, 법, 문화 등 거시적 환경도 포함된다.
② 사회환경은 변화될 수 없으므로 환경에 대한 인간의 적응을 강조한다.
③ 사회환경은 클라이언트의 행동을 분석하고 이해하는 데 매우 중요한 도구이다.
④ 환경 속의 인간이라는 관점을 유지한다.
⑤ 인간을 환경과 분리된 실체가 아닌 통합된 존재로 이해한다.

02 다음 〈보기〉의 내용과 관련이 있는 학자는 누구인가?

〈보기〉
가. 인간본성의 긍정적인 측면에 초점
나. 인간에 대해 현상학적인 입장을 적용
다. 인간중심적인 상담을 개발

① 매슬로우
② 프로이트
③ 융
④ 로저스
⑤ 스키너

03 다음 인간행동을 설명하는 이론에서 그 범주가 다른 하나는?

① 아들러의 개인심리 이론
② 에릭슨의 심리사회 이론
③ 프로이트의 정신역동 이론
④ 융의 분석심리 이론
⑤ 반두라의 사회학습 이론

04 **사회복지의 기본가치에 대한 설명으로 거리가 먼 것은?**

① 인권사상은 욕구 중심의 복지에서 권리 중심의 복지로의 이념적 근거가 된다.

② 사회정의는 사회적으로 취약한 계층에 있는 사람들을 위하여 일하고 그들과 함께 사회적 변화를 추구하는 것이다.

③ 인권사상은 보편적 복지에서 잔여적 복지로 나아가는 데 이념적 근거가 된다.

④ 사회정의적 측면에서 사회적 소외와 차별 등의 문제를 해결하고 예방하도록 노력해야 한다.

⑤ 인권에 바탕을 둔 실천은 개별화, 수용, 비밀보장 등 사회복지실천원칙과도 연결된다.

05 **사회복지의 핵심 관점인 '환경 속의 인간'에 대한 설명으로 거리가 먼 것은?**

① 인간과 환경 간의 복잡한 상호 보완성을 설명하는 데 관심을 둔다.

② 사회복지 전문직의 이론적 기반이 되는 관점이다.

③ Person in environment : PIE

④ 생태체계 이론과 관련이 있다.

⑤ 환경과 인간은 분리된 실체로 이해하고 분리해서 개입한다.

정답 1. ② 2. ④ 3. ⑤ 4. ③ 5. ⑤

PART II

전 생애 발달의 통합적 이해

제2장 인간발달 개관
제3장 태아기·영유아기
제4장 아동기·청소년기
제5장 청년기·중년기
제6장 노년기

CHAPTER

02

인간발달 개관

이 장에서는 전 생애 발달의 통합적 이해를 도모하기 위해 인간발달의 특성, 인간발달의 이론을 토대로 사회복지실천과의 연관성에 대해 학습하고자 한다. 인간발달은 인간이 전 생애 동안 신체적·심리적·정서적·사회적·문화적 측면에서 끊임없이 지속적으로 변화한다. 따라서 인간발달이 보편적이면서 개별화된 특성을 가진 존재이며, 태아기·영유아기, 아동·청소년기, 청년기, 중년기, 노년기 등과 같이 특정한 발달과업을 성취하기 위해 필요한 기간을 적절한 시기에 따라 단계별로 구분해볼 수 있다.

학습목표

1. 인간발달의 개념을 설명할 수 있다.
2. 인간발달의 원리와 특성을 이해할 수 있다.
3. 인간발달단계와 사회복지실천과의 연관성을 설명할 수 있다.

01 인간발달의 개념

1) 인간발달의 개념

인간발달의 전통적 접근은 출생 후 초기에 급격한 변화가 이루어지고 청년기에는 발달의 정점에 이르며, 그 후 성인기에는 안정을 유지하다가 노년기에는 쇠퇴한다고 보았다(LeFrancois, 1984; 조복희 외 2010).

인간발달은 수정의 순간부터 사망에 이르기까지 전 생애에 걸쳐 생물학적(유전적 요인) 요인과 환경 요인을 과학적으로 규명하는 학문(Santroch, 2004; 조복희 외, 2010)이며, 이와 같은 요인의 다양한 영향을 받으면서 인간의 신체구조, 인지구조, 행동 등에 변화를 가져온다. 이러한 점에서 인간발달에 대한 학자들의 정의는 다양하다.

인간발달은 개인의 상승적 변화를 의미하며, 인간이 수정에서부터 죽음에 이르기까지 시간의 경과에 따라 발생하는 규칙적이고 연속적인 변화를 의미한다(Zanden, 1997). 인간발달은 출생에서부터 죽음에 이르기까지 신체적·인지적·정서적·사회적 측면 등 전인적인 측면에서 전 생애에 걸쳐 연속적으로 일어나는 변화 양상과 과정을 발달 혹은 발달적 변화라고 말한다.

인간발달은 생애발달적 접근을 갖는 발달심리학의 대상으로서, 인간의 전 생애에 걸친 모든 발달적 변화 양상과 과정을 의미한다. 이러한 인간발달의 모든 연령과 시기는 서로 밀접하게 관련되어 있으며, 영·유아기, 아동기, 청년기 등 모든 단계의 발달연구는 궁극적으로 생애발달적 접근의 '인간발달'

이라는 틀 속에서 이해되어야 한다(한국교육심리학회, 2000).

최근 인간발달은 인간을 둘러싼 문화에 의해서도 다양한 방식으로 발달할 수 있다는 점에서 각 나라가 갖고 있는 문화도 점차 중요하게 인식되고 있다.

2) 인간발달과 유사용어 비교

인간발달(human development)과 유사한 개념을 생물학적(유전적) 요인과 환경적 요인으로 구분해서 살펴보면, 인간발달은 생물학적 요인에서 볼 때 성장 및 성숙과 관련되며, 환경적 요인에서 볼 때 학습 및 사회화와 관련된다.

성장(growth)은 신체의 크기나 근육의 힘의 강도와 같이 양적 증가와 확대를 의미하며, 사람은 태어날 때 유전인자에 의해 성장을 하다가 일정한 시기가 되면 성장이 멈추게 되고, 환경적 영향에 의해 조금씩 달라진다.

성숙(maturation)은 유전적 기제의 작용에 의해 나타나는 체계적이고 규칙적으로 진행되는 변화와 운동기능과 감각기능과 같이 신체의 다양한 부분의 기능이 유능하게 변화하는 것을 의미한다.

학습(learning)은 직접적·간접적 경험의 산물로 나타나는 변화와 특수한 경험과 훈련, 연습을 통해 지식, 기술, 태도, 정서, 가치, 사고방식 등이 발달할 수 있도록 개인을 변화시키는 것을 의미한다.

사회화(socialization)는 개인이 자기가 속한 사회구성원으로서 자연스럽게 동화되어 가는 과정을 의미하며, 가족과 지역사회 등을 포함한 사회구성원과의 상호작용을 통해 개인의 태도, 신념, 가치, 역할, 문화 및 사회집단의 기대 등을 전 생애를 통해 익혀나가는 과정인 것이다.

그러나 인간발달을 성장, 성숙, 학습 및 사회화의 어느 한 개념만을 갖고 설명할 수 없으며, 이러한 것과 인간발달을 동일시하거나 혼동해서는 안 된다. 인간발달은 이러한 모든 개념들을 포괄적으로 포함한 것이다. 따라서 인간발달이란 인간이 전 생애 동안 성장, 성숙, 학습 및 사회화를 통해 신체적·심리적·정서적·사회적·문화적 측면에서 양적으로나 질적으로 연속적·상승적으로 변화하는 것을 말한다(이근홍, 2010).

3) 발달에 영향을 주는 요인

발달(development)은 전 생애에 걸쳐 연속적으로 일어나며, 변화는 생의 어떤 시기에도 여러 가지 다양한 영향들의 결과로 일어난다. 이처럼 발달에 영향을 주는 요인에는 첫째, 생물학적인 유전, 유전적으로 결정된 발달의 생물학적 시간표에 따라 일어나는 변화인 성숙, 인간을 둘러싼 환경에 의해 영향을 받는다. 둘째, 인간이 살고 있는 그 나라와 지역의 문화, 민족, 인종에 의해 영향을 받는다. 셋째, 규범적 영향과 비규범적 영향이 있다. 규범적 영향은 한 집단의 대부분의 사람들에게 비슷한 방식으로 일어나는 사건의 영향을 말하고, 비규범적 영향은 특정한 사람에게만 일어나는 예외적인 사건 혹은 예외적인 시기에 일어나는 일상적인 사건의 영향을 말한다(신명희 외, 2017).

02 인간발달의 원리와 특성

1) 인간발달의 원리

인간발달은 개인마다 그 정도가 다르지만, 발달의 변화는 체계적이고 규칙적이며 일관성 있는 원리에 따라 진행된다. 인간발달의 보편적인 원리는 다음과 같다(이근홍, 2010).

첫째, 연속성이다. 인간발달은 어느 시기에서만 이루어지는 것이 아닌 점진적이고 연속적인 변화과정이다. 즉, 인간은 어느 한 시기에 발달한 부분이 다른 시기에 발달하지 않고 멈추는 것이 아닌 계속적으로 발달이 진행된다.

둘째, 일정한 순서와 방향성이다. 인간발달은 일정한 순서에 따라 이루어진다. 즉, 인간발달은 일반적이고 보편적인 순서와 방향성에 따라 진행되며, 순서가 바뀌지 않고 일정하게 이루어진다.

셋째, 개인차이다. 인간발달은 일반적인 원리가 존재하지만 동일한 발달단계를 거치고 동일한 연령이 되어도 개인차가 나타날 수 있다. 즉, 인간은 성별, 연령이 동일해도 신체적·심리적·사회적·문화적 측면에서 개인에 따라 다르게 나타날 수 있다.

넷째, 상호관련성이다. 인간발달의 각 측면은 상호간에 관련성이 없는 것처럼 보이지만 각각의 측면들은 상호 간에 밀접한 관련을 갖는다(김제한, 2001). 즉, 인간발달의 측면은 여러 상호 간에 밀접하게 관련되어 영향을 미친다.

다섯째, 분화와 통합이다. 인간발달은 분화의 과정이면서 동시에 통합의 과정을 갖는다. 즉, 인간발달은 전체적인 측면에서부터 부분적인 측면으로 분화되어 가는 동시에 분화된 각 측면들이 통합되어 하나의 체제를 형성해 나간다.

여섯째, 유전과 환경과의 상호작용이다. 인간발달은 생물학적(유전학적) 요인과 환경적 요인의 상호작용에 의해 이루어진다. 즉, 인간발달은 두 가지 상호작용의 산물인 것이다.

그 외에도 연속적 과정과 속도의 불규칙성, 점성원리, 적기성을 갖는다. 즉, 전 생애를 통해 이전 발달에 이어 연속적으로 계속 일어나고, 발달의 순서는 일정하지만 발달의 속도는 항상 일정한 것이 아니고 빠르게 진행되는 시기가 있고, 더디게 진행되는 시기가 있다. 그리고 특정 단계의 발달은 이전 단계의 발달과제에 영향을 받는다는 점에서 점성원리를 가지며, 신체 및 심리발달이 가장 용이하게 이루어지는 결정적 시기 혹은 최적의 시기가 있다는 점에서 이 시기를 놓치면 발달과제 획득의 효율성이 떨어질 수 있다.

2) 인간발달의 특성

인간발달의 일반적인 특성은 다음과 같다(유안진·김혜선, 1996; 이근홍, 2010).

첫째, 기초성이다. 인간발달에서 인생초기의 신체적·정서적·지적·사회적·성격적 발달은 그의 일생을 결정하는 기초가 된다. 즉, 아동기는 성인기의 기초가 형성되는 시기이며, 아동기의 발달경험은 일생 동안 지속된다는 것이다.

둘째, 적기성이다. 인간발달에서 특정시기에 특정한 발달과업을 성취하는데 가장 적절한 시기가 있다. 즉, 인간발달에서 최적기에 적절한 환경과 자극을 제공하여 발달을 촉진시키는 것이 중요하다.

셋째, 누적성이다. 인간발달에서 어떤 시기에 결손이 생기면 다음 시기의 발달에 부정적인 영향을 미칠 수 있다. 즉, 인간발달에서 적절한 시기에 특정한 발달과업이 성취될 수 있도록 관심을 가져야 하며, 만약 결손이 누적되면 교정하거나 보충하는 것이 필요하다.

넷째, 불가역성이다. 인간발달에서 최적기에 발달이 성취되지 못하면 그러한 발달과업을 성취하기가 불가능하게 되고, 그 시기 이후에 완전히 회복하기 어렵게 된다는 것이다(Zastrow & Kirst-Ashman, 1997). 즉, 인간의 발달은 최적기를 놓치면 그 이후에 이를 교정하거나 보충하는 것이 힘들며, 거의 회복할 수 없다는 것이다.

인간발달의 특징에 있어서 인간발달은 시간 경과에 따라 양적 또는 질적인 변화를 경험하며, 기능과 구조에 있어서 발달해가는 상승적 변화와 기능이 위축되고 약화되는 하강적 변화를 경험하기도 한다. 또한 유전적 요소와 환경적 요소의 상호작용에 의해서 성숙, 성장, 노화, 학습의 모든 측면을 경험하고, 전 생애를 통해 다양한 영역에 걸쳐 일어나지만 각 발달단계로 특히 중요하고 의미 있는 변화를 보이는 영역이 있다.

03 인간발달단계와 발달과제, 사회복지실천과의 연관성

1) 인간발달의 단계

인간발달의 단계는 발달상에서 어떤 과제의 성취와 특정 측면의 발달이 강조되는 삶의 기간으로 대략 나이를 기준으로 구분하나 엄격하게 구분하기는 쉽지 않다(권순종 외, 2008). 발달단계를 나눌 때 가장 보편적으로 사용되는 기준이 연령이다. 연령에는 생활연령, 생물학적 연령, 심리적 연령, 사회적 연령이 있다(Santroch, 2004; 조복희 외, 2010). 생활연령은 출생 후 어느 만큼 시간이 흘러 갔느냐에 따라 결정되는 것으로 우리가 말하는 20살, 30살이라고 하는 연령을 말한다. 생물학적 연령은 개인의 생물학적 건강에 바탕을 두고 산출된 연령을 말한다. 심리적 연령은 심리적 성숙에 따라 달라지는 것을 말한다. 여기서 성숙된 사람은 스스로 감정조절을 잘하고 사고를 분명히 하는 경향이 있다. 사회적 연령은 각 개인의 생활연령에 맞는 사회적 기대나 역할을 하고 있느냐에 초점을 두고 있다. 예를 들어 결혼연령, 부모가 되는 연령, 은퇴연령 등은 사회가 부여하고 있는 사회적 연령이다.

발달단계는 발달과정에서 어떤 측면이 특히 더 발달하는 단계 혹은 특정한 과제를 성취하는 단계로써 연령대가 기간을 말한다. 그런 점에서 발달단계는 각 단계의 특징이 이전 단계와 이후 단계와 구별되며, 각 단계는 발달을 향한 특정한 방향을 갖고, 연속적으로 이루어진다. 이때 발달단계의 구분은 학자와 이론마다 차이가 있다. 이 책에서는 태아기·영유아기·아동기·청소년기·청년기, 중년기, 노년기로 구분하여 설명하였다.

2) 인간발달단계에 따른 발달과제

인간발달단계에 따른 발달과제는 인간의 발달시기에 따라 수행해야 할 과제를 의미한다. 즉, 인간은 발달시기에 맞춰 학습하고 학습한 내용을 토대로 과제를 수행하면서 다음 단계로 넘어가고, 그 단계에서 학습하고 과제를 수행하는 데 도움이 된다. 그러나 만약 특정한 과제를 수행하지 못하면 다음 단계에서 학습하고 그 단계에서 과제를 수행하는 데 어려움을 경험한다.

3) 인간발달에 대한 최근 관심 주제

최근 인간발달에 대한 주제 중 관심을 갖는 주제로 건강과 웰빙, 부모됨, 교육, 사회문화적 맥락 그리고 사회정책 등이 있다(Santroch, 2004; 조복희 외, 2010). 건강과 웰빙은 인간 최대의 목표이므로 임신 시 약물 복용, 음주, 흡연, 위기 청소년, 노년기의 건강, 죽음 준비 등이 있다. 그리고 부모가 되어 자녀 양육의 과정에서 이루어지는 취업모와 보육, 이혼 부모의 자녀, 아동학대와 방임, 가족관계 등이 있다. 인간의 성장과 발달에 영향을 미치는 교육에 있어서 학교와 가정의 협력, 이중언어, 취약계층의 교육의 기회 등이 있다. 마지막으로 사회문화적 맥락에서는 가정, 학교, 동료, 이웃, 거주 지역과 사회정책적 측면에서 평생발달적 관점에서 복지정책에 소외될 수 있는 시기에 대한 관심이 요구된다.

4) 사회복지실천과의 연관성

인간발달단계를 살펴보면서 인간의 전 생애과정에 걸친 발달과정에는 각 단계마다 수행해야 할 각각의 발달과제와 욕구가 있다. 만약 인간발달단계에서 그 발달과제를 성취하지 못한 경우에는 다음 단계로 넘어가면서 부정적인 영향을 미치게 된다. 즉, 전단계의 미성숙함과 성취하지 못한 과제로 인해 다음 단계에서 성숙하고 사회화된 모습을 갖지 못하게 되면서 삶의 안녕, 삶의 질에 부정적인 영향을 미치게 되는 것이다.

따라서 사회복지실천현장에서 개별상담을 진행할 때 개인의 발달력을 살펴보면서 경험하게 되는 특징과 각 발달단계에서 수행하지 못한 발달과제를 이해하고 이를 해결하기 위해 사회복지 관련 정책, 제도, 법, 사회복지 프로그램 등이 제공되면서 인간발달에 긍정적인 영향을 미치기 위해 사회복지사가 서비스를 수행하게 된다는 점에서 사회복지전문가가 사회복지서비스를 효과적·효율적으로 실천하기 위해서는 인간행동에 대한 이해는 매우 중요하다.

5) 동서양 발달 이론의 비교

동양과 서양의 발달심리학을 비교할 때 가장 큰 차이점은 인간의 발달과정을 연구하는 접근법에 있다. 서양에서는 대부분의 연구가 어딘가 잘못된 비정상적인 사람을 연구대상으로 하는 반면, 동양에서는 정상적이며 사회적 적응이 제대로 되고, 남에게 모범이 될 만한 성숙한 인물을 연구대상으로 한다는 점이다. 동서양 모두 인간발달의 궁극적인 목표는 같은 것을 지향한다는 점에서 인간이 가진 결점 내지 한계점을 극복하고 자신의 잠재력을 충분히 발휘하여 이상적인 또는 자아실현적인 성격을 추구하는 것이 삶의 목표일 것이다(정옥분, 2015).

핵심정리

- 인간발달은 출생에서부터 사망에 이르기까지 신체적·인지적·정서적·사회적 측면 등 전인적인 측면에서 전 생애에 걸쳐 연속적으로 일어나는 변화 양상과 과정을 발달 혹은 발달적 변화라고 말한다.
- 발달과 유사한 개념으로 유전적 요인으로 성장과 성숙이 있으며, 환경적 요인으로 학습과 사회화가 있다.
- 인간발달의 특징으로 전 생애적이며 전인적, 양적 변화와 질적 변화가 있으며, 유전과 환경적 요소의 상호작용과 상승과 하강적 변화를 갖는다.
- 인간발달의 원리에는 일정한 순서와 방향성, 연속적 과정, 속도의 불규칙성, 유전과 환경의 상호작용, 개인차, 분화와 통합의 과정, 점성원리, 결정적 시기(적기성), 기초성과 불가역성, 누적성이 있다.
- 인간발달단계는 발달과정에서 어떤 측면이 특히 더 발달하는 단계 혹은 특정한 과제를 성취하는 단계로써 연령대나 기간을 말한다.
- 발달과제는 특정 연령이나 발달단계마다 수행해야 할 역할이나 해결해야 할 중요한 과업, 즉 발달과업이 있다.
- 인간발달 이론은 클라이언트의 발달과업과 문제를 파악할 수 있는 준거틀을 제공한다. 또한, 인간과 환경 간의 상호작용을 파악할 수 있으며, 성장과정에서 나타나는 문제의 원인을 이해하는 데 도움을 준다.

02 CHAPTER

연습문제

01 다음 인간발달에 관한 설명 중 옳지 않은 것은?

① 인간행동 양식의 전체적인 맥락 안에서 분석되어야 한다.
② 발달의 속도도 항상 일정한 것은 아니며 개인차가 존재한다.
③ 발달은 양적 변화와 질적 변화를 모두 포함한다.
④ 발달은 상부에서 하부로, 중심 부위에서 말초 부위로 진행된다.
⑤ 주로 유전적 요인에 의해 주도되는 과정이다.

02 다음 인간발달에 관한 설명으로 옳은 것은?

① 성장과 성숙, 학습이라는 과정이 공존한다.
② 예측이 불가능하며 가역적인 특성이 있다.
③ 발달영역별로 분리되어 개별적으로 진행된다.
④ 일정한 방향성을 가지며 발달속도는 일정하다.
⑤ 복잡한 것에서 단순한 것으로 진행된다.

03 발달의 원리에 대한 설명 중 옳은 것은?

① 결정적인 시기가 있다.
② 유전에 의해 좌우된다.
③ 연속적인 과정으로 누구나 발달속도가 일정하다.
④ 하부에서 상부로, 말초 부위에서 중심 부위로 발달이 진행된다.
⑤ 특정 단계에서의 발달은 그 다음 단계의 발달과제 성취 정도에 영향을 받는다.

04 **다음 〈보기〉의 설명은 인간발달의 원리 중 무엇에 관한 설명인가?**

〈보기〉

생물학적으로 인간은 수태되면서 이미 기본적 요소들을 가지나 시간의 경과에 따라 이 요소들이 결합, 재결합하여 새로운 구조를 형성하듯이 심리사회적 성장도 이 원리를 따른다는 것이다.

① 불가역성
② 개인차
③ 점성원리
④ 연속성
⑤ 누적성

05 **인간발달단계에 대한 설명으로 옳은 것은?**

① 한 단계에서 성취한 발달은 그 이후 발달단계와 상관이 없다.
② 각 단계는 발달을 향한 특정한 방향을 갖지 않는다.
③ 발달단계의 각 특징들은 이전 단계 및 이후 단계와는 구별되지 않는다.
④ 각 단계마다 이전 단계에서 획득한 것은 새로운 것에 도전하기 위한 자원이 된다.
⑤ 인간의 발달단계는 학자마다 동일하다.

정답 1. ⑤ 2. ① 3. ① 4. ③ 5. ④

CHAPTER

03

태아기 · 영유아기

이 장에서는 태아기 · 영아기(0~2세)와 유아기(3~7세)의 발달적 특징을 설명하고, 사회복지실천적 서비스와 의미를 살펴본다.

학습목표

1. 태아기 발달과정 및 발달에 미치는 영향에 대하여 설명한다.
2. 영아기 발달특성을 살펴본다.
3. 영유아기와 관련된 사회복지실천 영역을 살펴본다.

01 생명체 형성

1) 임신

(1) 수정

남성의 정자와 여성의 난자가 결합하여 수정과 함께 인간의 생명이 시작된다. 정자와 난자는 염색체를 가지고 있으며, 염색체의 결합 형태에 따라 태아의 특성과 기질 및 성이 결정된다. 염색체는 각각 23개가 있으며, 46개의 염색체의 배합이 이뤄진다. 태아의 성별은 염색체의 결합에 의해 결정된다. 난자는 X염색체를 가지며, 정자는 X 또는 Y염색체 중 하나를 가질 수 있다. 난자가 X정자와 수정하면 여성(XX)이 되고, Y정자와 수정하면 남성(XY)이 된다.

착상부터 임신 8주까지 수태상태 혹은 수태의 결과를 배아라고 한다. 8주부터 출산까지의 인간을 '태아'라 하며, 임신은 수태 후 출산에 이르는 기간을 말한다.

(2) 임신진단 및 태아검사

임신검사는 임상적 진단과 여성의 신체증상 및 검사를 통해 진단할 수 있다. 여성의 생리가 없는 것으로부터 임신을 지각할 수 있고, 여성의 소변이나 혈액 속에 있는 인간 융모생식샘자극호르몬(태반에서 생성되는 호르몬)을 검사한다. 가장 사용이 간편하고 비용이 저렴한 임신 테스트기도 많이 사용한다.

❶ 모체혈액검사

혈액검사를 통해 태아의 이상을 밝혀내는 진단검사로, 모체혈액검사는 두뇌나 척추 형성에 결함이 있는 아기를 가질 위험이 있는 여성들에게 실시한다. 검사결과 이상이 있으면 초음파검사와 양수검사를 받게 된다.

❷ 초음파검사

초음파를 임산부의 배에 투사하여 자궁이나 태아, 태반의 모습을 나타낼 수 있다. 이 방법은 임산부에게 거의 불편을 주지 않고도 자궁 내부를 볼 수 있다. 초음파는 아기의 머리 크기를 측정하고 태내 연령을 판단하며 쌍생아 임신을 미리 찾아내는 데 이용된다.

❸ 양수검사

양수에는 태아의 세포가 포함되어 있기에 태아가 지니고 있는 결함의 여부를 알 수 있다. 임신 14~16주가 되어야 양수 채취가 가능하다. 양수검사로 태아의 성별도 판별될 수 있으므로 혈우병과 같은 성과 연관된 질병을 확인하는 데 있어서 양수검사가 결정적일 수 있다. 양수검사는 임산부 35세 이상일 때 권고되고 있다.

❹ 융모생체표본검사

융모는 배아를 둘러싼 막으로부터 산출된 머리털 같은 것으로서 급속히 발달하는 태아세포이다. 한 개 이상의 융모 끝으로부터 조직을 떼어내어 여러 가지 이상 상태가 있는지 검사한다. 양수검사보다 더 초기에 실시할 수 있고, 임신 2개월 내의 결과를 빨리 알 수 있다.

2) 태아의 성장 발달

(1) 임신 1~3개월

수정 후 수정란이 자궁벽에 착상하기까지 약 2주간의 시기를 '배란기'라 하며, 이때 태아는 외부의 충격의 방지와 적정온도를 유지할 수 있는 양수가 들어 있는 양막주머니가 형성되며 태반도 형성된다.

임신 중 가장 중요한 시기로 배아가 빠른 속도로 분화하고 조직이 발달하기 때문에 임산부가 유해한 약물을 복용하거나 건강이 좋지 않을 때 태아에게 미치는 영향은 매우 위험하다.

빠른 세포분열이 일어나며, 중요한 신체기관 및 신경계가 형성되는 시기이다.

임신 1개월에 심장과 소화기관이 발달하고, 두뇌와 신경계의 기본적 구조와 발달이 이뤄진다. 임신 2개월이 되면 눈·코·입을 비롯한 얼굴 전체 모습이 드러나고, 3개월이 되면 팔, 다리, 손, 발의 형태가 나타나 손톱과 모낭, 눈꺼풀이 발달한다. 모든 기관이 기본적인 형태를 갖추게 된다.

(2) 임신 4~6개월

이 기간 동안 태아는 성장하는 유기체로서 내적 생식기뿐 아니라 외적 생식기도 형성된다.

발가락과 손가락이 나눠고 피부, 손금, 머리카락, 눈이 발달한다. 심장박동도 규칙적으로 이루어지며, 태아의 움직임이 느껴지고, 임산부의 복부가 팽창되어 부종으로 인해 얼굴, 손, 발 등이 붓는다.

(3) 임신 7~9개월

이 시기 태아는 계속적으로 성장과 발달이 완성되고 생존을 위해 준비한다. 7개월경 태아는 생존이 가능하다. 이는 태아가 어머니로부터 분리되어 자신의 힘으로 생존할 수 있는 능력을 말한다.

태아의 발달과정 (a) 수정란, (b) 4세포기로 분열, (c) 상실기, (d) 4~6주 사이의 태아, 주요 기관들의 형성이 시작된다. (e) 6~7주째, 눈과 손가락이 형성된다. (f) 9주째의 태아. 사지가 길어지고 귀가 뚜렷이 보인다. (g) 3개월째의 태아. 길이는 8cm 정도, 체중은 약 28g, 몸과 사지를 움직인다. (h) 4개월째의 태아. 키는 약 16cm, 체중은 200g 정도, 이때부터 출산 시까지 급속히 자란다(**그림 3-1**).

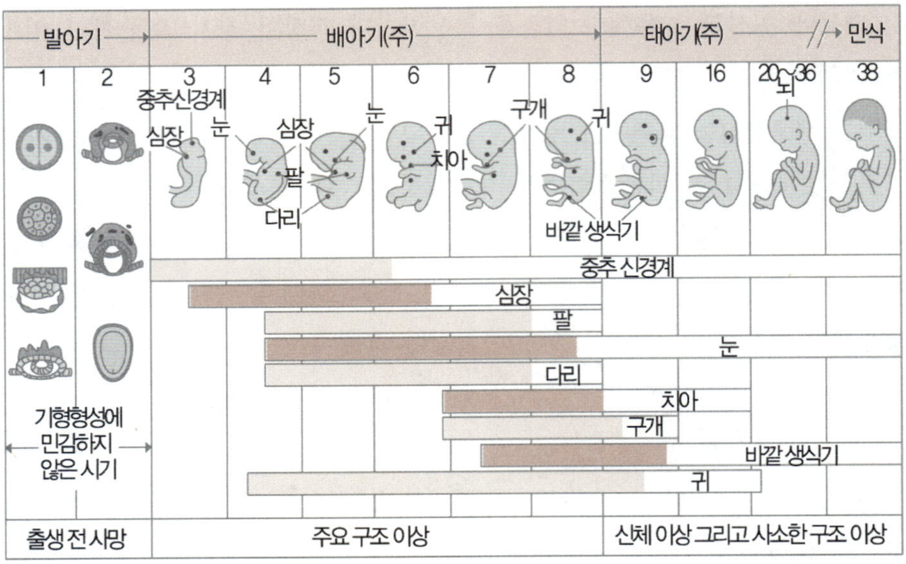

그림 3-1 태아 발달과정

3) 태내 발달의 영향 요인

(1) 모체 요인

❶ 임산부의 영양상태

모체의 영양은 태아의 정상적 발달에 절대적 요소이다. 충분한 영양분을 섭취해야 하며, 평상시보다 하루 약 300cal 이상 더 섭취해야 한다. 영양결핍은 조산, 저체중아, 중추신경계의 발달에 좋지 않은 영향을 미치며, 신생아가 질병에 취약해지는 결과를 초래한다. 단백질과 엽산, 철분, 칼슘, 비타민을 충분히 섭취해야 한다. 비타민이 부족할 경우 기형아, 괴혈병, 척추장애인, 발육부진 등을 초래할 수 있다.

❷ 임산부의 나이

40세 이상의 산모는 다운증후군 아이를 출산할 비율이 높다. 또한 임신중독증 및 난산이 되기 쉽다.

❸ 임산부의 정서상태

생리적 변화, 즉 피로, 불안, 공포, 슬픔 등의 임신에 대한 양가감정은 태아의 발달 및 활동에 영향을 미치며 자연유산, 조산 및 난산 등을 유발할 수 있다.

❹ 임산부의 질병상태

매독이나 임질은 태아가 유산되거나 기형아, 지적장애가 있는 아이를 출산할 가능성이 높다. 임신 3개월 내 풍진을 앓았을 경우 청각, 시각, 심장병 등의 장애를 갖고 태어날 수 있다.

(2) 외부 요인

❶ 알코올

임신기간 중 지나친 음주는 태아의 비정상적인 얼굴, 작은 머리와 신체, 선천적 심장장애, 지적장애, 중추신경장애, 체중미달 등의 원인이 된다.

❷ 흡연

임신기간 중 흡연은 저체중아 출산, 임신기간 단축, 자연유산 증가 등의 문제와 관련이 있다.

❸ 약물복용

항생제, 신경안정제, 아스피린, 호르몬제, 마약 등의 복용은 태아에게 그대로 전달된다(태아가 약물에 가장 취약한 시기 : 1~3개월).

❹ 방사선

라듐(radium)은 유전인자의 돌연변이를 초래하는 것으로 직업상 라듐을 많이 쬐게 되는 경우 염색체이상의 자녀를 갖게 될 확률이 매우 높다. 임신 초기에 X-선을 통해 라듐을 쬐면 기형아를 낳을 가능성이 있다.

4) 유전적 요인에 의해 발생하는 주요 장애

(1) 다운증후군

21번째 염색체가 하나 더 있다. 머리가 작고, 뒷머리가 납작하고, 팔다리가 짧고 통통하며, 지능이 40~60 정도이지만, 성격이 밝고 다정하고 쾌활하며 사교성이 높다.

(2) 터너증후군

염색체이상의 하나로, 정상 여성의 성염색체가 XX 두 개인데 반해, X염색체가 하나밖에 없기 때문에 발생하는 증후군이다. 외견상 여성으로 보이지만, 2차 성징이 나타나지 않고 생식능력이 없으며 키가 작고 지적장애를 갖고 있다.

(3) 클라인펠터증후군

남성에게 발생하는 성염색체이상으로 XXY, XXXY, XXYY, XXXXY 등의 비정상적인 형태를 이루어 정자 생산이 불가능하며 가슴이 크고, 지적장애를 갖고 있다.

(4) 페닐케톤뇨증(Phenylketonuria : PKU)

아미노산을 변형시키는 열성유전자의 결함으로 아미노산인 페닐알라닌을 분해하지 못하는 신진대사의 장애이다. 금발, 백안, 치아 사이가 많이 벌어져 있으며 굽은 자세, 운동과다 등의 특징이 있다. 단백질 분해효소가 결여되어 소변에 페닐피부르산이 함유되어 배출된다. 출생 시 즉시 특수한 식이요법을 실시해야 지적장애를 억제할 수 있다.

(5) 혈우병

혈액이 응고되지 않는 선천적 장애로, 성염색체 X의 이상에 의해 발병되며 질병에 대한 저항력이 약하다.

02 영아기의 발달적 특성

「영유아복지법」 제2조에 근거하면 6세 미만의 취학전 아동을 영유아라 하며, 만 2세 이하를 영아라고 한다.

1) 신생아 및 영아기의 발달

(1) 신체적 발달

❶ 생리적 기능

신생아기는 생후 28일부터 약 1개월까지의 아기를 뜻한다. 신생아는 모체 안에서 의존하여 이상적 생활조건에 있다가 모체 밖으로 나오면서 기온과 습도 등 환경의 변화에 놓이게 된다. 이때 스스로 호흡해야 하고 체온 조절 및 배설작용을 통해 새로운 환경에 적응한다. 신생아의 호흡은 1분당 30~60회 정도로 성인보다 2배 빠르며, 맥박은 1분에 약 140회 정도 빠르나 혈압은 낮다. 수면시간도 평균 18~20시간을 취한다. 배설상태도 하루 평균 대변 4~5회, 소변은 18~19회 정도이다. 신생아의 골격은 부드러운 연골로 이루어져 있으며, 두개골도 완전한 구조로 형성되어 있지 않기 때문에 6개의 숨구멍을 가진다. 최초로 신생아는 모유를 통해 영양을 섭취하여 생명을 유지하는 활동을 한다. 한편, 이 시기에는 불안정하고 불규칙한 특성을 보이므로 세심한 주의가 필요하다. 신생아는 외부의 특정 자극에 대해 무의식적으로 반응하는 반사운동과 감각발달 및 미분화된 심리정서적 발달의 특징을 보인다.

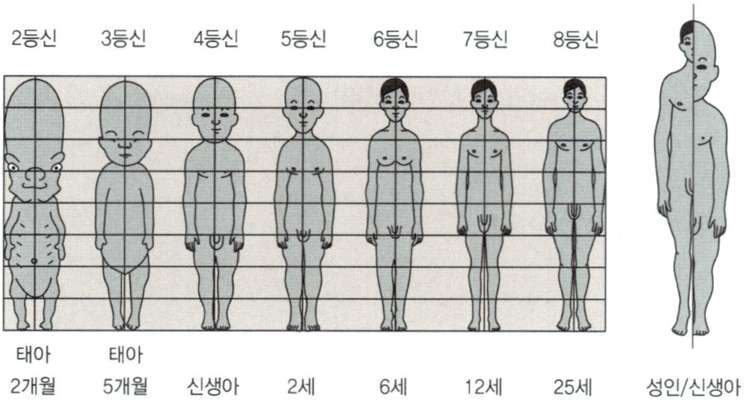

그림 3-2 성장과정의 신체비율

❷ 제1의 성장 급등기

신체적 크기는 평균적으로 신장 약 50cm, 체중은 약 3.5kg 전후이다. 여아가 남아보다 약간 작은 경향이 있다. 신체구조는 머리가 전신의 약 1/4 정도이다.

출생 후 만 2세까지 급격하게 신체적 성장이 이뤄진다.

생후 6~8개월부터 이가 나오기 시작하여 2년 6개월이 되면 20개의 젖니가 난다.

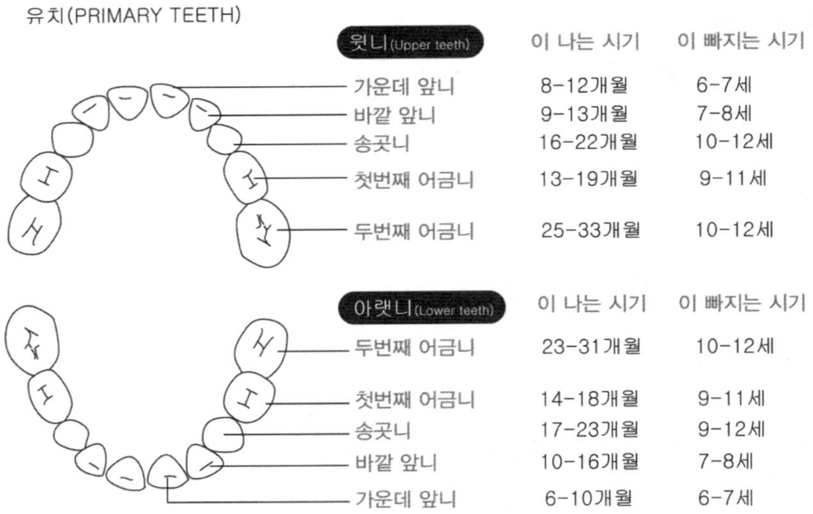

그림 3-3 유치의 발생순서

(2) 반사운동

신생아는 주로 생존과 적응을 위해 필요한 빨기반사, 젖 찾기반사, 연하반사를 한다.

모로반사, 걷기반사, 쥐기반사, 바빈스키반사 등은 생존을 위해 필요한 것은 아니지만 진화론적 관점에서 볼 때 중요한 반사행동으로 '원시반사'라고 한다.

표 3-1 신생아의 주요 반사운동

반사운동의 유형		반사행동의 특징
생존반사	젖 찾기반사 (근원반사)	입술이나 입 근처 볼에 작은 것 하나라도 닿기만 하면 자동적으로 자극이 있는 쪽으로 입을 돌려 찾는다.
	빨기반사	입에 닿는 것은 무엇이든 빨며 손가락을 주기적으로 빤다.
	연하반사	입속에 음식물이 들어오면 삼킨다.
원시반사	바빈스키반사	발가락에서 발꿈치까지 간질이면 자발적 파지의 예비적 움직임이 생긴다.
	모로반사	아이를 똑바로 세워 머리를 아래로 떨어뜨리거나 할 때 껴안는 듯 자동적으로 팔과 다리를 쫙 펴는 것은 물론 머리를 뒤로 제치는 반응을 보인다.
	쥐기반사	손에 무엇을 올려놓거나 작은 막대기나 손가락을 쥐는 것과 같은 반응을 보인다.
	걷기반사	아이의 발을 바닥에 닿게 하면 걸어가듯 한 다리를 들어 올리려고 한다.

(3) 감각기관 발달

신생아의 자극에 대한 반응은 자연스러운 현상이다. 일반적으로 신생아는 자극에 대하여 크게 반응을 나타내지 않고 무시하는 경향이 있으나 자신에게 고통을 주는 자극에 대해서는 격렬한 반응을 나타낸다.

❶ 시각

신생아는 움직이는 물체를 눈으로 추적할 수 있어 물체를 쫓아 머리를 돌린다. 신생아의 눈은 약 19cm 전방에 초점이 맞춰져 있고 그 위치에서 볼 수 있다. 비교적 시각이 덜 발달된 상태로 태어나며 생후 몇 개월 동안 근시현상을 보이지만 점차 정상적인 시력을 갖게 된다.

❷ 청각

신생아는 들을 수 있다. 태내기에는 큰소리에 대해 놀란 반응을 한다. 청각은 출생 직후 높고 강한 소리에 반응을 보이지만, 며칠 후 소리에 대해 여러 가지 다른 반응을 보이며 사람의 목소리에 빠른 반응을 보인다. 신생아들이 들을 수 있는 가장 낮은 소리는 성인이 들을 수 있는 소리보다 더 큰 10~20(dB) 정도의 소리지만, 출생 후 며칠 지나면 내이(內耳)를 채우고 있던 양수가 빠져나가기 때문에 20~30(dB) 소리까지 들을 수 있게 된다.

❸ 미각

신생아의 미각, 즉 맛의 차이는 출생 직후에는 완전히 발달하지 못하는 것 같지만 신생아의 혀에 소금물이나 신물을 떨어뜨리면 얼굴을 찌푸리는 반응이 나타난다. 냄새를 맡을 수 있는 후각과 맛을 구별하는 미각의 능력을 갖고 태어난다.

❹ 통각

신생아의 통각은 3~4일이 지나면 급속하게 발달하는데, 각 부분마다 약간의 차이가 있다. 입술, 속눈썹, 이마 등은 매우 민감하나 몸통이나 하체 같은 부분은 둔감하다. 머리 부분이 하체보다 더욱 민감하고 적극적인 반응이 나타난다.

❺ 후각

신생아는 냄새를 맡을 수 있다. 불쾌한 냄새를 맡으면 고개를 돌리는 반면, 단 냄새나 출생 직후 다른 여성의 젖 냄새보다 자기 어머니의 젖 냄새를 선호한다.

(4) 운동발달

운동발달은 분화되지 않은 전체적이고 통합적인 움직임으로부터 점차 분화되어 특수한 반응으로 이행한다. 머리운동에서 팔다리운동으로 신체의 중앙부에서 말초로 이뤄진다. 생후 3개월부터 운동기술이 발달한다.

그림 3-4 운동발달

2) 인지발달

(1) 감각운동

세상을 인식하는 것은 감각기관과 운동기능을 통해 이해한다. 감각운동은 지능발달의 기초가 되며, 경험에 의해 획득된 적응 반응을 반복하고 탐색하며 형성한다.

(2) 목적지향적 행동

자신의 행동과 그 행동에서 나타나는 결과를 예측할 수 있게 되면서부터 자신의 욕구를 충족하기 위해 의도적으로 행동하며, 새로운 목적을 성취하기 위해 의도적으로 수단을 사용하기도 한다.

(3) 대상영속성

어떤 대상이 시야에서 사라지거나 들리지 않아도 그것이 계속 존재한다고 인식하는 것이다. 생후 9~10개월이면 대상영속성 개념이 형성되기 시작하여 만 2세경이면 완전히 확립된다. 대상영속성 개념은 자신과 주변세계에 대해 두 가지 논리적 사고를 할 수 있다. 하나는 자아가 주변세계와 분리된 독립된 존재라는 사실, 둘째로 주변의 물체가 시야에 있지 않더라도 계속 존재한다는 것이다.

다음은 대상영속성 실험순서이다.

① 실험자의 손에 물체가 있다.
② 실험자가 손에 쥔다.
③ 손을 수건 밑에 넣는다.
④ 물체는 수건 밑에 두고 손을 치운다.
⑤ 아이는 실험자의 손을 본다.
⑥ 아이는 의아해한다.

3) 언어발달

언어란 영아와 양육자와의 상호작용에 의해 만들어내며 소리에 의해 이루어진다. 언어의 첫 단계는 울음이다. 2~3개월부터 목을 울려 낮게 꾸르륵하는 소리(cooing)를 내기 시작하고, 울음과 함께 사용한다. 4~5개월이 되면 혼자 소리로 옹알거리며 여러 음성의 표현인 옹알이가 나타난다. 6개월부터 의미 있는 옹알이를 하며 자신의 귀로 들으면서 활동을 계속한다. 놀이의 기능을 하며 모국어 습득의 중요한 기제로 작용한다.

생후 1년경이면 영아는 옹알이와 함께 사용했던 자신의 감정을 몸짓으로 보충하고, 분명하게 이해할 수 있는 1~2개의 단어와 단어 문장을 사용하게 된다. 2세 이후 부터는 의사소통의 행동이 증가하고 언어에 대한 흥미가 높아진다.

새로운 어휘의 첨가로 어휘 수가 급속하게 증가한다. 영아기의 언어발달은 인지발달 및 사회성 발달과 밀접한 관련성이 있으며, 자기중심적 언어를 사용하는 특징이 있다.

4) 사회정서발달

(1) 정서분화

정서발달은 성격의 기초가 된다. 만 2세까지 대부분의 정서가 나타난다.

초기에는 기쁨, 슬픔, 놀람, 공포 같은 1차정서가 나타나다가 생후 1년이 지나면 수치, 부끄러움, 죄책감 같은 2차정서가 나타난다. 미소와 웃음은 사회적 반응으로 자신이 인식하는 사람과의 반응이다.

(2) 낯선 사람에 대한 불안과 애착형성

애착은 영아와 양육자 사이에 형성되는 정서적 유대관계이다. 일차적 양육자와의 애정과 사랑의 긍정적 의미를 지니며, 특정인물에 대한 애착을 형성하게 되면 그 사람과 기쁨을 느끼고, 불안상황에서는 그의 존재로부터 위안을 받는다. 이렇듯 안정된 애착을 형성한 영아는 유아기에 자신감, 호기심, 타인과의 관계에 긍정적 영향을 보인다.

❶ 볼비(Bowlby)의 애착 이론

출생 후 1년 동안 주 양육자와 맺는 강한 정서적 유대가 이후 성인기 대인

관계에 영향을 미친다는 것을 강조한다. 인생 초기의 애착경험은 내적 표상(사랑받는 존재, 타인을 신뢰하고 도움을 줄 수 있는 존재)에 기초하여 해석과 미래 행동에 대한 계획을 세울 수 있다.

❷ 에인스워스(Ainsworth)의 애착형성 발달단계

- 1단계(출생~3개월) : 영아는 울음, 발성, 미소, 응시, 시각적 추적으로 양육자와 접촉을 시도하고 양육자를 자기 곁에 머무르게 하려고 노력한다. 영아는 감각적 접촉에 의해 양육자의 독특한 특성을 인지한다.
- 2단계(4~6개월) : 영아의 반응은 몇몇 친숙한 성인에게 한정된다. 친숙한 사람이 나타나면 미소 짓고 좋아하며, 그가 떠나면 싫어하는 표정을 짓는다.
- 3단계(7~24개월) : 양육자에 대한 분명한 애착을 형성하며 다른 가족에 대해서도 애착행동을 나타낸다. 애착대상에게 능동적으로 접근하고 접촉을 시도한다.
- 4단계(2세 이후) : 영아와 양육자의 협력자관계를 형성할 수 있다. 아동의 인지능력이 증대되면서 타인의 소망이나 목표를 탐지하고 예상할 수 있으며 사회적 관계에 대한 기본이해를 획득한다. 따라서 양육자가 외출할 때 떼를 쓰기도 하지만, 양육자가 돌아올 때까지 기다릴 수도 있다.

❸ 낯가림과 분리불안

영아가 특정 인물과 애착을 형성했다는 증거로 나타난다. 애착대상과 분리될 때 나타나는 반응으로서 9개월경에 시작하여 15개월에 절정을 이루다가 이후 감소된다. 대상영속성의 형성과 관련이 있다.

03 유아기의 발달적 특성

유아기는 「유아교육법」 제2조에 의한 만 3세~취학 전 어린이, 표준보육 누리과정 만 3~5세 등이며, 이 책에서는 3~6세로 통합하여 논의하고자 한다. 이 시기 유아는 신체가 전체적으로 균형을 잡아가면서 운동기술이 발달되며 독립된 개체로서의 활동이 가능해지는 시기이다. 유아기 자신을 둘러싼 환경에 대한 호기심이 많아지고, 그 호기심을 확인하고자 하는 욕구가 높기 때문에 이때 환경을 탐색한다. 유아는 세상에 대한 탐색과 궁금증을 해결하려는 시도로 질문을 많이 한다. 인지발달과 함께 언어적 상징을 적극적으로 사용하고, 정서의 분화가 두드러지게 나타나며, 자신과 타인에 대한 인식과 함께 이해의 폭이 넓어진다.

1) 유아기의 신체발달

영아기에 비해 성장속도는 다소 느리지만 전체적 균형을 이뤄간다. 몸의 비율이 성인에 가깝게 변화한다. 몸통과 팔다리도 길어지고, 영아기에 볼록하던 배도 들어가고 젖살이 빠지면서 몸이 날씬해진다.

만 2~3세경 유치가 갖춰지며, 만 5세경 젖니가 빠지고 영구치가 나오게 된다. 36개월 정도까지는 20개의 젖니가 모두 나오는데, 5세경이 되면 앞니부터 빠지고 영구치가 나오게 된다.

근육의 발달로 운동의 형태와 기술이 향상된다. 대근육운동이 증가하고 소근육운동의 정교함이 더해간다. 근육의 강도가 강해지고 운동근육을 사용하는 기술도 향상된다. 3세 정도가 되면 걷는 능력이 정교해지고 달리기와 뛰기 등의 운동능력이 발달한다.

5세가 되면 출생 시보다 5배 정도의 체중이 증가되고, 신장은 2배 정도가 된다. 6세경 뇌의 무게는 성인의 90~95%에 달한다. 유아기 신체발달에 가장 크게 영향을 주는 요인은 영양섭취이다. 적절한 영양공급과 더불어 음식을 스스로 먹기 때문에 제시간에 적당량의 음식을 골고루 섭취하는 식습관 형성이 중요하다. 현대사회는 서구식의 육류섭취가 늘어나면서 소아비만 위험률이 증가하고 있고, 교통수단의 발달과 놀이문화의 변화로 신체 움직임이 줄어든 영향도 있다. 소아비만은 외관상 문제뿐 아니라 또래관계에서 어려움과 자존감을 손상시킬 우려가 있다. 소아비만 아동의 80% 정도가 성인기 비만으로 이어지며, 고혈압과 당뇨 같은 건강상의 문제를 야기할 수 있다.

2) 유아기의 인지발달

유아의 왕성한 호기심과 탐색능력의 발달은 새로운 경험을 바탕으로 지능, 기억, 주의력, 창의성 개념 등의 인지영역에서 변화를 통해 다양한 지식과 사고가 증진된다.

유아 초기에는 주의가 산만하고 집중력이 결여되어 있으나, 4~5세가 되면 주의집중시간이 짧지만 선택적으로 주의를 집중한다.

(1) 유아기의 인지개념

피아제(Jean Piaget)의 전조작기 특징의 사고로서 상징적 사고와 자기중심적 사고, 직관적 사고 등을 들 수 있다. 먼저, 이때 유아는 사물과 사건에 대해 상징을 사용하면서 정신적 표상을 할 수 있게 된다. 유아는 몸짓, 말, 그림 등으로 상징을 사용하며, 언어는 정신적 표상의 중요한 수단이 된다. 예를 들어, 소꿉놀이나 병원놀이를 상상해 보자. 유아와 함께 병원에 다녀오면 아이는 "엄마 누워 봐~" 하면서 젓가락으로 간호사가 했던 주사놀이를 하기 시작한다. 또 친구들과 함께 놀이터에서 여아는 "나는 엄마 할게, 너는 아빠 해." 라며 소꿉놀이를 한다.

(2) 유아기의 사고특성

이는 유아들이 가정이나 보육시설에서 장소, 상황, 역할, 사물 등을 현실과 다르게 가상하는 대표적인 상징놀이이다. 유아는 상징적 사고를 하면서 상징놀이를 하게 되는데, 이를 통해 사고의 영역이 확장되고 발달된다.

❶ 물활론

유아는 생명이 있는 물체와 생명이 없는 물체를 구별하지 못한다. 유아는 생명이 없는 비생물체에도 인간처럼 생명이 있다고 생각하는 물활론(物活論)적 사고를 한다.

❷ 자아개념

자신의 신체적 특징이나 능력, 성격 등에 대한 인지와 행동이 나타난다. 남녀의 차이를 인식하면서 남자인지 여자인지 그리고 하는 일에 대하여 알기 시작한다. 또한 자신을 타인과 구별하며 남의 물건이나 자신이 소유한 물건을 구별할 수 있게 된다.

❸ 보존성 개념

유아는 아직 보존성의 개념을 가지지 못한다. 보존성은 대상이나 물체의 형태가 변하여도 그 양은 변하지 않는 것을 의미하는데, 이 시기의 유아는 한쪽 측면에만 의존하여 대상이나 사물을 판단하기 때문에 차츰 연령이 증가함에 따라 두 가지 측면을 동시에 판단할 수 있는 능력이 생겨나 어느 정도 보존개념은 획득하게 되나 아직은 혼란 상태를 보인다. 따라서 보존개념을 획득하기 전 단계라고 볼 수 있다.

3) 유아기의 언어발달

타인의 말을 이해하는 능력이 크게 증가하고 사용하는 어휘의 수와 문장의 길이가 길어지면서 기본적 의사소통이 가능해진다.

(1) 구어발달

보통 2세경 이후 말할 수 있는 어휘가 증가되어 의사소통이 가능해진다. 3~4세가 되면 3~4개의 단어를 연결해서 주어·목적어·동사를 이루어 말하지만, 조사는 분명치 않다. 이때 대부분 자기가 항상 주목되며 자기 이름을 사용한다. 예를 들어, ‘엄마’보다는 ‘내 엄마’라고 말하고, 인형‘이’보다 인형‘이가’라는 표현을 사용한다.

(2) 언어획득

기본적으로 언어습득장치가 있지만, 그와 동시에 주변사람과의 언어생활경험을 통해 강화된다. 주변사람들의 말을 듣고 어떻게 하는지 잘 관찰하다가 모방하는 것으로, 타인의 반응에 의해 효과적으로 말하도록 강화됨을 의미한다. 따라서 유아기에 언어가 발달하기 위해서는 양육자의 태도가 중요하다. 만 3세 때 표현 언어가 발달하는데, 자신의 욕구와 감정을 언어로 표현하는 것이 훨씬 효과적인 의사소통방법임을 알고 언어를 사용하도록 유도하고 격려해야 한다.

Plus Tip 언어교육

1. 스스로 말하게 기다려준다.
2. 다양한 사물놀이로 이름을 붙여 활동한다.
3. 길게 말하는 습관을 기른다.

"엄마 물 주세요~ 물!"하고 손짓하면 가리키는 것이 무엇인지 말하도록 유도해야 한다. 유아에게 있어 언어 지도력은 의미를 알아차릴 수 있게 이해력과 표현력 상황에 대한 이해 등을 고려하면서 타인과의 교감을 위해 효과적으로 사용될 수 있도록 해야 한다.

4) 정서발달

유아기가 되면 정서의 분화가 두드러지게 나타난다. 유아는 공포, 분노, 질투, 호기심, 기쁨 등의 정서를 외적 동작에 남김없이 표출하기 때문에 지속시간이 짧다. 반면 강하고 폭발적이며 변화하기가 쉽다. 예를 들면 울다가 금세 웃는다. 귀신이나 도깨비 장면에서 요정이 나오거나 하면 무서워하다가도 좋아한다. 함께 잘 놀다가 싸우기도 하고 다시금 금방 친해진다.

(1) 분노

유아기에 가장 보편적으로 나타나는 정서는 분노이다. 유아는 자신이 하고 싶어 하던 것을 제지당하거나 무엇을 강요하거나 자기체면을 손상시키는 것에 분노를 느낀다. 예를 들면, 떼쓰기, 때리기와 꼬집기 등 밀치는 행동이나 소리를 지르며 공격적인 언어를 표현한다.

(2) 공포

유아의 공포는 생각지도 못한 강렬한 무엇인가가 나타날 때 대항하지 못하여 심리적 균형을 잃은 상태를 느낀다. 예를 들면, 익숙치 않은 대상에 대해 공포를 느낀다.

(3) 질투

질투는 사랑받고 싶은 욕구가 충족되지 않은 채 분노와 실망이 혼합되어 느끼는 정서이다. 예를 들면 동생이 생기게 된 경우에 퇴행적 행동을 한다.

(4) 사회적 행동

4세경의 유아는 친구의 감정을 이해하고 공감할 수 있다. 즉, 자신의 감정뿐 아니라 타인의 감정을 이해하고 배려하는 능력이 발달한다.

예를 들어 과자를 빼앗겨서 화가 난 친구에게 자신의 과자를 준다. 한편, 과자를 빼앗기면 친구를 밀기도 한다. 유아가 사회적 행동을 습득해나가는 데는 사회적 관계의 경험적 차이가 관련성이 있다. 부모와의 안정된 애착을 형성한 유아는 이후 사회적 발달에 중요한 요소가 되고, 형제 간의 상호작용이나 소통의 어려움을 덜 느끼게 된다. 유아는 자신의 정서를 조절하고 다루는 데 어려움을 느낀다. 따라서 사회적 행동은 감정을 이해해 주고 친밀감의 표현이며, 그 감정에 대한 공격적 행동이 아닌 언어로 표현하도록 격려해야 한다.

5) 사회성발달

(1) 자아발달

자아개념, 즉 자신이 주변에 있는 물체나 다른 사람과 구분되는 독립된 존재이고 자신만의 독특한 특성을 가지고 있음을 알게 된다.

예 거울실험

영아에게 거울을 비춰주면 영아는 흥미로운 자극만 인식한다. 코에 빨간 점을 그려 거울을 보여주면 영아는 거울의 빨간 점을 만진다. 거울 속의 자신을 알지 못한다. 그러나 만 2세가 되면 영아는 자신의 코를 만지는 반응을 보인다. 영아는 타인보다 자신의 사진을 더 많이 들여다보고, 자신의 이름을 지칭하는 '나'라는 대명사를 사용하면서 내 것이란 표현을 하게 된다. 자아인식이 형성됨을 보여준다.

예 "나" 또는 "내 거야.", "내가 할 거야." 등 자기주도적 표현이 많아진다

이 시기의 유아는 자기가 좋아하는 것, 자신의 소유에 대한 자랑, 자신의 능력으로 자신을 표현한다. 자신의 마음이나 정서 등 내적 특성을 가지고 자신을 설명하는 것이 활발해진다. 자기 일을 스스로 할 수 있게 되면서 자율성이 발달한다.

예 혼자 옷 갈아입기

자신이 할 수 있는 일을 통해 자신을 능숙하게 조절하며, 효과적으로 대처해 보면서 성취감을 발달시키게 된다. 이러한 기초 위에 자존심이 자신에 대한 긍정적 가치를 부여하면서 형성된다.

자기개념이 형성되면서 자신에 대한 긍정적인 평가로 높은 자존감을 가지고 성장할 수 있다. 자기평가와 함께 자신에 대한 다른 사람의 평가를 스스로 어떻게 인식하는지가 자아존중감 형성에 영향을 미친다. 즉, 심리적 자산이 된다. 자아존중감은 이후 대인관계, 학업, 직업성취에서 성숙한 행동에 대한 기대와 참여하도록 발달형성에 기여한 결과로 나타난다.

(2) 대인관계발달

유아는 영아에 비해 사회적 관계의 폭이 확대된다. 주 양육자 외에 어린이집이나 유치원 등에서 또래나 교사와의 접촉이 시작된다. 타인과의 사회문화적 집단에서 타인의 감정과 생각의 이해능력이 싹트게 된다. 이때 유아는 우호적이고 협동적인 반응이 많아지며, 집단생활과 놀이에 민감해진다. 형제관계·또래관계에서 협동과 경쟁을 배우며 관계에서 친사회적 행동이 강화된다. 두 사람 이상의 상호작용에 의한 대인관계를 통해 사회가 요구하는 행동양식을 습득하는 사회화 과정으로 사회적 행동을 학습하게 된다.

(3) 성역할발달

사회문화적 인식에 따른 성별을 인식하고 성역할을 형성한다. 유아기의 여아는 인형을, 남아는 자동차나 비행기를 더 오래 가지고 논다. 여아는 인형이

나 소꿉놀이를 하는 반면, 남아는 자동차를 작동하거나 칼과 총으로 전쟁놀이를 한다. 사회문화적 집단에 대한 인식, 즉 집단에 대한 관념이 형성된다. 이때 유아는 성별 구분을 할 수 있게 되면서 서서히 성역할에 대한 관념을 형성하게 된다(예 : 인형과 자동차 장난감에 대한 관심과 놀이형태).

(4) 놀이발달

유아의 놀이는 연령에 따라 특징이 다르게 나타나며, 적절한 수준의 놀이를 선택하고 조화가 되도록 해야 한다.

놀이는 성격 형성에도 영향을 미치며, 유아의 흥미는 놀이를 통해 기회가 증대되며 신체운동, 풍부한 경험, 사회적 행동 등을 발달시킨다.

이 시기의 놀이유형은 연합놀이, 협동놀이, 가상놀이 등을 통해 친구들과 어울려 놀기를 즐기고 또래놀이를 통해 유아들은 다양한 감정을 다루어나가고 사회적 규칙을 익힌다.

(5) 자기통제력발달

유아기에는 자신의 행동을 통제하고 유혹에 충동적으로 반응하지 않는 자기통제력이 증가한다. 놀이과정에서 갖고 싶은 장난감이 있을 때, '난 장난감을 갖고 싶지 않아.' 하면서 스스로 속삭이며 자기조절을 할 수 있다. 친구의 장난감을 빼앗으면 안 된다는 엄마의 말을 들었기에 자신의 욕구를 억누른다. 유연하게 대처하기 위해 자신을 통제하고 조절한다. 이 같은 자기통제나 자기조절은 도덕성발달의 기초가 된다.

04 영유아기와 사회복지실천

1) 생물학적 차원의 문제

① 태아기 때 임산부의 건강과 생활습관에 관하여 의료적 진단과 예방방

법, 대책에 대해 전문기관으로부터 정보를 제공받도록 서비스를 돕는다. 예를 들어, 보건소에서 지원하는 산전관리, 유전 상담, 난임부부지원에 관한 정보가 필요하다.

② 영아의 발달이정표를 이해함으로써 잠재적 발달지체나 발달상의 문제를 조기에 사정할 수 있어야 한다. 영유아 건강검진은 영아의 건강과 발달을 점검함으로써 발달상 이상 징후에 대해 적절한 시기에 초기 개입할 수 있다.

③ 영유아기에 영양불균형 상태에 놓이거나 질병에 걸리게 되면 성장이 지연되고, 운동능력이 떨어지므로 또래와의 사회적 상호작용에 고립될 가능성이 높아진다. 따라서 유아보육시설이나 유치원의 경우 영양급식 프로그램이 철저히 이행되어야 한다.

2) 심리적 차원의 문제

① 계획하지 않은 임신으로 인한 불안, 공포, 우울경험은 부정적 자극과 영향을 미친다. 임신과 출산과정에 대한 교육프로그램 및 상담지원을 제공받고 사회적 지지망이 확대되어 심리적 안정이 필요하다.

② 영아기의 감각 및 지각발달에 과하여 적절한 반응을 보이지 못한 아이의 경우 정확한 진단과 치료, 정서적 지지와 심리치료를 제공해야 할 것이다. 발달적 장애가 있는 경우 조기치료 및 훈련을 제공하여 부모교육 프로그램을 통해 긍정적 환경을 조성할 필요가 있다.

③ 불안이나 강박관념 같은 심한 정서적인 문제가 있을 경우 유아는 다른 사람과 어울리는 것을 회피하고 말을 더듬는 경향이 있다. 언어적 자극을 받을 수 있는 환경이 결여되어 있거나 양육자가 빈번하게 바뀌는 경우 언어발달이 지연된다.

④ 유아기의 발달영역에서 운동발달과 관련하여 나타나는 증상으로는 주의력결핍과잉행동장애(ADHD)와 공격성을 들 수 있다. ADHD(Attention Deficit Hyperactivity Disorder)의 특징은 매우 산만하고 부주의하고 충동적인 행동을 하며, 자신의 행동을 통제하지 못한다. 또래에 비해 현저

하게 부산한 행동을 보이며 안절부절못하고 충동적인 증상을 보이는데, 유치원이나 보육시설에서 단체 활동을 시작하면서 두드러진다. ADHD는 유전적 요인이나 미세한 뇌손상 등의 생물학적 요인과 부모의 성격이나 양육방식의 사회심리적 요인이 함께 작용하는 것으로 알려져 있다. 부모 역할이 매우 중요하기 때문에 행동수정 및 양육방식에 대한 부모교육과 함께 지지적 상담이 필요하다.

⑤ 유아기에 나타나는 기능장애로서 야뇨증이 있다. 야뇨증의 원인은 생리적 원인과 심리적 원인으로 나누어볼 수 있다. 생리적 원인은 방광근육의 미성숙, 방광이나 요도의 이상, 척추이상, 자율신경계의 손상, 유전적 소인을 들 수 있다. 심리적 원인으로는 부모의 애정과 관심을 끌기 위한 욕구표현, 부모에 대한 적개심의 표출이다. 야뇨증은 유아기에 보편적으로 나타날 수 있으나 심각한 장애가 아니기 때문에 유아를 비난하거나 처벌하지 말아야 한다. 유아에게 심리정서적 안정을 제공함으로써 상태는 호전될 수 있다.

3) 사회적 차원의 문제

① 임신기간에는 경제적 안정이 선행되어야 한다. 한편, 경제활동에 참여하는 여성의 근로환경 및 조건이 임산부의 과도한 업무 부담과 신체과로와 정신적 스트레스에 영향을 미친다. 「근로기준법」에 준한 모성보호, 유연적 근로시간제, 「남녀고용평등법」에 근거한 일가정양립지원, 가족친화적 조직문화형성 등 가족 내 역할 재조정 및 제도적 노력이 필요하다.

② 부모의 보호와 관계형성은 애착형성으로 이어지며 향후 대인관계 및 사회적 관계를 확립한다. 부모양육기술부족, 돌봄지원의 한계는 부모교육 강화 및 양질의 보육시설확충 및 사회서비스가 구축되어야 한다. 안전한 보호환경 및 일관성 있는 양육을 유지할 수 있다.

③ 유아는 부모와 가족에게 안전한 양육환경을 제공받고 적절한 교육을 통해 건전하게 성장할 권리가 있다. 유아의 안전과 보호프로그램으로 놀

이시설과 기타 생활공간에서 일어날 수 있는 안전문제 미연에 방지할 수 있도록 안전관리 및 현장지도점검이 강화되어야 한다.

④ 유아에게 가장 안전한 환경이 되어야 할 가정에서 아동학대가 이루어지고 있다. 가족의 해체, 경제적 어려움으로 인해 양육부담과 스트레스는 신체적 학대와 물리적 방임, 교육적 방임, 의료적 방임 등으로 양육과 보호를 소홀히 하여 유아의 건강과 복지를 해치게 된다. 아동보호전문기관에 신고접수 및 현장조사와 응급보호 및 피해 사례 조사, 치료 및 상담과 교육을 위한 서비스가 이뤄져야 한다.

핵심정리

- 인간의 성장과 발달은 수정부터 이뤄진다. 태아발달의 가장 중요한 시기는 임신 1~3개월, 즉 임신 초기이다. 임신 7~9개월이 되면 태아는 생존능력이 생긴다.
- 유전적 요인에 의해 발생할 수 있는 주요 장애로는 21번 염색체 이상인 다운증후군, 성염색체 이상인 터너증후군, 클라인펠터증후군 등이 있다.
- 태아기의 발달은 임산부의 상태(정서, 약물, 흡연, 알코올, 나이 등)와 관련성이 깊다.
- 영아기는 신체적 발달의 성장시기로서 '제1 성장 급등기'라고 한다. 외부의 자극에 대한 여러 가지 반사행동은 생존반사와 원시반사로 나뉘며, 타고난 반사행동으로 환경에 적응하여 자극에 대한 감각을 통해 학습한다.
- 영아는 의도적·목적지향적 행동을 수행하며, 대상영속성 개념을 바탕으로 세계에 대한 기대와 계획을 세우고 상징할 수 있게 된다. 이 시기에는 언어발달이 활발히 이뤄진다.
- 영아는 주 양육자와의 관계를 통해 여러 표현행동과 애착행동을 경험하면서 정서적 안정을 획득한다.
- 유아기는 만 3~6세의 취학 전 아동으로, 신체적 균형이 이뤄진다. 대근육 운동기술이 발달하고 소근육 운동기술이 정교화된다. 다양한 상징을 사용하는 정신적 표상을 할 수 있다. 유아는 아직 조작에 대한 가역성을 이해하지 못하여 보존개념이 형성되어 있지 않다.
- 언어적 상징을 사용하는 시기로, 주변사람과의 의사소통이 활발하고 대인관계를 넓혀간다.
- 유아는 정서적으로 복잡한 감정과 자아개념이 싹트는 시기이다. 자아인식과 함께 자신의 성장과 실패에 대한 평가를 내리기 시작하면서 자존감이 형성된다.
- 또래와의 관계를 통해 자신에 대한 이해뿐 아니라 타인에 대한 인식과 이해 폭이 넓어진다. 사회적 집단활동을 통해 타인을 공감하고 수용적 태도를 형성해나간다. 사회적 관계는 타인과의 의사소통과 관계를 통해 주도성을 경험하고 긍정적 자아상을 형성한다.

03 CHAPTER

연습문제

01 태아의 건강을 해칠 수 있는 요인이 아닌 것은?

① 임산부의 영양상태
② 아버지의 흡연 여부
③ 임산부의 정서상태
④ 임산부가 살고 있는 주거형식
⑤ 임산부의 유전적 요인

02 영아가 낯가림이나 분리불안을 보이는 것은 어떤 특성이 형성되었기 때문인가?

① 자기중심성
② 대상영속성
③ 보존개념
④ 애착
⑤ 시각형성

03 영아기의 발달과제는?

① 애착형성
② 자아정체감
③ 감정분화
④ 모성보호
⑤ 자아통합

04 자극에 대한 자동적인 움직임을 말하는데, 입술이나 입 근처 볼에 작은 것 하나라도 닿기만 하면 자동적으로 머리를 돌려 찾는 반사는?

① 젖 찾기반사
② 모로반사
③ 바빈스키반사
④ 걷기반사
⑤ 연하반사

05 여성으로서 X염색체 하나가 없는 것으로, 여성생식기관이 발달하지 않아 2차 성징이 나타나지 않아 생식능력이 없다. 이와 같은 유전적 결함은 무엇인가?

06 유아기 신체발달에 영향을 미치는 요인으로 바르게 묶인 것은?

〈보기〉

㉠ 유전적 요인	㉡ 수면습관
㉢ 영양	㉣ 정서적 안정

① ㉠, ㉡, ㉢ ② ㉠, ㉢ ③ ㉢, ㉣
④ ㉣ ⑤ ㉠, ㉡, ㉢, ㉣

정답 1. ④ 2. ④ 3. ① 4. ① 5. 터너증후군 6. ⑤

CHAPTER

04

아동기 · 청소년기

이 장에서는 아동기와 청소년기의 발달적 특성에 대해 살펴보고, 이 시기에 자아존중감과 자아정체감 형성의 의미와 사회복지적으로 접근해 본다.

학습목표

1. 아동기와 청소년기의 발달적 특성을 이해한다.
2. 자아존중감 및 자아정체감 획득의 중요성을 인식한다.
3. 아동기·청소년기와 관련된 사회복지실천 영역을 살펴본다.

01 아동기의 발달적 특성

아동기는 초등학교 입학부터 졸업까지의 시기, 즉 만 6세부터 12세까지의 시기를 말한다. 학령기가 시작되는 나이이므로 생활의 중심이 학교이며, 학교생활은 지적발달과 정서발달, 사회적 발달에 커다란 비중을 차지한다. 학교교육을 통해 사회가 요구하는 질서, 규범, 규칙 등의 기술을 습득할 기회가 생기며, 이전의 자유로웠던 행동의 시기와는 조금 다른 환경이 조성된다.

아동기를 사회적 행동이 현저하게 증가하면서 또래들과의 어울려 다니는 '도당시기'라고 한다. 또래와의 관계에서 놀이에 필요한 신체기술을 학습하고, 또래친구와 사귀는 법과 사회적 관계를 경험한다. 아동기는 지능발달에 있어서 중요한 시기이다. 발달적 특성과 발달과업에 대해서 살펴보자.

1) 신체발달

(1) 안정적 성장과 변화

아동기의 성장 속도는 영아기와 유아기에 비해서는 다소 느리지만, 아동기 신체발달은 대체로 완만하게 진행되고, 비교적 안정되며, 신장과 체중이 상당히 성장한다.

아동기에는 남아가 여아보다 신체적 성장이 빠르다가 11~12세경에는 여아의 신체적 성숙이 남아에 비해 보다 우세해진다. 신체적 급성장이 수반되는 사춘기의 변화는 비교적 남아보다 여아가 먼저 시작된다.

뼈와 근육의 성장을 추월하여 나타나는 통증을 경험하며, 이를 '성장통' 또는 '근육성장기'라고 한다.

(2) 운동발달

근육의 성숙과 병행하는 힘의 증가로 이동이 점차 빨라지고 민첩해지고 강해진다. 운동기술과 근육의 협응이 점차 세련되고 정교화되어 속도, 안정성, 역량이 발달된다.

남아가 여아보다 운동속도와 반응이 다소 빠르게 나타나 성별의 차이가 난다. 기초적인 운동기능을 익히고 노력하며, 능숙하게 할 수 있을 때까지 되풀이하는 경향이 있고, 반복하여 즐기기도 한다.

운동발달은 아동의 성격발달에 의미를 지닌다. 신체가 튼튼하고 운동을 잘하는 아동은 쾌활하고 적극적으로 자신을 표현하는 반면, 운동능력이 떨어지는 아동은 소심하고 겁이 많으며 소극적 특성을 보인다. 이러한 특성은 자기에 대한 평가의 계기를 시사하며 자아발달과 자존감 형성에 영향을 미친다.

요즘 사춘기가 빨라지면서 초등학교 고학년부터 신체에 대한 관심이 많다. '키가 작다', '뚱뚱하다' 등 키와 몸무게에 대한 평가로 정상적인 체형인데도 불구하고 외모 콤플렉스와 스트레스가 나타날 수 있다. 신체발달상의 문제와 상관없이 사회적 열등감이 자존감과 독립심을 감소시키거나 긴장과 불안이 증가되면서 올바른 가치관과 인식을 갖기 어렵게 된다.

초등학생의 신체만족도 조사결과 불만족도가 높게 나타났다. 신체발달과 관련해서 자아존중감을 높이려면 신체발육표준치를 참고해 자신의 키와 체중에 대해 정확히 아는 것이 바람직하다. 따라서 학교와 가정에서 주기적으로 신체발달사항을 정확히 체크하고 신체에 대한 올바른 가치관을 갖도록 교육하는 것이 중요하다.

2) 인지발달

(1) 구체적 사고

아동기의 인지적 특징은 일반적이고 구체적인 사고를 형성한다. 아동의 사고능력은 구체적 수준에서 논리적 수준으로 동기의 집중력이 향상되어 다른 시각에서 사물을 보는 능력이 향상된다. 구체적 장면과 구체적 사물을 통해 논리적 사고가 가능해짐에 따라 탐색적 전략, 논리적 조직화, 탈중심화 등 객관적인 사고가 발달한다. 유아기적 사고로 한 가지 변수에만 의존하지 않고 다양한 변수를 고려하여 문제를 해결해나간다.

❶ 보존개념

아동기에는 보존개념을 완전히 획득하게 되고, 가역적 사고(reversibility)가 가능해진다. 예를 들어, 질량, 시간, 공간, 무게, 길이, 부피 등을 이해하게 되고, 공간의 위치나 거리에 관한 지리적 관계, 역사적 사건에 대한 시간적 관계에 대해 흥미가 생긴다.

보존개념은 다음과 같은 세 가지 원리로 설명할 수 있다. 첫째, 동일성의 원칙은 컵의 모양이 달라도 더 붓거나 덜지 않아도 액체 양은 같다는 것이다. 둘째, 보상성의 원칙은 이 컵은 긴 반면 저 컵은 넓다는 것을 통해 액체 양은 같다는 것이다. 마지막으로 역조작적 원리는 이전의 컵에 그대로 다시 부을 수 있기에 두 컵의 액체 양은 같다는 것이다. 이 세 가지 원리를 이해함으로써 보존개념을 확립한다.

❷ 분류화(유목화)와 서열화 가능

분류화(classification)는 대상을 일정한 특징에 따라 다양한 범주로 나누는 능력으로서 상위유목과 하위유목 간의 관계, 즉 전체와 부분의 관계를 이해하는 것이다. 구체적 조작기 아동은 점차 대상의 차이점을 구별하게 되고, 이 차이점으로 범주화할 수 있는 능력을 발달시켜 분류화가 가능하다.

서열화(seriation)는 어떤 특정의 속성이나 특징을 기준으로 하여 순서대로 배열하는 능력을 말한다. 구체적 조작기의 아동은 서열화 개념을 완전히 획득한다.

❸ 가역적 사고

가역성은 어떤 변화가 일어났을 때 이것을 이전상태로 되돌려 놓는 것인데, 구체적 조작기에는 사고의 비가역성을 극복함으로써 가역적 사고가 가능해진다.

❹ 조합기술의 획득

조합기술이란 수를 조작하는 능력으로 일정 수의 사물이 있으면 그것을 펼치든 모으든 또는 형태를 바꾸든 수가 같다는 것을 이해하는 능력, 즉 조합기술을 획득함으로써 셈이 가능해진다.

(2) 탈중심화 발달

유아의 지배적인 시각적 구조의 특징에서 벗어나 대상을 보는 경향으로, 다양한 변수를 고려하여 상황과 사건을 파악하고 조사하는 복잡한 사고를 할 수 있다. 어떤 사물이 가지는 특징에서 벗어나 전체적 시각으로 이동할 수 있고, 자신의 시각에서 다른 사람의 시각으로 옮길 수 있는 지각을 뜻한다. 이러한 현상은 사회적 대인관계에서 나타나는 조망수용능력의 발달과 연관성이 있다.

3) 언어발달

(1) 어휘와 문법이 발달

아동기의 언어능력은 문자언어를 사용하면서 읽기와 쓰기능력이 현저하게 발달한다.

어휘 수가 많아짐에 따라 어휘 사용과 문법지식이 발달하며, 복잡한 문장을 이해하고 실제로 사용할 수 있게 된다. 6세 이후 아동은 사용횟수가 증가하고 단어의 뜻을 통찰하는 능력이 생기면서 말하기, 읽기, 쓰기 등을 배우고 익히므로 높은 수준의 언어발달이 이뤄진다. 단어 뜻을 통찰하는 능력이 높아지고 문법지식이 향상되어 복잡한 문장을 이해하고 사용한다.

(2) 의사소통능력 발달

자기중심성에서 벗어나 자신의 입장과 타인의 입장 차이를 이해하고, 타인에게 자기 뜻을 효과적으로 전달할 수 있는 의사소통기술이 발달한다.

아동기 언어발달에 영향을 미치는 요인으로 지능은 사고능력과 관련이 있는 특수능력으로 구성되며 환경적응력이 포함된다. 지능은 언어능력, 논리와 수학, 음악, 대인관계, 공간능력, 문제해결, 환경적응력으로 구성된다. 오늘날에는 유전 요인보다 가정환경, 형제 수, 부모의 사회경제적 지위 등이 지능에 강한 영향을 미치는 것으로 알려져 이를 개선함으로써 지능발달을 도모할 수 있도록 꾸준한 노력이 필요하다.

4) 정서발달

아동기에는 활동범위가 확장됨에 따라 다양한 경험과 안정감이 작용한다. 정서와 감정을 적절히 표출하고 통제하는 세련된 경향으로 나타날 수 있다. 아동기는 정서적으로 안정된 시기로 정서적 혼란이나 흥분은 비교적 적은 편이나 사회적 행동과 관련하여 공포감이나 불안과 분노를 경험한다. 학교생활에 대한 적응이나 교우관계 등 사회적 범위가 확대됨에 따라 욕구좌절, 행동에 방해를 받거나, 놀림당하거나 꾸중을 듣게 되면 불쾌한 비교를 당하여 무시로 인한 분노감정이 빈번히 발생할 수 있다. 또한 학급 내 인기나 학업성취도, 운동능력에 따라 아동기의 강한 경쟁심이 질투로 나타나기 쉽다. 한편, 애정의 대상이 가족에서 또래친구로 변화해가며 동성에 대한 관심과 애정이 발달한다.

5) 사회적 발달

(1) 학교

아동기는 학교라는 사회집단의 일원이 되면서 새로운 경험의 장(場)이 형성된다. 또한 성실히 수행하고 열심히 하려는 의도에서 근면성이 발달한다. 자기에게 닥쳐오는 외부의 도전을 스스로 극복할 수 있다는 생각이나 태도에서 성취동기, 경쟁심, 성공경험, 능력의식이 강화된다. 한편, 수행을 제대로 하지 못하였을 때 부정적 결과로 인한 열등감을 경험하기도 한다. 긍정적 또는 부정적 태도가 형성되고 평가에 대한 자기개념이 형성된다. 동급 친구들과의 상호작용을 통해 자아중심적 관점이 감소되고 협동, 경쟁, 협상의 원리를 체득하게 되며 사회적 규칙과 압력에 반응하는 방법을 습득하게 된다.

아동기에 학교생활의 적응과 발달은 부모에 대한 의존성이 줄어들면서 개인적으로 자립하고 자신을 주장할 기회가 되며, 더 나아가 대인관계발달에 중요한 영향을 미친다. 부모나 교사는 적절한 지도와 격려로 또래관계에서 인정받고 잘 적응하는 사회성 발달을 촉진해야 한다.

(2) 또래집단 형성

아동기의 사회적 발달은 또래집단 형성과 밀접한 관련성이 있다. 친구관계를 경험하면서 우정이 발달한다. 또래집단 형성은 친구들과의 상호작용, 즉 신체활동이나 스포츠, 조직적 단체놀이를 통해 다양한 방식이 존재함을 인식하고 또래집단의 규범과 압력에 민감해지고 중요성을 인식한다. 집단생활의 규범을 준수하고 서로 협력하며 자신의 욕구를 통제할 수 있는 기본적 사회기술과 태도를 학습한다.

6) 자율적 도덕성발달

도덕성이란 다른 사람과의 관계에서 지켜야 할 규칙을 인식하는 능력인데, 자신이 속한 문화규범에 맞게 행동하도록 배우는 것을 받아들이는 과정을 통해 도덕성발달이 이뤄진다.

학령기 이전에는 양심과 초자아가 나타나기 시작하여 자신과 부모의 동일시를 통해 부모의 가치와 태도, 옳고 그름의 행동기준을 받아들인다. 그러나 아동의 도덕성발달은 개인과 사회의 기초를 이루는 것으로, 사회적 기대와 요구에 직면한다. 따라서 자신과 타인 모두가 요구와 권리를 가진다는 지각을 하고, 규칙을 수행하고 변화에 대한 동의를 구하는 등의 행동을 한다. 즉 자아중심성이 감소되고 탈중심화가 이루어져 타인의 관점을 이해하고 타인도 자신과 마찬가지로 독립적 사고를 하고 있다는 것을 인식하면서 도덕적으로 성숙해가는 자율적 도덕성을 획득한다.

02 청소년기의 발달적 특성

1) 청소년의 정의

❶ 청소년의 법적 기준

「청소년기본법」에는 9~24세, 「청소년보호법」에는 만 19세 미만으로 명시되어 있다.

표 4-1 청소년 관련 법상에서 청소년의 호칭과 연령

<table>
<tr><th>법률</th><th>호칭</th><th>연령 구분</th><th>소관부처</th></tr>
<tr><td>청소년기본법</td><td rowspan="4">청소년</td><td rowspan="3">9세 이상 24세 이하의 자</td><td rowspan="5">여성가족부</td></tr>
<tr><td>청소년활동진흥법</td></tr>
<tr><td>청소년복지지원법</td></tr>
<tr><td>청소년보호법</td><td>만 19세 미만의 자
(단, 만 19세가 되는 해의 1월 1일을 맞이한 자는 제외)</td></tr>
<tr><td>아동·청소년의 성보호에 관한 법률</td><td>아동·청소년</td><td>만 19세 미만의 자
(단, 만 19세가 되는 해의 1월 1일을 맞이한 자는 제외)</td></tr>
<tr><td>보호소년 등의 처우에 관한 법률</td><td rowspan="3">소년</td><td rowspan="3">19세 미만의 자</td><td rowspan="5">법무부</td></tr>
<tr><td>소년법</td></tr>
<tr><td>보호관찰 등에 관한 법률</td></tr>
<tr><td>민법</td><td>미성년자</td><td>만 19세 미만의 자</td></tr>
<tr><td>형법</td><td>형사미성년자</td><td>14세가 되지 아니한 자</td></tr>
<tr><td>근로기준법</td><td>연소자</td><td>18세 미만의 자</td><td>고용노동부</td></tr>
<tr><td>아동복지법</td><td>아동</td><td>18세 미만의 자</td><td>보건복지부</td></tr>
<tr><td>사행행위 등 규제 및 처벌특례법</td><td>청소년</td><td>청소년보호법 만 18세 미만</td><td>경찰청</td></tr>
<tr><td>게임산업진흥에 관한 법률</td><td rowspan="2">청소년</td><td rowspan="2">「청소년보호법」에 따른 청소년</td><td>문화체육관광부</td></tr>
<tr><td>직업안정법</td><td>고용노동부</td></tr>
</table>

❷ 일반적 개념

초등학생을 아동, 중·고등학생을 청소년이라고 인식한다.

2) 청소년기의 발달적 특성

(1) 신체적 발달

❶ 제2의 성장 급등기

신장과 체중의 증가가 뚜렷하게 보이며 성인의 체격에 도달하는 경향, 여학생보다 남학생의 신장과 체중의 증가폭이 크다. 성장급등 현상에 따라 일시적으로 신체불균형상태를 경험하면서 신체상을 형성한다. 신체 내부기관인 간, 장, 폐활량, 소화기능이 현저하게 발달하고, 그중 내분비선이 가장 크게 발달하는 것이 특징이다.

❷ 성적 성숙

청소년기의 성적 성숙은 내분비선에서 성호르몬 분비가 증가하는 데 기인한다. 2차 성징이 출현하는 시기로 성적으로 발달한다. 남자는 음성이 변하고 음모가 나며, 골격구조와 근육이 단단해지며, 피지의 발달로 여드름이 생긴다. 여자는 월경이 시작되고 유방이 커지며, 음모가 나고 골반이 커지며, 여드름이 생긴다.

(2) 인지적 발달

❶ 형식적 조작기

정신적 조작의 범위와 대상이 넓어져서 추상적이고 광범위한 부분까지 가능하다. 추상적 개념, 현실보다 가능성의 세계를 중시하며, 조합적 사고를 한다. 또한 가설을 추리함으로써 과학적 추론이 가능하며, 자기성찰에 몰두하고, 정체감 획득이 가능해진다. 양적 변화에서도 지능검사 점수가 아동기 동안 점차 안정되기 시작하다가 청소년기 동안에는 더욱 안정되어 정보처리능력도 향상된다.

한편, 미래에 대한 기대와 불안을 느낀다. 이상주의를 추구하려는 청소년은 세상의 결점과 논리적 모순을 발견하고 부모나 사회에 반항하게 된다. 현실적 문제를 고려하지 못하고 사회변화에 대한 장벽을 간과하는 경향을 지닌다.

❷ 상상 속의 관중(청중)

청소년은 타인의 관심 대상이 된다고 생각하며 자신을 대단히 중요한 존재로 지각한다. 자신에게 주의를 집중하고 강한 자의식을 갖는다.

❸ 개인적 우화

자아중심성이 강해지면서 청소년 자신을 예외적인 존재로 지각하게 한다. 예를 들어, '나는 특별하기 때문에 죽지 않을거야'라고 생각하여 무모한 행동을 서슴없이 강행하는 경우도 있다.

(3) 정서·사회적 발달

- 청소년기는 '질풍노도의 시기'로, 정서가 강하고 불안하며 극단적인 정서를 경험한다. 행동에 있어 무책임하거나 흥분을 잘하여 공격적 성향이 나타난다.
- 부모로부터 분리되어 친구나 자기 자신에게 의존하려는 경향이 심하다. 이를 '심리적 이유기'라고 한다.
- 또래 간의 강한 유대감으로 집단을 형성하여 모여 있는 것을 좋아한다.
- 성적 성숙의 영향에 힘입어 이성에 대한 관심이 시작되지만, 동성친구 관계가 더 중요하다.

03 자아개념과 자아정체감

1) 자아개념 발달

아동기 자아개념(self-concept)은 신체적 특성, 개인적 기술, 가치관, 희망, 역할, 사회적 신분 등을 포함하여 내가 누구이며 무엇을 할 것인지와 자신의 것으로 동일시하는 개인적 특성을 말한다.

자아개념이 성숙해감에 따라 한 개인이 가지는 다양한 속성이나 환경과 상호작용하면서 반영된다. 유아기 자아발달의 형성을 통해 아동기 자아개념은 한층 더 자신의 신체적 특성, 좋아하는 놀이, 자기 소유물 등 놀이나 활동을 통해 자신을 묘사하여 심리적 특성이나 타인과의 관계를 중심으로 묘사한다.

아동기의 자아존중감(self-esteem)은 자아존재에 대한 긍정과 부정의 견해를 통해 개인적 가치감이나 평가를 통해 인지한다. 자아존중감은 인간의 존엄성을 부여하는 요인이다. 작은 성취나 성공·칭찬을 통해 건전한 자아상과 정신건강에 결정적 역할을 한다. 아동기의 자아효능감은 자신이 스스로 상황을 극복할 수 있는 힘을 가짐으로써 과제를 성공적으로 수행할 수 있는 신념과 기대를 말한다. 자아효능감(self-efficacy)이 높을수록 긍정적 자아개념을 촉진할 수 있으며 지속적으로 지향한다. 또한 자기통제(self-control)는 목표를 달성하기 위한 순간의 충동적 욕구나 행동을 억제할 수 있는 능력, 유혹을 이길 수 있는 능력, 만족을 지연할 수 있는 능력을 의미한다. 아동기는 외부로부터의 외적인 감독에 의한 통제와 자기통제가 점차 내면화되어 스스로 통제할 수 있게 된다. 이는 성숙한 인간으로 성장하는 과정에서 매우 중요한 의미를 가진다.

2) 자아정체감

(1) 자아정체감의 의미

자아정체감(ego identity)이란 자기(self) 자신을 타인과 구별되는 독립된 고유한 존재로 인식하고, 자신의 능력, 신념, 가치, 동기, 경력 등을 조화롭게 통합하여 자신을 일관성 있게 지각하고자 하는 내면화된 역동적 체제라 할 수 있다. 자신의 독특성에 대해 비교적 안정된 느낌을 갖는 것으로 행동이나 사고 혹은 정서의 변화에도 불구하고 '나는 누구인가'를 지각하는 것을 말한다.

자아정체감이 확고한 사람은 개별성, 통합성, 지속성을 경험한다. 개별성은 가치나 동기, 관심은 타인과 공유하더라도 자신은 타인과 구별되는 고유한 존재라고 인식하는 것을 말한다. 통합성은 자신의 욕구, 태도, 동기, 행동양식 등이 전체적으로 통합되어 있는 느낌을 말하며, 지속성은 과거·현재·미래 등 시간이 경과해도 자신은 동일한 사람이라고 인식하는 것을 말한다.

청소년기에는 자신의 신체변화에 대해 그대로 인정하고 받아들이는 것이 필요하다. 그러나 신체발달과 성적 성숙 자체로 청소년은 고립감과 외로움 같은 정서 변화를 경험하기도 한다. 하비거스트(Havighurst)는 청소년기 자아 정체감 형성의 발달과업으로, 자신의 신체변화를 인정하고 자신의 능력과 적성에 대해 객관적으로 인지하고 수용하여 자신이 처한 사회나 가족, 국가적 현실을 수용하는 것이라고 하였다. 또한 성숙한 동성 및 이성과 교우관계를 맺고 사회에서 기대되는 성역할 및 사회적 역할을 획득하며, 부모나 성인으로부터 독립할 준비를 한다(예를 들어, 직장과 결혼 준비). 마지막으로 사회적 책임을 질 수 있는 가치관과 윤리적 체계를 획득하여 이념을 발달시킨다.

(2) 마르시아(Marcia)의 정체감 유형

위기와 전념의 차원을 기준으로 4가지 범주로 구분하여 살펴보면 다음과 같다.

❶ 정체감 성취

위기를 성공적으로 해결, 의사결정을 내릴 수 있는 상태를 말한다.

❷ 정체감 유예

자아정체감 형성을 위해 다양한 역할, 신념, 행동 등을 실험하고 있으나 의사결정을 하지 못한 상태를 말한다.

❸ 정체감 유실

부모나 사회의 가치관을 자신의 것으로 선택, 독립적 의사결정을 내리지 못하는 상태를 말한다.

❹ 정체감 혼란

정체감 확립을 위한 노력도 없고, 가치관에 대한 의문도 제기하지 않는 상태를 말한다.

마르시아(Marcia)는 위기를 경험했거나 경험 중인 자아정체감 성취나 유예는 적응으로 보았으나, 위기 자체를 경험하지 못한 유실이나 혼란은 부적응으로 보았다.

04 아동기·청소년기와 사회복지실천

1) 발달적 측면

(1) 학습장애

아동기에 언어를 이해하거나 사용하는 데 있어 장애가 있는 것을 말한다. 정보처리과정에 어려움을 겪는다. 지적 능력의 제한, 심리적 갈등과 불안으로도 학습동기가 결여되어 학습지장을 초래한다. 읽기능력 제한, 집중의 문제, 다른 주제로의 전환이 늦다. 학습장애 아동은 실패반응에 대한 두려움과 무기력 반응으로 낮은 자존감을 갖는다. 따라서 교육현장과 교육계획에 있어 교사와 부모, 다른 사람들의 개별화된 특수교육이 필요하다. 치료적 자세는 포기하지 않고 계속 추진하여 목표를 설정하고 성취노력을 경험토록 한다. 아동을 수용하고 장점을 최대한 발휘하도록 적절하고 체계적인 학습기술교육이 훈련되어야 한다.

(2) 학교공포증

아동기에 학교 가는 것에 대해 비현실적 두려움을 느끼는 것을 말한다. 이는 학교에 대한 두려움이 아닌 어머니와 격리되는 두려움과 관련이 있다. 영유아기에 가정이나 사람으로부터 격리되는 두려움으로 심한 공포와 부정적 정서를 경험한 영향 때문이다. 아동기에 발달적 과업을 수행할 수 있도록 학교공포증에 대한 무조건적 수용이나 책망보다는 학교출석에 대한 공포와 부정적 정서의 경험을 즐거운 생활로 변화될 수 있도록 행동수정요법이 필요하다.

(3) 품행장애

아동기에 억압된 감정을 무의식적으로 행동화하는 것을 말한다. 아동기의 사회성 미발달로 거짓말, 도벽, 가출, 무단결석, 파괴행위 등의 다양한 문제를 통칭하여 '품행장애'라고 한다.

아동기의 특징으로 또래집단이 비사회적 또는 반사회적 행동집단으로 이행되어 청소년비행과 아동의 범죄와 비행을 증가시킨다. 지역사회 내 사회복지기관에서는 아동기의 건전한 놀이지도와 여가프로그램을 개발하여 가족과 교사 및 또래의 협조를 바탕으로 자아 성장을 위한 훈련 및 교육, 심리치료를 개입시켜 문제를 예방할 수 있어야 한다.

(4) 섭식장애

신체성장 및 성숙의 변화로 자신의 신체에 대한 부정적 이미지, 즉 왜곡된 신체 이미지 형성은 심리적 문제와 대인관계 문제를 야기할 수 있다. 특히 여성의 경우 외모지상주의인 사회적 이슈 때문에 외모에 몰두하여 섭식장애로 인한 거식증과 폭식증이 생길 수 있다.

(5) 10대 미혼부모

청소년들이 성에 대한 올바른 이해와 가치관을 형성할 수 있도록 교육 및 예방프로그램을 실시할 필요가 있다. 청소년의 성 경험률이 꾸준히 증가하고 있고, 사회적 변화에도 불구하고 10대 예방 프로그램 및 관련 지원제도나 서비스는 아직 미흡한 실정이다.

10대 임신과 출산, 성폭력피해상담, 미혼부모문제와 입양 알선기관, 국내입양기관, 개입의 필요성을 시사한다. 또한 10대 부모가 학업을 지속할 수 있도록 가족과 주변사람들의 정서적·심리적 지원이 이뤄져야 한다. 취업지원 및 직업훈련과정 개발, 주거지원을 통한 안정적 환경 제공, 자녀양육방법에 대한 효율적 통합서비스가 제공되어야 한다.

(6) 학벌 위주의 입시경쟁

청소년기는 심리적 격동기에 해당하여 다양한 정신장애를 일으킬 가능성이 높다. 불안과 우울, 공포, 자살 등과 같은 일이 발생하는데, 지나치게 과열된 입시풍토, 학력 및 학벌지상주의, 경쟁사회로 인하여 거의 대부분의 청소년들이 시험불안을 경험하고 있다. 성적과 입시만 강조하는 학교에서 소외감과 열등감을 낳고, 자신의 자존심을 회복하기 위한 심리적 보상을 얻기 위해 부정적 선택을 하게 된다.

필요에 따라 청소년의 정신건강과 건전한 심리발달을 지원하는 학교 프로그램 및 지역 사회 내 청소년 대상의 개별상담 및 스트레스 예방과 관리 프로그램이 개발되어야 한다.

2) 사회적 측면

빈곤은 아동의 건강과 교육 등 직접적 측면과 함께 가정생활의 불안정성과 부족한 소득을 보충하기 위한 부모의 시간 부족, 부적절한 교육, 열악한 주거 및 양육환경 등의 문제를 가져온다. 오늘날 가족해체 또한 아동에게 결정적인 해를 입히는 문제양상으로 매우 심각한 상태에 놓여 있다고 볼 수 있다. 이러한 사회적 문제양상에 대하여 빈곤지역 및 취약계층의 학생들에게 가장 중요한 서비스 중 하나는 교육지원이다. 교육은 개인의 사회적 성공을 이루는 강력한 수단이 된다. 따라서 빈곤 탈출이 절대적이다. 경제적 불평등이 교육기회 불평등 현상으로 이어진다.

(1) 교육복지우선지원사업

교육, 문화, 복지의 통합적 지원서비스는 취약계층 학생들의 학업능력 향상과 심리적·정서적 안정과 자신감을 향상시키고 학교적응 및 일탈행위를 감소시키기 위한 사업이다.

지금까지는 저소득층 5세 아동의 무상지원과 초·중 의무교육, 저소득층 수업료지원, 대학생 학자금 융자 등 경제적 보조에 중점을 두었다. 그러나 경제적 지원만으로는 대상학생에 대한 교육성취 수준 제고에 한계가 있고, 탈빈곤을 위해 교육·복지·문화를 동시에 제공하는 정책이 제안되고 있다. 문화적 결핍상태, 즉 경험기회 부족으로 자극과 인지능력의 저하로 나타나 문화적 경험의 기회확대는 인지적 향상의 가능성을 높이기 위한 지원이 요구되었다. 학습결손예방 및 치유, 방과 후 보호서비스와 다양한 문화 활동을 통한 정서함양에 중점을 두었다. 멘토－멘티 프로그램, 학생 문화 활동, 부적응학생 예방 활동 등이 있다.

(2) 디딤씨앗통장

디딤씨앗통장이란 취약계층 아동의 사회 진출 시 학자금·취업·창업·주거 마련 등에 소요되는 초기 비용 마련을 위한 자산 형성을 지원하는 사업을 말한다. 이는 아동발달지원계좌라고도 불리며, 가입대상 조건을 충족하는 보호대상 또는 기초생활수급자 가구의 아동이 통장을 개설하면, 후원자와 정부가 함께 1 : 2 비율로 배칭하여 저축 금액을 적립하게 되는 방식으로 2007년 4월부터 시행된 정부 매칭 지원금 시스템이다.

최대 10만원 한도 내에서 내가 저축한 금액의 2배에 해당하는 금액을 추가로 적립할 수 있도록 매칭하여 지원함으로써, 저소득층 아동의 자산 형성에 도움을 주기 위해 정부에서 시행하고 있다.

보호대상아동은 아동복지시설(아동양육시설, 공동생활가정) 보호아동, 가정위탁 보호아동, 장애인생활시설아동, 소년소녀가정 아동을 말한다. 단, 일시보호시설 아동은 3개월 이상 장기보호되었거나 보호될 것으로 예상되는 경우 대상이 될 수 있고, 기초생활수급가구 아동은 생계급여와 의료급여, 주거급여, 교육급여를 수급하고 있는 만 18세 미만(17세)의 중위소득 50% 이하인 가구의 아동이 해당된다.

(3) 다문화가정의 아동

다문화가정의 자녀는 한국인과 외국인 배우자 사이에서 출생한 아동이다. 「국적법」 제2조1항에 의해 출생과 동시에 한국국민이 되므로 「헌법」 제31조에 의한 교육권을 보장받는다. 보건복지부 실태조사에 따르면, 초·중·고 중에 초등학교 비중이 85%를 차지한다고 한다.

불법체류자의 자녀도 합법적 체류자 자녀와 동등하게 인권과 학습권을 가진다. 따라서 의무교육을 받을 권리가 있다.

(4) 가정 내 갈등과 비행

가정은 청소년의 성장발달에 절대적으로 영향을 미친다. 가족의 해체와 결손 등 가족 내 갈등이 확대·심화되어 청소년 비행으로 나타난다. 청소년의 비행은 범죄와 함께 일탈행위이다. 가출, 폭력, 성문화 노출 등에 따른 성행동이 날로 확대·심화되고 있다.

가족의 무관심과 사랑의 결여로 인한 스트레스는 또래집단을 형성하고 쉽게 접할 수 있는 용이하고 유해한 환경으로 옮겨진다. 청소년이 심리적 이유기에 무엇을 경험하느냐에 따라 청소년에게 다른 영향을 끼칠 수 있다. 가정에서의 지지와 격려는 심리적 불안과 초조로 인한 반항적인 행동 특성을 줄일 수 있지만, 그렇지 못할 경우 일탈과 비행으로 행동양상이 옮겨갈 가능성이 크다. 가정 내 안정적 지원이 무엇보다 중요하지만, 우리 사회의 적절한 대처로서 가정상담소와 청소년기관에서는 비행청소년에 대한 상담서비스를 제공하고, 복지관이나 학교에서는 반사회적 행동을 한 청소년을 집단 구성하여 지도하기도 하며, 보호관찰소 등에서의 교정프로그램도 처벌보다는 보호적 측면이 더욱 강조되어야 한다.

가출청소년에 대한 보호와 복지 차원의 지원, 심야 길거리 상담, 보호시설, 대안학교 등 학교 밖에서의 자립과 지원을 위한 예산 증가와 프로그램의 확대가 요구된다.

(5) 학교폭력

학교폭력이란 학교 안팎에서 학생 사이에 일어난 폭행·협박·따돌림 때문에 신체·정신·재산에 피해를 받는 행위로, 상해·폭행·감금·협박·약취·유인·추행·명예훼손·모욕·공갈·재물손괴·집단따돌림이나 그 밖에 피해자가 바라지 않는 행위를 했거나 시킨 행위를 뜻한다. 청소년 폭력문제의 도덕적 비행이나 탈선의 차원, 폭력의 잔인성이 심각하다.

우리나라 학교교육의 특수한 상황, 즉 획일화된 입시 위주 교육이 문제이다. 중학교부터 고등학교까지는 사교육의 영향권 아래에 있다. 이러한 사회문화적 풍토 속에서 입시와 사교육의 폐해로 인해 사회화에 따른 부정적인 영향이 미치고 있다.

교육환경 및 가정과 사회의 압박에 의한 정신적 고통과 불안에 따른 현장의 문제인 집단따돌림과 학교폭력은 청소년들의 소외감과 열등감을 낳고, 자신의 자존심을 회복하기 위한 심리적 보상을 위해 폭력을 행사한다. 가정과 학교에서의 스트레스는 학교폭력으로 이어진다. 청소년기는 질풍노도의 시기로 갈등과 억압 그리고 폭력적 훈육의 경험으로 공격성의 심리를 강화하는 경향이 강하다. 이러한 자신의 결점을 다른 사람에게 투사하여 좌절과 불안의 정도가 심해지면 폭발한다. 청소년의 폭력을 학교교육 제도의 부재만 탓하기보다는 가정 내 긍정적인 유대관계와 더불어 학교교육 안에서의 인격적 교육과 인성계발을 통해 최적화한다면 공격으로 이어지는 폭력을 예방할 수 있다.

예 교육과학기술부 「학교폭력예방 대책에 관한 법률」 시행(2012년 5월 1일). 학교폭력을 상담·신고할 수 있는 '117학교폭력 신고센터'을 설치 및 운영하고 있다.

핵심정리

- 아동기는 생활의 중심이 가정에서 학교로 옮겨지고 공식적인 학교교육을 통해 사회가 요구하는 기술을 습득한다.
- 아동의 신체적 성장과 발달이 비교적 완만하게 진행되어 꾸준히 성장이 이뤄지면서 안정되는 시기이다.
- 아동의 사고능력은 탈중심화, 가역성, 보존개념, 조합 및 분류개념과 기술이 구체적인 수준에서 논리적 합리화 기술이 발달한다. 청소년기에 이르러 인지발달은 지각과 경험보다는 점차 논리적 원리에 의해 지배하는 사고와 가설과 추론적 사고의 형식적 조작기로 나아가게 된다.
- 아동기의 사회적 관계 장에서 학교나 이웃 또래친구들과의 대인관계 속에서 집단활동의 규범을 준수하면서 상호협력하며 자신의 욕구를 통제하는 사회적 기술과 태도를 학습한다.
- 청소년기의 신체적 특징은 제2의 성장 급등기로서 성적 특징이 나타나며, 심리적 변화에 따른 제2의 반항기를 경험한다. 즉, 성인도 아닌 주변인에 머물러 있는 특징적 양상이 나타난다.
- 청소년기에 무엇보다 중요한 과제는 자아정체감이며, 자신이 누구인가에 대한 지각과 추구성이 매우 중요하다.
- 청소년기는 자아정체감을 성취하기 위한 심리적 실험기간으로, 자신의 가치와 믿음, 역할을 시험해 볼 자유를 허락하며 각자 장점과 강점을 극대화하여 사회로부터 긍정적 인정을 획득할 수 있도록 가정과 학교, 사회에 최상으로 적응할 수 있게 해야 한다.

04
CHAPTER

연습문제

01 여자 청소년에게 특징적으로 발생할 수 있는 정신장애는 무엇인가?

① 학습장애　② 과잉행동장애　③ 틱장애
④ 섭식장애　⑤ 반사회적 인격장애

02 청소년기에 정체감을 형성해가는 과정에서 미래에 여러 가지 역할을 실험하는 단계로 다양한 시도를 하고 실험과 탐색하는 기회로 갖는 기간을 의미하는 개념은 무엇인가?

① 정체성 유실　② 정체성 성취　③ 정체감 위기
④ 정체감 유예　⑤ 정체감 상실

03 아동기 발달에 대한 설명으로 맞지 않는 것은?

① 우정이 발달한다.
② 단체놀이를 선호한다.
③ 타율적 도덕성이 발달한다.
④ 운동기술과 근육의 협응 능력이 발달하고 정교화된다.
⑤ 물질의 양, 수, 길이, 면적 등의 형태나 위치를 변화시켜도 동일함을 인지한다.

04 아동기의 인지적 특징이 아닌 것은?

① 보존개념이 획득된다.　② 탈중심화 경향이 나타난다.
③ 가역적 사고를 한다.　④ 창의적 사고가 향상된다.
⑤ 연역적 가설 사고가 발달한다.

05 아동이 단체놀이를 통해 학습할 수 있는 것은?

① 협동심　② 이기심　③ 독립심
④ 열등의식　⑤ 모방심

정답 1. ④　2. ④　3. ③　4. ⑤　5. ①

CHAPTER

05

청년기 · 중년기

이 장에서는 생애주기에서 중요한 발달단계임에도 불구하고 그동안 성인기와 노년기 사이의 주변적인 단계로 다루어진 청년기와 중년기에 대해 학습하고자 한다.

학습목표

1. 청년기의 발달적 특성을 이해할 수 있다.
2. 청년기와 관련된 사회복지실천 영역을 파악할 수 있다.
3. 중년기의 발달적 특성과 발달과업을 설명할 수 있다.
4. 중년기와 관련된 사회복지실천 영역을 파악할 수 있다.

01 청년기의 발달적 특성

1) 청년기의 정의

청년기는 청소년기와 중년기의 중간에 위치하며 약 19세에서 29세로 구분한다. 청년기는 고교졸업 시기 전후를 시작으로 해서 직업을 갖고 결혼하여 부모로부터 완전한 독립을 성취하는 시기까지로 본다. 제프리(Jeffrey, 2018)는 청년기에 대해 성인진입기(emerging adulthood)로 제시하면서 결혼, 부모되기, 직장생활 등 주요 생애구조를 준비하고 시작하는 역동적 인생 단계로 보았다. 그러나 최근 결혼 시기가 늦춰지고 부모로부터 완전한 독립의 시기가 늦춰지는 사회적 변화를 고려해야 한다.

2) 청년기의 특징

청년기에는 가족으로부터 독립을 위한 준비를 시작하며 신체적 성숙이 거의 완성되고 신체적 기능이 최고조에 달한다. 그리고 성역할 정체감이 완성되는 시기이며 직업을 선택하고 경력을 쌓으면서 직업과 배우자 선택, 자녀 양육 등으로 스트레스를 받는다.

3) 청년기의 발달특징

(1) 신체 발달

청년기에는 인간의 신체적 성숙이 거의 완성되는 시기이며, 청소년기의 어색한 모습은 사라지고 신체적으로 균형잡힌 모습을 갖추게 된다. 신체적 능력과 기술을 규칙적으로 사용하면 청년기 이후에도 기능이 지속된다.

(2) 사회정서발달

청년기에는 부모로부터 정서 및 경제적으로 독립하는 것이 주요 발달과제 중 하나이지만, 부모로부터 독립하는 것에 대한 갈망과 분리에 대한 불안이라는 양가감정을 갖는다. 이때 자녀의 독립 인정과 가족 의사결정에 참여를 격려하는 등의 부모역할이 매우 중요하다. 그리고 청년기에 자신의 직업을 선택하여 경제적인 자립과 인생을 개척해 나가면서 자아실현을 하는 중요한 시기이다. 그러므로 직업준비와 직업 선택이 중요한 시기이다. 또한, 청년기의 주요한 사회적 발달과제로 결혼과 가족형성이다. 이 시기는 결혼을 하고 자녀를 낳아 부모가 되면서 또다른 삶을 형성하게 된다.

(3) 성적 사회화

청소년기 후기 혹은 청년기에는 성역할 정체감이 확고해지는데, 이 과정을 성적 사회화라고 한다. 성역할 정체감은 사회가 특정한 성에 대해 적절하다고 인정하는 특성, 태도, 흥미와 동일시하는 과정으로 성에 따른 사회적 역할 기대를 내면화하는 과정을 말한다.

4) 청년기의 발달과제

청년기의 주요 발달과제에는 자신의 적성에 맞는 직업을 선택하고 경력을 쌓으면서 발전시켜야 하고 친밀한 관계를 형성해 나가야 한다. 이를 위해 감정이입능력, 자기통제능력, 타인의 장단점을 수용하는 능력을 갖춰서 친밀감 형성을 위해 노력해야 한다. 또한, 배우자 선택과 배우자와 함께 생활하는 방법을 학습하고 가정을 꾸미며, 자녀양육과 가정을 관리하면서 시민의 의무를 완수해야 한다.

02 청년기와 사회복지실천

1) 자율성 확립과 자기주장 능력

청년기는 자신의 자율적인 결정에 따라 행위를 하게 된다. 그런 점에서 사회복지사는 이들의 자율성 확보를 위해서 서비스를 제공하는 과정에서 중요하게 인식해야 되며, 이를 위한 개별 및 집단 프로그램, 사회성 향상 프로그램, 스트레스 및 자기관리 프로그램 등을 통해 도움을 줄 수 있다.

그리고 사회복지사는 클라이언트와의 관계에서 클라이언트의 권리와 욕구를 인식하고 존중하며 인정해야 한다. 이 과정에서 '자기주장'을 통해 정체감과 도덕적 관점을 형성할 수 있도록 지지와 격려, 옹호를 할 수 있어야 한다.

2) 친밀감 형성 능력

청년기에 친밀감 형성 능력은 직업과 배우자 선택, 인간관계 형성에 있어서 중요한 개인적 심리체계이다. 사회복지실천적 관점에서 친밀감은 청년기 동안의 중요한 생활사건인 이성교제와 결혼, 인간관계의 성공에 영향을 미치므로 중요하다.

03 중년기의 개념

중년기의 시작 연령에 대해서는 학자마다 달리 제시하고 있어 명확하게 정의하기는 쉽지 않다. 대부분의 연구자들은 40~60세 사이를 신체적·사회적·

가족주기 등에 있어 변화와 전환의 시기로 보고 있으며, 통계청 통계개발원에서는 개인의 생애주기를 생애과정 단계 기준으로 중년기(35~49세)와 장년기(50~64세)로 구분하여 통계결과를 분석하고 있다.

그러나 일반적으로 40세부터를 중년으로 보고, 「기초노령연금법」이나 「노인복지법상」 노인을 65세 이상으로 규정하고 있으므로 이 책에서는 중년기의 범위를 40~64세 사이로 정의하고자 한다.

표 5-1 다양한 연구에서의 중년기 구분

연구자	연구연도	중년기 범위
융(Jung)	1933	40세 / 40세 이후
에릭슨(Erikson)	1956	40~60세
뉴가튼과 거트만(Neugarten & Gutmann)	1958	40~54세 / 55~70세
하비거스트(Havighurst)	1972	35~60세
굴드(Gould)	1978	35~45세
레빈슨(Levinson)	1978	40~45세 / 45~60세
서봉연·유안진	1983	35~60세
김명자	1989	40~59세
김애순	1993	35~60세

출처 : 김명자(2003), 「중년기 발달」에서 재구성.

04 중년기의 발달적 특성

중년기는 인생의 절정기이면서 노년기 이전 단계이다. 이 시기에는 신체적·심리적 노화와 더불어 사회적 역할 변화로 인한 허무감을 느끼며 죽음에 대한 불안을 경험하게 된다. 성장한 자녀들은 독립하기 시작하고(빈 둥지기, empty nest), 노부모 부양에 대한 부담이 증가하는 동시에 본인은 갱년기를 겪으면서 큰 변화를 경험하게 된다. 중년기는 그들의 자녀, 부모, 동료들 그리고 다른 가족구성원들의 안위와 연관되어 있으므로 중년기를 이해하는 것은 노년기 준비와 적응에 도움이 된다.

1) 신체적 발달

(1) 신체 변화

중년기가 되면 신체구조 및 기능변화로 신진대사 활동이 둔화되면서 허리둘레와 체중이 늘고 배가 나오기 시작한다. 머리카락은 희어지고 가늘어지며 빠지기 시작한다. 피부는 탄력이 줄어들고 주름이 생기며, 수분이 줄어들어 건조해지고 때로는 갈라지기도 한다(권중돈, 2014).

그러나 중년기에 가장 뚜렷하게 감퇴가 느껴지는 두 가지 기능은 시각과 청각이다. 시각의 감퇴는 대체로 40~49세 사이에 나타나며, 노안(老眼)이 대표적 징후로 가까운 것을 보는 것에 어려움이 생긴다. 또한 청각은 감퇴가 가장 빨리 나타나는 감각기능으로서 40세경에 시작된다. 고음에 대한 민감성 감퇴가 먼저 나타나며, 50대에는 저음에 대한 감퇴가 시작된다. 중년기의 건강상태는 정서적 안정성 및 성격유형과 밀접한 관계가 있다. 34~50세가 되기까지 16년간을 추적 연구한 캘리포니아 종단적 연구 결과에 의하면 중년기에 정서적으로 평화로우며, 자기통제가 잘되어 있고, 책임감이 있는 사람이 가장 건강한 것으로 밝혀졌다(송명자, 2012).

(2) 성적 변화

여성들은 폐경(menopause)[1]을 경험하면서 에스트로겐 결핍으로 인한 홍조, 발한, 위축성 질염, 골다공증, 심혈관 질환 등과 더불어 피로와 무력감, 현기증, 초조감, 불면, 성욕 변화, 집중력 저하, 두통, 긴장감, 호흡곤란, 감정기복 같은 신경정신과적 증상을 겪기도 한다(박재갑, 2006). 국민건강보험공단이 2007년도에서 2011년도까지 건강보험진료비 지급자료를 분석한 결과 50대 여성들은 폐경기를 경험하면서 최고의 스트레스를 받는 것으로 나타났다. 중년기 여성의 일반적인 심리사회적 스트레스는 노년기 치매발생과 연관이 있다.

2013년 스웨덴 예테보리 대학의 레나 요한슨 교수팀은 'BMJ OPEN'학술

1) 자연의학연구소 김정선 소장은 폐경이 아닌 완경임을 강조했다. 폐경을 여성성의 상실로 받아들이는 사회적 분위기는 남성중심적인 시각이라는 것. 오히려 월경이 끝난다는 것은 그동안 생명을 창조하기 위한 몸이 그 임무를 '완수'하는, 고생한 몸을 쉬게 하라는 의미가 담겨 있다는 것이다. 그래서 폐경이 아닌 완경이다(광주드림, 2013.7.5).

지에 38년간 추적연구 결과 중년기의 심리사회적 스트레스가 노년기 치매 특히 알츠하이머의 발생과 관련이 있다고 발표하였다. 또한 2019년 존스홉킨스대학 연구팀도 '국제노인정신의학저널(International Journal of Geriatric Psychiatry)'에 중년 여성의 스트레스는 장기적으로 알츠하이머를 유발할 수 있다고 보고하였다.

반면 남성들은 폐경기를 경험하지는 않지만 갱년기는 경험할 수 있다. 그러나 남성들의 갱년기는 정자나 정액 생성의 종결을 의미하지 않는다(권중돈, 2014). 정옥분(2012)의 발달심리학에 보면 남성의 갱년기는 일반적으로 여성의 갱년기보다 10년 정도 늦게 시작되고 그 변화는 보다 점진적이며 다양하며(Weg, 1987), 우울증, 피로, 성적 무력감, 발기불능 그리고 정의하기 힘든 신체적 이상을 호소하며, 여성처럼 심하지는 않으나 번열증[2])을 경험하기도 한다(Henker, 1981)고 소개하고 있다.

여성 갱년기에 의한 변화 및 증상

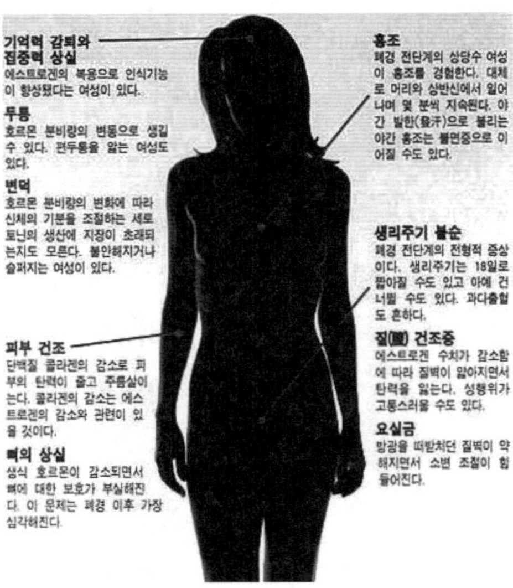

출처: Newsweek(2000). NWK 특별호3. 중앙일보 미디어 인터내셔널(JMI).

남성 갱년기에 의한 변화 및 증상

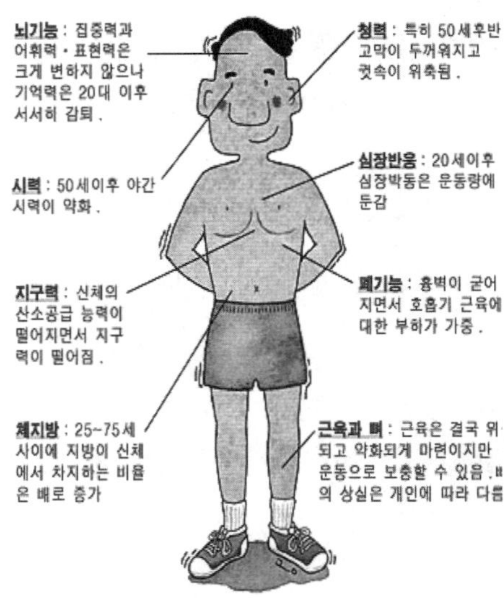

출처: 삼성의료원(1997). 중년 이후의 건강. 8월호(통권8호)

그림 5-1 갱년기 증상

---

2) 번열증은 사열(邪熱)이 속에 들어가서 생긴 병이다. 증상으로는 신열이 나고 가슴이 답답하며 갈증, 구역질, 수면불안을 느낀다. 치료법으로는 땀을 내어 풀어 버리거나 토제(吐劑)와 하제(下劑)를 쓰도록 한다.

참고 인생의 가을, 갱년기

남성 갱년기는 보통 50대 이후에 시작되지만 개인차가 심하다. 여성 갱년기는 폐경을 전후한 2~3년 사이이다. 한국 여성의 평균 폐경 연령은 만 50세. 그러나 이보다 빨리 또는 늦게 갱년기나 폐경을 맞는 남녀도 적지 않다. 갱년기의 원인은 간단하다. 남성 갱년기는 남성호르몬(테스토스테론), 여성 갱년기는 여성호르몬(에스트로겐)의 분비량이 감소하기 때문이다. 남성호르몬은 20대 이후 서서히 줄어들지만 감소 속도가 완만하다. 반면 여성호르몬은 폐경 이후 급작스럽게, 거의 완전히 끊긴다.

남성 갱년기는 본인도 잘 모르고 지나가는 경우가 허다하다. 성기능·성욕이 떨어져야 비로소 '혹시 갱년기인가?' 하며 병원을 찾는 이가 대부분이다. 갱년기 남성은 근육량이 줄고 계산·학습 능력이 떨어지며 피곤을 금세 느끼고 과거보다 예민해진다. 아주 오래전의 일은 잘 기억하나 며칠 전 본 사람은 기억하지 못하는 등 최근 기억력이 떨어지는 것도 특징이다.

여성이 겪는 가장 흔한 갱년기 증상은 얼굴이 갑자기 화끈 달아오르는 것(안면홍조)이다. 불면증으로 고생하고, 수면 도중 땀을 흠뻑 흘린다. 몸이 열 조절을 잘하지 못해서다. 집중력·기억력이 떨어지며 요도·질에 염증이 잘 생기고 곧잘 관절염·요실금을 동반한다.

골다공증은 남녀 공통으로 나타나는 대표적 증상이다.

갱년기는 일종의 노화 현상이어서 사실상 예방이 불가능하다. 대처법은 호르몬제 투여가 대표적이다. 운동·식사요법(콩류를 많이 섭취하는 등)은 보완적이다.

중앙일보(2006.11.23)에서 요약 발췌

2) 심리적 발달

(1) 중년의 위기(midlife crisis)

중년기가 되면 다양한 신체적·심리적 노화와 더불어 사회적 역할 변화로 인한 허무감을 느끼며 중년의 위기를 경험하게 된다. 중년의 위기는 침체성, 무력감, 불행, 지루함 등의 정서적 위기를 느끼게 하는 것으로 나타나고 있다(이근홍, 2011). 흔히 '사추기(思秋期)'로 표현하기도 하며, 중년 남성을 '젖은 낙엽' 또는 '나두족'으로 비유하기도 한다.

중년기가 되면 '자신의 실체(real life)'를 찾으려는 움직임이 시작되며, 자신의 삶을 돌아보며 '나는 도대체 누구인가?', '나는 무엇을 위해 살아왔는가?', '내가 인생에서 진실로 원했던 것은 무엇이며 그것은 어느 정도 성취되었는가?'에 대한 물음들을 던진다(김애순, 2002).

이러한 중년기 위기의 내적 원인으로는 신체적인 노화로 인한 젊음의 상실감과 건강에 대한 자신감 저하, 억압된 자아의 출현, 죽음의 필연성 인식 등이 있다. 또한 외적 원인으로는 직업생활에 위기를 느끼면서 갖게 되는 직업적 한계, 부부관계의 침체, 사추기인 자신과 사춘기인 청소년 자녀와의 관계에서 생기는 갈등과 스트레스 등이 있다.

중년기 위기가 오는 시기를 논하기에 앞서 중년기 위기의 존재 자체에 대한 논의도 있지만, 이는 본인의 사회경제적 수준과 문화적 배경에 따라 차이가 있을 것이다. 우리나라의 경우 입시 위주 교육으로 40대는 자아를 찾기가 어려울 수도 있고, 한편으로는 결혼 시기가 늦춰지면서 이전 세대와는 다른 위기를 경험할 수도 있다. 그러나 일반적으로 40대 전환기에는 청소년 자녀 관계, 부부관계, 직업세계의 치열함을 겪고, 50대 전환기에는 자녀의 독립으로 인한 공허함과 동시에 홀가분함의 양가감정, 조기은퇴에 대한 압력 및 은퇴준비, 가족의 질병이나 죽음을 겪으면서 위기를 경험한다. 실제로 상반된 연구결과가 있는데, 우리나라 중년들은 40대 전환기보다 50대 전환기에, 여성보다는 남성이 더 높은 위기를 경험한다는 연구(김애순, 1993)와 20, 30대보다 40, 50대가 40, 50대 중에서도 남성이 여성보다 삶의 질이 더 높다고 보고한 연구(이예종 외, 2013)도 있다. 한편 남성들의 중년기 위기는 3~10년 동안 지속되는 반면, 여성들은 2~5년 동안만 지속된다고 한다.

참고 중년의 위기 40가지 신호(http://www.telegraph.co.uk, 2013년 7월 3일자)[a]

1. 더 단순한 삶을 추구한다.
2. 글래스톤베리[b] 같은 음악 축제에 아직도 간다.
3. 페이스북에서 옛 남자친구나 여자친구를 찾아보기 시작한다.
4. 당신의 대출금을 절대 갚을 수 없다는 것을 깨닫게 된다.
5. 트위터에 가입하여 당신의 상사로부터 당신은 디지털세대라고 생각하게 한다.
6. 지나치게 당신의 유년기를 회상한다.
7. 당신 친구들의 성공에 기쁨을 느끼지 않는다.

8. 고가의 자전거 구입에 돈을 아낌없이 쓴다.
9. 악기 연주에 욕심이 생긴다.
10. 머리숱이 적어지는 것에 조바심을 느낀다.
11. 새로운 취미를 배운다.
12. 세상을 더 좋은 곳으로 만들길 원한다.
13. 자신의 옛날 사진들을 보며 동경하게 된다.
14. 부모님으로부터 예상치 못한 연락 오는 것이 두렵다(가장 두려움).
15. 70, 80년대 당신이 좋아하는 밴드들의 재회공연에 간다.
16. 대중가요에서 인디채널[c] 같은 것으로 바뀐다.
17. 어릴 때 갔던 휴가지를 다시 방문한다.
18. 언제쯤 퇴직할 수 있을지 예측할 수 없다.
19. 신문의 부고란에 큰 관심을 가지게 되며, 항상 사망 원인을 확인한다.
20. 다른 동년배들과 당신의 외모를 집요하게 비교한다.
21. 머리가 하얘지면 염색을 시작한다.
22. 당신의 나이를 사람들에게 말하지 않게 된다.
23. 일을 그만두기를 꿈꾸지만 당신은 절대로 그렇게 하지 못하는 것을 안다.
24. 비타민제를 복용하기 시작한다.
25. 당신의 부모님보다 더 궁색한 은퇴 생활을 할지 걱정한다.
26. 친구들을 바꾸고 싶어 하지만 새로운 사람들은 만나고 싶지 않아 한다.
27. 일을 그만두고 숙박업이나 술집을 할 생각을 한다.
28. 나보다 20살 아래인 사람과 연애(바람피우기)를 한다.
29. 인터넷으로 당신의 의학적 증상을 찾아본다.
30. 종교생활을 생각하기 시작하지만 실행에 옮기지는 않는다.
31. 정치가들이나 사업가들이 당신보다 젊다는 것을 항상 의식한다.
32. 모발이식이나 성형수술에 대해 생각한다.
33. 기부 지출을 없앤다.
34. 일에 대한 고민으로 잠을 잘 수 없다.
35. 숙취가 점점 심해지고 하루 이상으로 오래간다.
36. 자신의 직장생활(경력) 성공을 당신의 친구들과 꾸준히 비교한다.
37. 젊은 사람들이 당신의 일을 빼앗을까 걱정한다.
38. 철인 3종 경기나 다른 극한 운동을 한다.
39. 자신이 매우 쉽게 산만해진다는 것을 알게 된다.
40. 당신이 독서를 하는 유일한 시간은 휴일이라는 것을 알게 된다.

a) http://www.telegraph.co.uk/news/newstopics/howaboutthat/10156725/Top-40-signs-of-a-midlife-crisis-revealed.html
b) 글래스톤베리 페스티벌(정식명칭 : Glastonbury Festival of Contemporary Performing Arts)
영국에서 매년 여름 주말 3일 동안 밤낮으로 400여 개의 공연이 열리고 전 세계에서 15만 명이 동시에 참가하는 대규모 축제
c) 인디(INDIE : independence의 줄임말)
구체적인 장르 없이 창작성, 메시지 등에 치중하여 영화나 음악을 제작함. 대중적인 것과는 달리 상업적이지 않음

(2) 빈 둥지기(empty nest)

결혼 및 출산, 자녀 양육기 이후 자녀의 독립으로 은퇴와 빈 둥지기가 도래한다. '빈 둥지 가구(empty nest household)'란 생애주기 중 노년기에 이르러 자녀들이 취업이나 결혼으로 분가하고, 부부 혹은 배우자와 사별하거나 이혼한 뒤 홀로 지내는 가구를 말한다.

2015년 전체 가구의 6.4%였던 노인 부부 가구(가구주 65세 이상) 비중은 2020년 7.9%로 증가했다. 이와 맞물려 학대 피해 노인이 속한 가구 형태 가운데 노인 부부 가구 비중은 2008년 13.3%에서 꾸준히 증가해 2019년(31.8%)엔 자녀 동거 가구(30.3%)를 역전했다.

최근 '빈 둥지 가구'가 꾸준히 증가 추세로, 중·장년층의 경우 나이가 들수록 자녀들의 대학진학, 취업, 결혼 등이 증가하여 부부 혹은 나 홀로 구성된 '빈 둥지 가구'가 늘어날 수 있다.

(3) 샌드위치 세대(the sandwich generation)

샌드위치 세대란 자신의 자녀를 돌보면서 자신의 노부모를 보살피는 세대를 말한다. 케롤 아베야(Carol Abaya)가 1990년대 미국에서 보살핌과 도움이 필요한 연로한 부모와 그들의 자녀 사이에 낀 사람들의 새로운 세대를 설명하기 위해 만들어낸 표현이다(http://redpandacare.com/the-sandwich-generation). 즉, 중년기의 사람들은 아래로는 자신들의 자녀를 양육하고 돌보는 부모역할을 해야 하고, 위로는 노년기의 부모를 부양하고 보살피는 자녀역할을 동시에 수행하는 중간에 낀 세대인 이른바 '샌드위치 세대', '양쪽에서 협공받는 세대(caught generation)'가 된다.

그림 5-2 샌드위치 세대

출처 : http://redpandacare.com/the-sandwich-generation; http://www.ruthgeneslaw.com/gallery/pages/sandwichGeneration_jpg.htm

3) 사회적 발달

(1) 부부관계

일반적으로 결혼만족도는 가족생활주기에 따라 U자형의 곡선을 그린다. 즉, 신혼 초기에는 결혼만족도가 높고 자녀 출산 이후 자녀 양육기에는 만족도가 낮아졌다가 자녀가 독립하는 50대 빈 둥지 시기부터는 부부만 남는 '제2의 신혼기'로 만족도가 다시 높아진다는 것이다. 그러나 자녀의 독립 후에도 만족도가 회복되지 않고 계속 낮아지는 경우도 있다. 이는 지금까지의 결혼생활 동안 얼마나 친밀하고 동반자적인 관계를 유지했느냐에 달린 문제일 것이다. 상대방에 대한 이해와 정서적 유대, 신뢰감 등이 바탕이 되었을 경우에는 부부의 권태기나 위기도 무난히 넘길 수 있지만 그렇지 않은 경우에는 빈 둥지기가 중년기 이혼의 결정적인 계기가 될 수도 있다. 또한 이때 결혼생활에 중요한 변수로 작용하는 것이 은퇴라는 사건이다. 은퇴로 인해 남편이 사회적 역할을 상실하여 집 안에 상주하고 여기에 경제적 어려움이 함께할 때 부부 갈등의 원인이 될 수도 있다. 따라서 은퇴 이후의 결혼만족도는 신체건강, 경제적 자원 그리고 무엇보다 '이전 부부관계의 질'과 관련이 있다(김애순, 2002).

신혼기에는 남편이 아내가 너무 의존적이라고 불평했다면, 중년기에는 남편이 너무 의존적이라는 것이 여성들의 주된 불만이다. 중년기 여성들은 친구나 성장한 자녀를 주된 의논 상대로 여기는 반면, 남성들은 연령이 증가하면서 배우자를 더욱 중요하게 인식한다(정옥분, 2011).

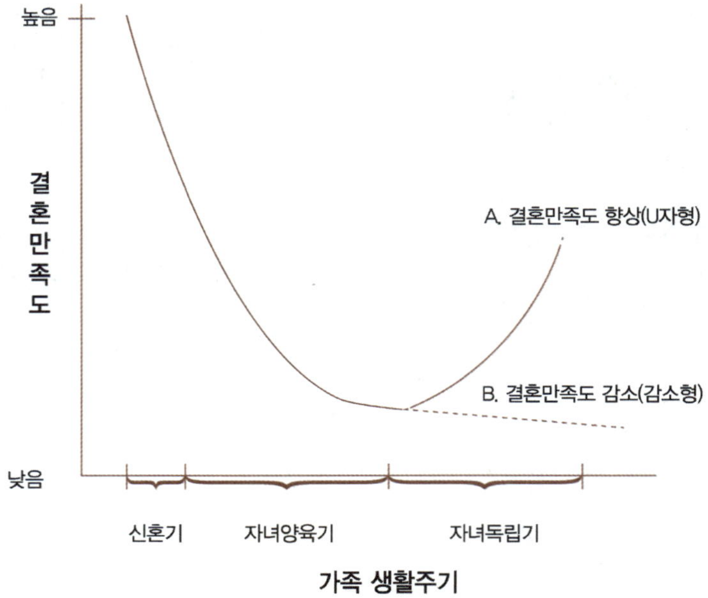

그림 5-3 가족 생활주기와 결혼만족도

출처 : 정옥분(2004). 발달심리학.

참고 [은퇴 계획] 노후생활에 대한 부부의 생각 차이

일본에서는 '나리타 이혼'이라는 말이 유행하고 있다. 예전부터 젊은 신혼부부들이 신혼여행에서 돌아와 나리타공항에 내리자마자 갈라서는 것을 비유한 '나리타 이별'이란 단어가 있었다. 그런데 고령화 사회에 접어들어 황혼 이혼이 급격히 늘어나면서 노부부가 막내아들을 결혼시키고 신혼여행을 보낸 후 나리타공항에서 이혼한다는 뜻인 '나리타 이혼'이란 말이 등장한 것이다. 이혼을 원하는 쪽은 대개 아내라고 한다. 우리나라도 고령화 사회가 되면서 황혼 이혼이 크게 증가하고 있다. 서울시정보화기획단이 발표한 '2011 혼인·이혼 통계'에 따르면, 결혼 20년이 넘은 황혼 이혼이 4년 이하의 신혼 이혼을 이미 추월한 상태라고 한다.

과거에는 자녀가 독립한 후 '부부 둘이 사는 시간이 1.4년'에 불과했지만, 오늘날에는 부부가 함께 보내야 하는 시간이 19.4년 이상이 될 것이라고 한다. 젊을 때는 부부싸움을 했다가도 아이들 때문에라도 다시 사이좋게 지내는 것이 보통이다. 그러다가 자녀들이 모두 독립하고 나면 얼굴을 붉히며 싸우느니 아예 각방을 써버리는 것이다. 형식은 부부지만 내용은 남남인 생활이 계속 이어지면 황혼 이혼처럼 극단적인 결과를 낳고 만다. 결국 100세 시대에는 퇴직 후 부부 단둘이만 사는 기간을 화목하게 보내기 위해 젊은 시절부터 부부간의 대화를 통해 노후생활에 대한 생각 차이를 극복해야 한다.

2012년 30~40대 부부를 대상으로 미래에셋은퇴연구소가 실시한 '퇴직 후 생활'에 대한 조사 결과를 보면 남편과 아내가 꿈꾸는 노후생활이 크게 다른 것을 알 수 있다. 퇴직 후 남편은 전원생활에 전원주택을 선호하는 비율이 75%를 차지한 반면, 아내는 도시생활에 아파트를 선호하는 비율이 65% 정도를 차지했다.

남편의 60% 정도는 하루 여유 시간의 절반 이상을 부부가 함께 보내고 싶어 했지만, 남편과 같은 생각을 하는 아내의 비율은 30%도 안 됐다. 은퇴 후 생활에서 중요하게 생각하는 항목에서도 남편은 건강(96%) 다음으로 부부관계(73%)를 언급한 반면, 아내는 건강(99%), 돈(64%), 부부관계(59%) 순이었다.

따라서 남녀라는 이유로, 남편과 아내라는 역할의 차이로 부부의 퇴직 후 생활에 대한 생각이 다를 수 있음을 인정하고, 다양한 방법을 통해 부부간의 생각 차이를 줄여나가는 것이 중요하다. 가장 먼저, 퇴직 후 생활에 대해 부부가 터놓고 대화를 시작해야 한다. '굳이 말하지 않아도 내 생각을 알아주겠지', '이렇게 하자면 따라오겠지'라는 생각을 버리고, 월 2회 정도는 노후 생활의 구체적인 주제를 정해 이야기할 필요가 있다. 특히 남편의 경우 퇴직 후 '나만의 시간'을 기획하고 준비하는 것 또한 매우 중요하다.

강창희 미래와 금융 연구포럼 대표
한경비즈니스(2013.7.25)에서 요약 발췌

(2) 자녀와의 관계

일반적으로 중년기에는 청소년기의 자녀나 청년기의 자녀가 있다. 자녀가 어렸을 때에는 양육의 어려움과 안전사고에 대한 두려움을 갖지만 커가면서 가치관의 차이나 발달상의 변화로 부모와 자녀는 갈등을 겪게 된다. 우리나라의 경우 중년기 부모는 자녀의 대학진학 및 진로문제, 취업, 결혼 등의 문제로 스트레스를 받는다. 또한 자녀가 성장해서 집을 떠나고 부부만 남게 되는 빈 둥지기(empty nest)는 고독감과 허무함으로 우울증을 겪게 되면서 빈 둥지 증후군으로 발전할 가능성이 있다. 한편, 성인 자녀의 결혼으로 자녀의 배우자(고부관계, 장서관계)와 손자녀와의 새로운 역할관계 형성과 적응문제도 있다.

(3) 노부모와의 관계

노부모 부양문제는 자녀양육 문제와는 다르다. 중년기의 부모세대는 신체적으로 노화와 질병 등의 어려움을 가지고 있으며, 심리적·경제적으로 의존성이 높아 부양자 역할이 쉽지 않다. 중년기 자녀들은 도덕적 의무감으로 부모를 부양하면서 자신의 신체적·심리적 노화를 경험하고, 자신의 자녀들을 돌보는 '샌드위치 세대'로서 많은 스트레스를 받게 된다.

그러나 성인 자녀가 노부모를 부양함으로써 부모와의 관계가 증진되며, 노부모로부터 육아나 가사의 도움을 받거나 노화에 대한 지식을 습득하면서 인간적으로 성숙해가는 것, 자식으로서의 도리를 다한다는 떳떳함, 가족들로부터 부모를 잘 모신다는 인정을 받는 등의 보상감도 있다(김명자, 2003).

05 중년기와 사회복지실천

1) 중년기 이혼 및 재혼

우리나라의 경우 최근 중년기 이후 이혼이 증가하고 있다. 자녀가 성장하여 독립하는 빈 둥지기가 되면 그동안 어린 자녀 때문에 참고 살았지만 더 이상 그럴 필요가 없어졌기에 이혼을 결심하는 경우가 많다. 또한 자녀 양육기에 여성들은 주로 가정 내 역할에 집중하고 남성들은 직업역할에서 절정을 이루는 시기이기 때문에 부부관계가 소홀해지기 쉽다. 따라서 가족주기에 따른 부부관계프로그램으로 문제를 예방하고, 우리나라의 문화와 현실에 맞는 갈등해결 전략과 대화법을 제시해야 한다.

또한 중년기의 재혼도 증가하는 추세이므로 이에 따르는 재혼준비교육이 필요하다. 원만한 재혼생활을 위하여 건강문제, 경제문제뿐만 아니라 성역할 태도, 성적인 관계, 새로운 가족관계에의 적응, 거주 공간, 재산분할 및 상속 등에 관련된 정보 안내로 재혼만족도를 높이는 방안이 필요하다.

2) 갱년기 문제

갱년기로 인한 신체적·심리정서적 변화에 대한 이해가 필요하다. 에스트로겐과 테스토스테론 등 호르몬의 결핍으로 나타나는 유쾌하지 않은 여러 증상들은 질병이 아니라 자연스러운 생물학적 변화로 인식하고 그에 맞게 대처하는 것이 현명하다. 더욱이 중년기는 신체건강과 심리적 특성 간에 밀접한 관계가 있으므로 건강관리 및 스트레스 관리가 필요하다. 뿐만 아니라 가족구성원들이 어느 날 갑자기 변한 아내와 남편, 어머니와 아버지를 이해할 수 있도록 가족교육을 통한 정보가 제공되어야 한다.

3) 중년기 정신건강이 삶의 질에 미치는 영향

성인의 주관적 건강상태와 평소 스트레스 인지는 삶의 질에 유의한 영향을 미친다(이예종·최금주, 2013). 중년기는 노화의 시작과 자녀양육 및 노부모 부양 등 삶의 중요한 시기를 거치면서 이로 인한 신체적·정신적 스트레스를 많이 받는 시기이다. 특히 노화와 함께 생활습관병이 만성화되고 갱년기 증상이 나타나며, 조기퇴직이나 은퇴 준비 등과 같은 다양한 생활사건이 증가하기 때문에 신체적·심리적 건강관리 측면에서 매우 중요한 시기이다.

그런데 이러한 변화와 전환의 단계에서 위기를 극복하지 못하고 허전함과 공허함을 느끼다 보면 자칫 우울증에 걸릴 수 있다. 자신의 존재가치에 대한 위기, 배우자와의 위기, 자녀와의 위기, 노부모와의 위기 등은 중년기 정신건강에 영향을 미칠 수 있다. 현재 중년기는 아직까지 부모부양과 자녀양육에 대한 의무감이 강한 편이라 상대적으로 자신을 소홀히 하는 경향이 있다. 그러다 보면 자신의 삶의 의미나 가치를 상실하고 마음의 병인 우울증에 빠질 수 있다. 따라서 자신에 대한 투자를 아끼지 말고, 자신을 사랑하고 존중하는 생활이 필요하다. 지난날 살아온 자신을 돌아보고 남은 삶에 대한 재점검의 기회로 삼아야 한다. 그러기 위해서는 본인 자신의 노력도 필요하지만 가족들의 적극적인 지지도 중요하다.

핵심정리

- 청년기를 성인초기라고도 하며, 성인초기는 새로운 지능발달이나 인지기술의 상실은 뚜렷하게 나타나지 않는다. 이후의 발달은 신체적·인지적 요소보다는 사회문화적 요인에 따라 크게 영향을 받는다.
- 청년기에 경험하는 타인과의 친밀감은 타인과 개방적이고 지지적이며 조화로운 관계를 형성하는 성향이자 능력이다. 그리고 인생의 동반자인 배우자를 선택하는 데 다른 사람과 진정한 사랑을 나누기 위한 전제조건으로 자기 자신에 대한 신념이 발달되어야 한다.
- 중년기는 성인기와 노년기 사이로 40~65세 이전까지의 시기이다.
- 중년기는 신체적·정신적·사회적으로 변환과 전환의 시기이며, 또 다른 새로운 적응을 하면서 노년기를 준비하는 시기이다.
- 중년기에는 중년의 위기, 빈 둥지 증후군, 갱년기, 샌드위치 세대 등을 경험하게 된다.

05 CHAPTER

연습문제

01 다음 〈보기〉가 설명하는 것은 무엇인가?

〈보기〉
- 완경기(폐경기)의 시기
- 여성 호르몬인 에스트로겐이 감소
- 신경전달물질 호르몬의 감소

① 무력감　② 빈 둥지 증후군　③ 정체감 유실
④ 심리적 이유기　⑤ 갱년기 우울증

02 중년기의 위기에 해당하는 것이 아닌 것은?

① 신체 노화　② 정체감 유실　③ 직업 전환
④ 이혼 및 혼외 관계　⑤ 경제적 스트레스

03 중년기에 대한 특징으로 올바른 것은?

① 신체기능이 강화된다.
② 남성들은 갱년기 장애를 겪지 않는다.
③ 경제적으로 안정되어 어려움이 없는 시기이다.
④ 자녀의 독립으로 다양한 심리적 변화를 겪게 된다.
⑤ 부모-자녀 역할이 확립되는 시기이다.

04 에릭슨의 심리사회발달 8단계 중 중년기에 해당하는 것은?

① 지혜　② 배려　③ 희망
④ 능력　⑤ 의지력

05 중년기의 사회복지실천 영역이 아닌 것은?

① 결혼　② 갱년기 장애　③ 실직
④ 질병　⑤ 부부관계

정답 1. ⑤ 2. ② 3. ④ 4. ② 5. ①

CHAPTER

06

노년기

이 장에서는 평균수명 증가로 인해 길어진 노년기의 다양한 변화에 대한 이해와 생애주기의 마지막 단계에서 이루어져야 하는 자아통합 및 죽음의 수용에 대해 학습하고자 한다.

학습목표

1. 인간발달단계에서 볼 때 가장 긴 기간이면서 마지막 발달단계인 노년기의 발달적 특성과 발달과업을 이해한다.
2. 노년기와 관련된 사회복지실천 영역을 알아본다.

01 노년기의 개념

언제부터 노인이라고 할 수 있을까? 전통적으로 우리가 노인이라고 생각하는 만 60세 '환갑'부터일까? 아니면 손자녀가 생겨 할아버지, 할머니가 되는 순간부터일까? 외형적으로 흰머리와 주름이 생기면 노인이라고 할 수 있을까? 경제생산활동 분야의 기준인 만 55세 이상 부터일까? 정부기관으로부터 다양한 복지혜택을 받을 수 있는 주민등록상 만 65세부터일까?

통계청 통계개발연구원에서는 개인의 생애주기를 생애과정 단계 기준으로 노년기(65~84세)와 초고령기(85세 이상)로 구분하여 통계결과를 분석하고 있다. 또한 65세 이상 노인을 대상으로 일반적으로 노인이라고 생각하는 연령은 몇 세 정도인지 연구한 결과에 의하면, 70~74세가 가장 높게 나타났고, 그 다음 65~69세로 응답하여 대체적으로 노인들은 60대 후반과 70대 초반을 노년기 시작으로 인식하고 있었다(김정석 외, 2012). 미국의 National Council on Aging(2000)의 연구에서도 65~69세 응답자의 반 이상과 70대 응답자의 $\frac{1}{3}$이 자신을 중년이라 생각하고 있는 것으로 나타나(Lachman, 2004), 노인이 인식하는 주관적인 연령이 매우 높음을 알 수 있다.

현재 통상적으로 노인을 규정하는 데에는 역연령(曆年齡)을 사용하고 「기초노령연금법」 제3조와 「노인복지법」 제26조에 근거하여 만 65세부터 노인으로 규정하고 있다. 그러나 최근 평균수명의 증가로 노인연령기준을 70세 또는 75세로 상향 조정하자는 논의가 이루어지고 있다. 이와 같이 노년이 시작되는 시점에 대해서는 누구도 쉽게 정의내리기 어렵지만, 이 책에서는 노년기를 65세 이상으로 정의하고자 한다.

02 노년기의 발달적 특성

돌란드(Doland) 의학사전에서는 "노화란 연령이 증가함에 따라 발생하는 점진적인 구조적 변화로서 질병이나 사고에 기인하지 아니하고 궁극적으로는 사망을 초래하는 것이다."라고 정의되어 있다. 즉, 노화란 늙어가는 것을 의미한다(이한기 외, 2010). 이러한 노화는 내적환경(유전적 인자) 및 외적환경(질병, 스트레스 등)과 관계가 있으며, 인간발달에서 누구나 경험하게 되는 보편적인 과정으로 사람에 따라 개인차를 보이기도 한다. 생물학적 노화는 신체의 기관과 구조 및 기능이 시간의 경과에 따라 변화하는 것을 의미한다. 심리적 노화는 시간의 변화에 따라 축적된 경험에 의한 행동, 감각, 지각 기능, 자아에 대한 인식 등이 변화하는 것을 의미하며, 사회적 노화는 생활주기를 통해 일어나는 규범, 기대, 사회적 지위 및 역할 변화 등을 의미한다(이병순 외, 2011). 노화 과정에 대해서 보다 포괄적으로 이해하기 위해서는 생리적·신체적 기능저하뿐만 아니라 심리적·사회적 역할이나 지위 변화 과정까지도 포함한 이해가 필요하다.

1) 신체적 발달

노년기에는 디스크의 감퇴로 등뼈가 굽기도 하고 키가 줄어들기도 하며, 몸통의 살은 늘어나 체형이 바뀌게 된다. 머리카락 등 체모는 줄어들고, 흰머리가 많아지며, 눈썹과 귀 등에 뻣뻣한 털이 나기도 한다. 피부는 건조해지고, 주름이 생기며, 나이반점(age spot)이 나타난다(송명자, 2012). 치아는 색이 탁해지고 잇몸이 수축되며, 치아가 손상되거나 빠진다. 골다공증으로 인해 뼈가 약해지고 근육의 힘과 무게도 감소한다(이근홍, 2011).

뇌를 비롯한 신체 내부의 장기 대부분은 노화와 함께 중량이 감소하지만 오히려 심장의 중량은 늘어난다. 뇌세포의 위축과 시냅스(synapse) 전달기제의 둔화로 뇌기능이 저하되고 심장비대로 심장박동능력이 감소한다.

신체기능뿐만 아니라 감각기능도 저하된다. 노안이 생기며 노란색 안경을 쓰고 사물을 보는 것과 같은 황화현상이 나타난다. 홍채의 유연성이 떨어져 밤눈이 어두워지고 색깔 변별 능력도 낮아지며 안개가 낀 것처럼 뿌옇게 보이는 백내장 및 안압의 상승으로 인해 시신경이 손상되는 녹내장이 생기기도 한다. 청각 능력의 감퇴로 의사소통에 문제가 생길 수도 있고 이는 대인관계의 문제나 편집증을 유발하기도 한다. 또한 주파수가 높은 여자 목소리보다 주파수가 낮고 음폭이 큰 남자 목소리를 더 잘 들을 수 있다(김애순, 2003).

미각과 후각은 80세 이후부터 문제를 경험하게 되며, 촉각은 45세 이후부터 급격히 저하되고, 통각은 젊은 사람에 비해 노인이 덜 민감하지만 통각의 저하는 연령과는 크게 상관성이 없는 것으로 나타나고 있다(권중돈, 2014).

2) 심리적 발달

(1) 인지발달

❶ 지능

일반적으로 나이가 들면 지능이 쇠퇴하고, 판단력 및 인지 기능이 저하된다고 하는데, 명확한 근거는 없다. 다만 기억력과 감각기능의 감퇴로 수행 능력이 젊은 세대에 비해 원활하지 않을 수도 있고, 기존의 지능검사가 시간제한적이기 때문에 노인들에게는 부적합할 수 있다. 그러나 인지적 수행능력의 갑작스런 하강이 노년기에 일어나기도 한다. 이는 사망을 몇 주 또는 몇 달 앞둔 경우이거나 혹은 말기 질환자에게서 발견될 수 있는 현상이므로 노년기에만 일어나는 현상이 아니라 말기 질환자인 젊은 세대에게도 나타난다(Zastraw & Kirst-Ashman, 2013; 이숙 외, 2013 재인용).

혼과 카텔(Horn & Catell, 1967)은 인간의 지능을 유동적 지능(fluid intelligence)과 결정적 지능(crystallized intelligence)으로 구분하였다. 유동적 지능은 선천적으로 타고난 지적 능력으로 학습이나 경험과는 무관하며, 추리능력, 가설설정, 연역 및 귀납추리 능력 등이 있다. 결정적 지능은 교육, 문화, 사회 환경적 영향을 받아 그 결과 후천적으로 연습과 학습경험에 의해 획득된다. 결정적 지능은 나이가 들어도 새로운 지식을 축적하고 이해함으로써 계속 증가하기 때문에 노인의 지혜와도 연관이 있다고 볼 수 있다. 즉, 노년기에는 두 가지의 지능 중 한 부분은 감퇴되지만 다른 한 부분은 지속적으로 증가 또는 유지되고 있음을 알 수 있다. 따라서 연령이 증가할수록 지능이 감소한다고 단정 지어 말할 수 없으므로 평생교육의 중요성을 알 수 있다.

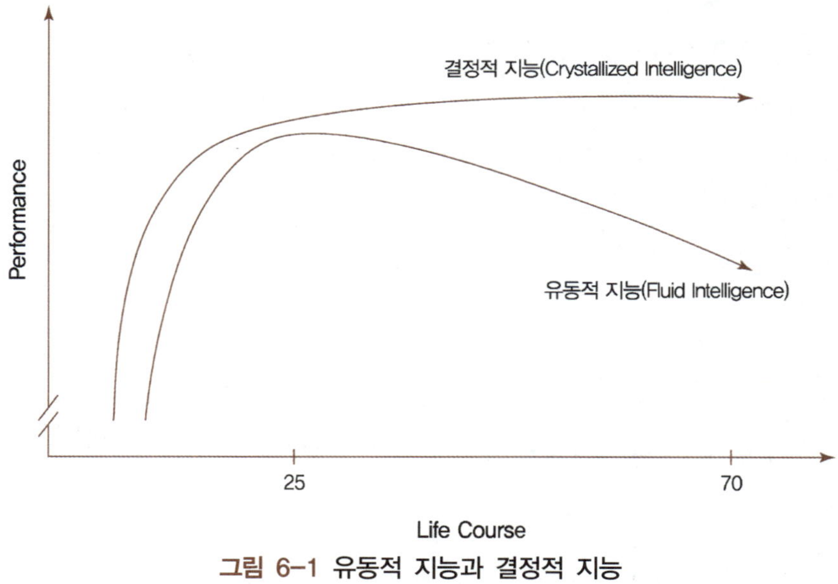

그림 6-1 유동적 지능과 결정적 지능

출처 : Baltes, P. B., Straudinger, U. M., & Lindenberger, U. (1999).

❷ 치매

노년기에 주로 발생하는 치매는 후천적 원인으로 뇌가 손상되어 고등정신 기능에 장애가 나타나는 기질성 정신장애이다. 평균수명의 증가로 인구고령화가 진행되면서 치매노인의 수 또한 증가하고 있다. 치매는 그 원인과 증상이 매우 다양하고, 본인뿐만 아니라 가족의 삶 전체에 영향을 미치며 가족부양부담 및 사회부양부담으로 인해 중요한 사회문제로 인식되고 있다.

치매의 증상은 원인이나 진행 상태에 따라 다르겠지만 일반적으로 기억장애, 지남력 상실, 주의력 및 판단장애, 실인증, 계산능력장애 등의 인지장애와 망상(피해망상, 도둑망상), 환각 증상(환청과 환시 등), 우울과 불안 증상, 무감동, 불면증 등의 정신장애가 나타나기도 한다. 또한 공격적 행동, 비정상적인 성적행동, 강박적 행동 및 수집벽, 배회행동(야간 배회) 등의 행동장애를 보이기도 하며, 실행(失行)증으로 인한 일상생활 수행장애가 나타나기도 한다. 그리고 같은 말을 반복하거나 없는 말을 만들어 내기도 하고, 상대의 말을 병적으로 따라 하기도 한다. 두서없이 이야기하거나 혼자 중얼거리기도 하며, 부적절한 단어사용 등의 언어장애로 인해 의사소통에 어려움이 생기기도 한다.

WHO에서는 치매를 알츠하이머병, 혈관성 치매, 기타 질병에 의한 치매, 불분명한 치매로 구분하고 있다.

❸ 알츠하이머병(Alzheimer's disease)

알츠하이머병은 노인치매 원인 중 가장 흔한 형태이다. 병리학적으로는 뇌의 전반적인 위축, 뇌실의 확장, 신경섬유 변성과 노인성 반점 등이 나타나는 것이 특징이다. 알츠하이머병은 주로 50~60대에 증상이 시작되는 진행성의 치매를 가져오며, 점진적인 기억, 판단, 언어능력 등 지적인 기능의 감퇴와 일상생활능력, 인격, 행동 양상의 장애가 나타난다(이한기 외, 2010).

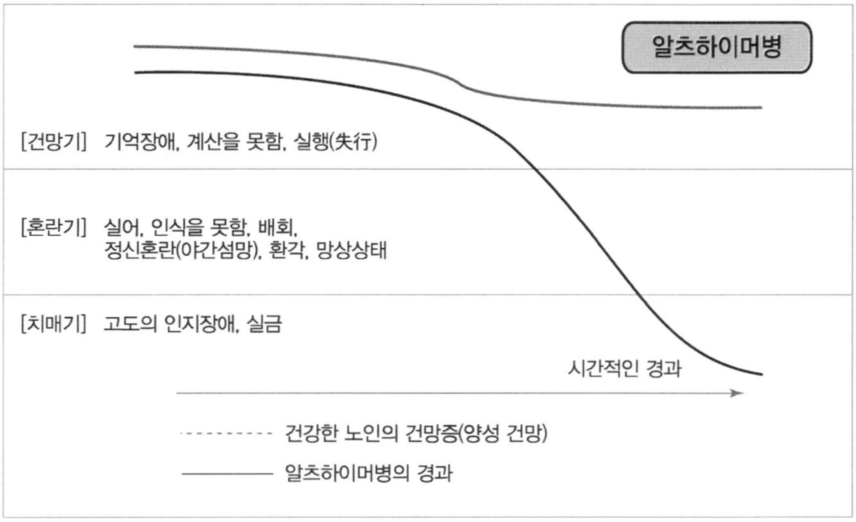

그림 6-2 알츠하이머병의 경과

출처 : 조추용·최현자 역(2002). 치매 예방과 케어.

❹ 혈관성 치매(vascular dementia)

혈관성 치매는 뇌경색이나 뇌출혈을 비롯하여 다양한 뇌혈관 질환에 의해 발생한다. 고혈압, 당뇨병, 고지혈증, 심장병 등이 혈관성 치매의 주요 위험요인으로 알려져 있다. 혈관성 치매는 알츠하이머병과는 달리 갑자기 발병하여 **그림 6-3**과 같이 계단식으로 진행되며, 주로 운동장애와 언어장애 그리고 부분적인 인지장애가 나타나기도 한다.

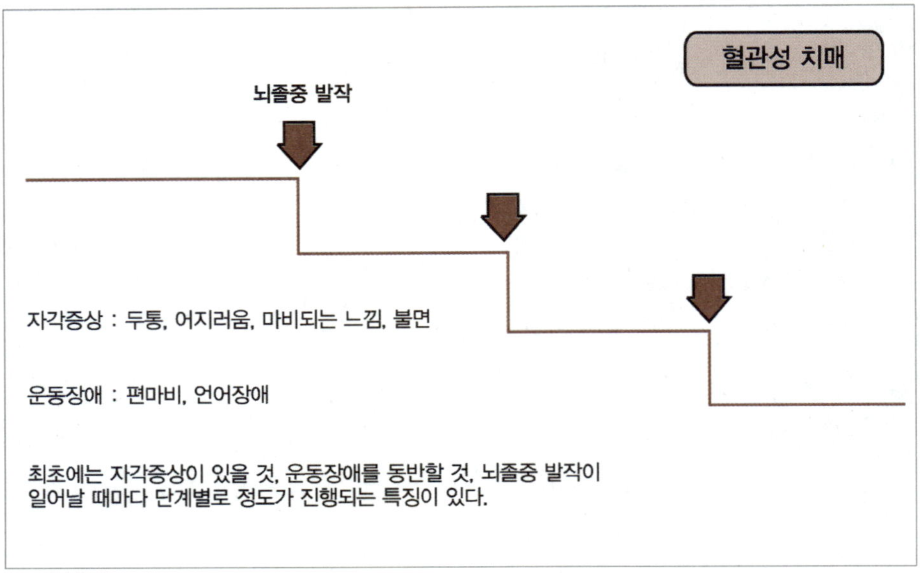

그림 6-3 혈관성 치매의 경과

출처 : 조추용·최현자 역(2002). 치매 예방과 케어

❺ 기타 치매

기타 치매로는 전측두엽 치매, 픽병(Pick's disease)에 의한 치매, 파킨슨병에 의한 치매, 헌팅턴병(Huntington's disease)에 의한 치매, 루이소체 치매, AIDS에 의한 치매, 크로이츠펠트-야콥병에 의한 치매, 알코올성 치매, 중금속과 화학물질에 의한 치매, 정상압뇌수종에 의한 치매, 두부외상에 의한 치매, 대사성 장애에 의한 치매 등이 있다(권중돈, 2012).

(2) 성격발달

노년기에 겪게 되는 여러 가지 환경 변화들, 즉 신체적·정신적 기능의 저하, 역할 상실, 배우자 및 친구 상실 등은 노인의 성격에도 영향을 미칠 수 있다. 노년기의 성격적 특성을 간단히 살펴보면 다음과 같다(윤진, 1985; 최성재·장인협, 2003).

❶ 내향성 및 수동성 증가

노화에 따라 외부의 사물이나 행동보다는 내면적인 자기 자신에게 관심과 주의를 기울이며, 자신의 사고나 감정에 의해서 사물을 판단하게 되는 경향이 많아진다. 또한 문제해결에 있어서도 수동적으로 해결하려는 경향이 증가한다.

❷ 우울 경향 증가

노화에 따라 신체적 질병, 배우자와의 사별, 경제적 사정 약화, 가족들과 사회로부터의 소외 및 고립, 과거에 대한 회한 등으로 인한 우울증 성향이 나타난다. 이로 인해 불면증, 무감각, 체중감소 또는 증가, 강박관념 등의 증세가 나타나기도 한다.

❸ 경직성 증가

문제해결에 있어 그 방법이나 행동이 옳지 않거나 이득이 없음에도 불구하고 자신에게 익숙한 습관적 태도와 방법을 고수하려는 경향이다. 그래서 젊은 사람들이 보기에는 융통성이 없어 보이거나 고집불통으로 보이기도 한다.

❹ 조심성 증가

감각 기능과 신체적·심리적 기능 저하로 조심성이 증가하게 된다. 또한 자신감의 저하로 확실성을 기하기 위해서 조심성이 증가할 수도 있다. 노인들은 '정답을 말하기'보다 '오답을 말하지 않기'에 더 신경을 쓴다는 것이다.

❺ 의존성 증가

노화에 따라 경제적·신체적·정신적·정서적·사회적 의존성 등이 증가한다. 특히 건강이 좋지 않을수록 심리적·정서적 의존성은 더 증가할 수 있다.

❻ 시간전망의 변화

중년기 이후부터는 지금까지 살아온 날보다 앞으로 남은 날을 계산하려는 경향이 강해진다. 따라서 남은 생애가 얼마 남아 있지 않다고 느끼고 현실을 회피하거나 과도하게 미래지향적이 되기도 한다.

❼ 삶에 대한 회상의 증가

삶의 시간이 얼마 남지 않고 죽음이 가까워짐을 자각할수록 과거의 인생을 회상하는 경우가 많아진다. 과거에 해결되지 않은 갈등이나 문제들의 해결을 시도하면서 남은 삶에 대한 새로운 의미를 찾는다.

❽ 친근한 사물에 대한 애착심 증가

오랫동안 사용해 온 물건이나 사물에 대한 애착심이 증가한다. 이는 세월은 변하여도 자신의 주변은 변하지 않았다는 느낌을 갖게 하고 과거를 회상하면서 마음의 안락과 만족을 느끼게 한다.

❾ 유산을 남기려는 경향

노인들은 삶을 마감할 때 무언가를 남기려는 경향이 강해진다. 그것들은 자손, 예술작품이나 문학작품, 기술과 지식, 부동산 및 재산 등이다.

(3) 자아통합과 죽음

에릭슨은 8단계의 심리사회적 발달단계를 제시하였고, 이전 발달단계의 심리사회적 위기를 적절하게 해결하였을 때 다음 단계의 발달이 바람직하게 이루어진다고 하였다. 노년기는 에릭슨(Erikson, 1963)이 말하는 자아통합 대 절망감(ego integration vs. despair)의 시기로 중년기의 생산성 대 침체성 위기의 극복 정도에 따라 달라질 수 있다. 자아통합은 자신이 살아온 날들을 돌아보았을 때 의미 있는 생에 대해 만족감을 느끼고 자신의 죽음을 받아들일 수 있음을 말한다. 그러나 절망은 자신의 살아온 인생에 대한 후회와 미련, 불만으로 죽음에 대해 불안감을 느끼며 수용하지 못하게 된다. 노년기 자아통합감 성취는 우울을 극복하는 한 방안이 되고, 노인은 자녀와의 관계, 가족의 화목, 세대 간의 유대가 자아통합감을 유지하는 데 핵심적 영역이다(장성옥 외, 2010).

인간은 개인의 삶에서 나이 들어가는 것과 죽음과 같이 피할 수 없는 현실을 수용하기 위해 노력해왔다. 그러나 인간은 자신의 죽음을 인식할 수 있는 능력을 가지고 있기 때문에 죽음 이후에 대한 것뿐만 아니라 과거와 현재의 삶에 대한 실존적인 불안과 공포를 갖게 된다. 따라서 자신의 삶을 돌아보았을 때, 후회와 절망이 적은 사람일수록 자신의 죽음에 대한 불안과 두려움 수준이 낮다(Parker, 2013). 이러한 노년기의 죽음에 대한 수용적 태도는 남은 생애를 총체적인 행복과 건강한 정신으로 마감하는 데 중요한 요인이 된다(조계화·이현지, 2011).

또한 노인들은 자신의 목표를 달성하였을 때 자아통합감과 만족감을 느낀다고 한다(Feather, 1992; Wigfield and Eccles, 2000: 이예종, 2015). 그러나 인생목표의 달성도 중요하지만, 노년기에 인생을 되돌아보았을 때 비록 인생의 목표달성이 미흡하였더라도 자아통합감이 높으면 죽음불안을 완화시킬 수 있다. 따라서 노인들의 죽음불안을 완화시키기 위한 실천적 개입을 계획할 때 우선적으로 노인의 자아통합감을 높일 수 있는 방안을 모색하는 데 초점을 맞추는 것이 필요하다(이예종, 2015).

죽음이란 인간발달의 마지막 단계로 누구도 피할 수 없으며 인간이 통제할 수 없다. 또한 그때를 미리 알 수도 없으므로 노인들은 자신의 죽음에 대하여 생각은 하고 있지만 받아들이기 어려워한다. 그러나 노인이 자아통합에 이르게 되면 죽음을 인정하고 받아들이게 된다.

퀴블러-로스는 죽어가는 환자들의 심리적 진전 과정을 관찰하고 그들이 거치는 단계들에 대해 5단계로 나누어 설명하였다. 물론 개인차가 있기 때문에 죽음에 임박한 사람들은 모든 단계를 거칠 수도 있고 그렇지 않을 수도 있으며, 한 단계에서 오래 머무르거나 짧게 경험하기도 한다. 그러나 퀴블러-로스(Kübler-Ross)에 의하면 병의 과정이라든가 적응기제(適應機制)에는 상관없이 대부분의 환자들은 최후까지 어떤 형태로든 희망을 품고 있다고 한다. 그녀의 저서 『인간의 죽음』에 나온 죽음을 맞는 단계를 정리해보면 다음 **표 6-1**과 같다(Kübler-Ross, 2000).

표 6-1 퀴블러-로스(Kübler-Ross)의 죽음을 맞이하는 5단계

단 계	죽음에 대한 반응
1단계: 부정과 고립	충격, 현실 부인, 병원쇼핑(shopping) "뭐라구요? 아니에요. 뭔가 잘못되었을 거예요. 그럴 리가 없어요."
2단계: 분노	주변 사람에게 분노 표출, 사나워짐, 원망의 감정, "왜 하필 내가 죽어?", 가족과 의료진이 감당하기 힘든 단계
3단계: 타협	비교적 다른 단계에 비해 기간이 짧음. 불가피한 기정사실을 연장하려고 함, 운명이나 절대자와 생명연장을 타협하고자 함
4단계: 우울	회복의 가망이 없는 환자가 자기 병을 더 이상 부인 못 하게 될 때, 증상이 더 뚜렷해지고 몸이 현저하게 쇠약해질 때, 극도의 상실감 느낌
5단계: 순응(수용)	죽음을 받아들임

3) 사회적 발달

일반적으로 노년기에는 은퇴, 배우자와 친구의 죽음 등으로 인하여 사회관계망이 축소된다. 따라서 주로 가족을 중심으로 관계가 유지되며, 새로운 관계망을 형성할 수 있는 기회가 적다. 노년기에는 사회적 지위나 역할을 잃기만 하는 것이 아니라 새로운 역할을 얻기도 하고, 동일한 역할을 수행하더라도 그 수행방법이 달라지며, 역할 자체의 중요성이 변화되는 등 다양한 역할 전환을 경험할 수도 있다(장수한 외, 2011).

참고 존경받는 노후생활(노년의 생활, 이수영 외, 2005)

1. 노인이라고 존경받겠다는 생각을 버려야 한다.
2. 고집을 버려야 한다.
3. 돈에 너무 집착하지 말아야 한다.
4. 신변을 깨끗하고 청결하게 유지해야 한다.
5. 활동력을 유지해야 삶의 가치를 느낀다.
6. 새로운 것을 배워 취미생활을 가져야 한다.

03 노년기와 사회복지실천

1) 돌봄의 대상에서 돌봄의 주체로 : 선배시민(Senior Citizen) 운동

고령인구의 증가와 노인빈곤과 자살문제는 심각한 사회문제로 인식되고 있다. 이에 새로운 노인상으로 '선배시민'이 제시되었다. 즉, 선배시민은 시민권을 실현하고자 공동체에 참여해 동료 시민, 후배 시민과 함께 목소리를 내는 존재로서의 정체성을 담은 단어로 기존 '어르신', '액티브 시니어' 등과 대조되는 새로운 개념이다.

'선배시민' 담론은 2008년 9월, 인하대 행정대학원 사회복지학과 유해숙 교수가 노인교육 프로젝트를 계기로 '선배시민' 담론 개발에 착수하면서 시작되었다. 선배시민 담론은 이론에 그치지 않고 끊임없이 현장과 접속, 소통한다는 데 특징을 찾을 수 있다. 2009년 마중물 연구소에서 선배시민교육을 진행했으며, 2010년부터 사단법인 마중물이 노인복지관, 도서관 등에서 선배시민 강좌를 개설해 2015년까지 운영했다. 여기에 유범상(한국방송통신대학교 사회복지학과 교수) 등이 비판사회학회 학술대회에서 4개의 논문(선배시민 세션)을 발표하면서 본격적인 담론으로 자리 잡았다. 특히 2016년 한국노인종합복지관협회 주관으로 전국 300여 개 노인복지관에 선배시민론을 보급하는 한편, 선배시민대학을 시작하였고, 전국 최초로 2023년 11월 27일 「경기도 선배시민 지원 조례」가 제정되었다. 「경기도 선배시민 지원 조례」에서 '선배시민'을 선배이자 시민으로서 살기 좋은 공동체를 만드는 것이 권리이자 의무라는 것을 인식하고, 공동체를 위한 활동에 참여하며 후배 시민과 소통하는 노인이라고 정의하였다.

국민이 생존을 유지하거나 생활을 향상시켜 '인간다운 생활'을 하기 위하여 국가에 대하여 적극적인 배려를 요구할 수 있는 권리. 즉 사회권을 이해하고, 시민으로서 의무만 있는 것이 아니라 권리가 있음을 이해하는 것은 매우 중요하다. 이에 선배시민운동을 통해 노인이 선배시민으로서 동료시민, 후배시민과 함께 우정 공동체를 형성할 수 있도록 노력해보고자 한다.

노인이 경험한 삶의 역사는 아무도 무시할 수 없으며, 존중받으며 존엄한 삶을 살아갈 수 있도록 우리 모두가 함께해야 한다(오봉욱, 2023).

국가는 노후의 경제문제 해결을 위해서는 사회적 연대인 사회보장제도가 중요하다. 이를 위해 기초연금으로 소득 결핍을 지원하고, 무상의료 지원으로 병원비의 부담을 줄이고, 공공주택 제공으로 최소한의 주거를 걱정하지 않을 때 노인은 안전할 수 있다는 점에서 복지국가는 이에 대한 책임을 져야 한다. 그리고 지역사회에서는 지역시민 대상 선배시민 교육 일상화, 노인복지관 대상 노인에서 시민으로 확대, 동아리 활동·자조모임 운영, 선배시민 교육·활동 장소로 복지관에서 마을로 확대 등이 필요하다.

선배시민운동을 위해 사단법인 마중물, 선배시민학회, 선배시민협회, 사)한국노인종합복지관협회 등이 활발한 활동을 하고 있다.

2) 노년기 치매 예방 지원

2023년 말을 기준으로 65세 이상 인구가 전체 인구의 18.9%를 기록하였다. 노인인구 증가와 더불어 치매 환자도 급증하여 노년기 치매 유병률도 높아지고 있다. 치매노인의 경우 숨겨진 환자(hidden patient) 많아 정확한 통계를 내기 어렵지만, 보건복지부와 중앙치매센터(2023)에 따르면 우리나라 65세 이상 노인인구 897만 명 중에서 92만 명이 치매환자로 나타났다. 즉, 어르신 10명 중 1명이 치매환자라는 뜻이다.

치매노인뿐만 아니라, 치매환자의 가족 역시 '숨겨진 환자'라 불리며 사회적 활동 제한, 가족 간 갈등 심지어 간병 살해, 간병 자살 등 극단적 선택을 하는 경우도 있다는 점에서 사회적 관심이 요구된다.

전통적으로 우리는 노인을 가정에서 보호해야 하는 것으로 인식하고 있다. 그러다 보니 급증하는 치매노인의 부양부담으로 인한 2차적인 가족문제가 발생하는 경우도 허다하다. 치매노인의 부양은 치매가족에게 신체적·정신적·사회적으로 매우 큰 부담과 스트레스가 된다. 그러나 치매환자에 대한 높은 관심에 비해 부양가족에 대해서는 정확한 실태조사조차 이루어지지 않은 실정이다.

따라서 치매환자를 부양하는 데 따르는 가족부양부담에 대한 정확한 실태조사를 통해 치매가족의 부양부담을 경감할 수 있는 방안과 치매환자 및 치매가족의 인권보호 서비스 및 지원이 필요하다.

최근 보건복지부는 치매 조기진단을 위해 70세 이상 노인을 대상으로 2년마다 국가 건강검진으로 치매 검사를 진행하고, 장기요양 재가서비스나 노인돌봄서비스를 이용하고 있는 치매환자 가족이 1년에 2회, 각 2박 3일 정도를 치매환자 보호시설에 돌봄을 요청할 수 있도록 하는 '가족휴가제'를 2014년 7월부터 시행하고 있다.

3) 노년기 주거 지원

인간이 살아가는데 가장 기본적 요소인 의식주 중에서도 노년기 삶의 기본을 이루는 주생활 활동장소로서 노인주거는 노인복지측면에서 큰 비중을 차지하고 있다. 다른 어느 시기보다도 노년기의 주거는 일상생활의 중심공간이며, 노인들은 거주하는 주거를 통해 사회적 위상과 지난 세월에 대한 자긍심을 갖게 된다. 또한 노후 건강상태를 수용하는 물리적 환경이자 사생활(privacy) 유지 공간이며, 경제적 안정감 유지의 의미도 내포하고 있다. 무엇보다 자녀와 따로 생활할 경우 독립성 확인으로 자존감을 느끼기도 하며, 계속 거주해온 주거를 통하여 개인의 경험과 추억을 저장할 수 있고, 이웃과 지역사회를 통한 친밀한 사회적 지지망을 유지할 수 있다(김용엽, 2009). 따라서 노년기에 있어서 노인주거는 의미와 비중이 높으므로 기본적 수준의 주거보장 지원이 이루어져야 한다.

4) 노년기 죽음준비

노년기는 생애주기 단계상 죽음에 가장 가까운 단계이면서 한편으로는 생애동안 상대적으로 간접죽음을 많이 경험하면서 죽음불안이나 본인의 죽음에 대한 생각을 많이 하게 된다. 죽음에 직면한 노년이 통합적 인격체로서 품위 있는 죽음태도를 지닐 수 있도록 돌봄을 제공하기 위해서는 죽음불안을 감소시키는 노력이 필요하다(조계화·이현지, 2011). 노인들은 가족기능, 사기, 건강행위, 자아통합감이 높을수록(이정인·김순이, 2011), 삶에 대한 태도가 긍정적이고 적극적일수록(최외선, 2007) 죽음불안 정도가 낮아진다고 한다.

누구에게나 죽음은 평등하지만 특히 다른 발달단계보다 죽음에 가까운 노년기에 대하여 '좋은 죽음(well dying)'을 맞이하는 실질적인 방법이 필요하다. 노인이 불가역적인 죽음을 어떻게 인식하는가 혹은 어떠한 의미를 부여하는가에 따라 노년기 삶의 방식은 달라질 것이다. 자신의 죽음은 물론 가족의 죽음을 준비하고 편안하게 받아들일 수 있도록 죽음준비교육이 필요하다(이예종, 2005).

핵심정리

- 노년기는 65세 이후부터의 시기이며, 시간의 흐름에 따라 신체적·심리적·사회적으로 점차 퇴행적 발달이 이루어진다.
- 노년기의 자아통합은 죽음에 대한 태도와 남은 생애에 영향을 미치는 주요 발달과업이다.
- 노년기에는 건강문제, 배우자와의 사별, 소득 감소로 인한 경제문제, 가족·사회적 역할 축소로 인한 적응의 어려움 등을 경험하게 된다.

06 CHAPTER

연습문제

01 퀴블러-로스(Kübler-Ross)의 죽음에 대한 적응단계의 바른 순서는?

〈보기〉

㉠ 타협	㉡ 우울
㉢ 분노	㉣ 부정과 고립
㉤ 순응(수용)	

① ㉢-㉣-㉠-㉡-㉤　② ㉢-㉠-㉡-㉣-㉤　③ ㉣-㉠-㉢-㉡-㉤
④ ㉣-㉢-㉠-㉡-㉤　⑤ ㉤-㉣-㉢-㉠-㉡

02 노년기의 발달과업은?

① 자아정체감　② 자아통합감　③ 자기효능감
④ 자아성취감　⑤ 자아존중감

03 노년기의 특징으로 잘못된 것은?

① 사회적 활동이 감소한다.　② 남녀 모두 갱년기를 경험한다.
③ 친근한 사물에 애착이 증가한다.　④ 조심성이 증가한다.
⑤ 경직성이 증가한다.

04 노년기 사회복지실천과 거리가 먼 것은?

① 노인학대 예방　② 폐경기(완경기) 관리　③ 노인취업
④ 노인 여가활동 형성　⑤ 노인빈곤

05 다음 중 치매의 증상이 아닌 것은?

① 판단력 상승　② 지남력 상실　③ 성격변화
④ 감정변화　⑤ 망상

정답 1. ④ 2. ② 3. ② 4. ② 5. ①

III PART

인간행동에 관한 주요 이론

CHAPTER

07

정신역동 이론

이 장에서는 인간행동의 발달을 이해하고자 프로이트, 에릭슨, 아들러, 융 등의 학자가 제시한 정신역동 이론을 살펴보고자 한다.

학습목표

1. 정신역동 이론과 발달단계, 주요 개념들을 이해한다.
2. 프로이트의 정신분석, 에릭슨의 심리사회, 아들러의 개인심리, 융의 분석심리 이론에 대한 핵심 이론의 차이점을 이해한다.

01 프로이트의 정신분석학

1) 개관

프로이트(1856~1939)

정신분석 이론은 심리학의 아버지라 불리는 프로이트(Sigmund Freud)에 의해 창안되었으며, 인간 정신세계의 대부분을 차지하고 있는 무의식과 결정론에 기초한 이론이다.

프로이트는 인간의 이상 성격과 부적응 행동을 무의식과 심리적 역동의 관점에서 설명하면서 인간은 비합리적이고 비이성적인 생물학적 욕구와 무의식적 동기에 의해 지배된다고 주장하였다. 또한 과거의 심리적 상처와 갈등을 강조하고, 이로 인해 유발하는 불안과 신경증에 대해 연구하였다. 이와 함께 무의식을 해석하는 주요 기법인 자유연상과 꿈의 분석, 상담과정 중에 출현하는 전이와 저항에 대한 분석에 근거하여 클라이언트의 부적응 성격과 행동을 개선하기 위해 노력하였다.

프로이트는 정신분석 이론의 확대를 위해 학회를 설립하고 많은 학자들을 배출하여 다양한 상담 이론의 창출에도 공헌하였으며, 이와 함께 많은 비판과 지적을 받았다. 그럼에도 불구하고 정신분석 이론은 현재 상담 및 심리치료 현장에서 사용되고 있는 다양한 접근법의 개발과 발전에 근간을 제공하였다.

프로이트의 정신분석 이론은 인간에 대한 철학 이론인 동시에 심리 이론이며, 또한 성격의 형성요인에서 발달과정까지 완벽하게 설명된 인격 이론으로 인간행동을 연구하는 다양한 분야에서 적용, 연구되고 있다.

2) 프로이트의 생애

프로이트(Sigmund Freud, 1856~1939)는 1856년 5월 6일 체코슬로바키아의 영토가 된 모라비아의 프라이버그에서 경제적으로 넉넉하지 못한 가정의 3남 3녀 중 맏아들로 태어나 생애의 대부분을 빈에서 보냈다. 프로이트의 아버지는 그 시대 보통사람들이 그러하듯 권위적인 사람이었으며, 어머니는 매력적이고, 정이 깊었으며, 사려 깊게 보살펴주는 사람이었다. 그는 빈민가에서 자라면서 자신이 학대받는 소수민족인 유대인임을 항상 의식하였다. 유대인은 의학이나 법학을 전공하지 않고는 마땅한 직업을 갖기 어렵다는 생각으로 결국 의사가 되기로 결정하고, 18세에 빈 의과대학에 진학하여 26세에 박사학위를 취득하고 정신과 의사가 되었다. 특히 생리학 실험실에서 뇌 손상 환자의 신경계통 환부를 다루면서 신경증에 대해 연구하던 중에 '인간의 행동은 생리적 본능에 대한 반응'으로 인간은 성격과 행동은 본능에 의해 지배되는 것을 발견하였다.

또한 본능은 무의식적이며, 잠재적 불안의 요소로 신경증의 원인임을 밝혀냈다. 이와 함께 프로이트는 환자들이 제공한 자료들을 기초로 환자들을 진단하기 전에 먼저 자신에 대한 자아분석을 시작하였고, 자신의 내면에 작용하는 심리적 기능의 역할을 확인하게 되었다. 이때 얻은 지식을 근거로 정신분석의 기초개념들을 발전시켰다.

프로이트는 빈에서 그의 아내 마르타를 만나 1886년에 결혼해서 세 딸과 두 아들을 두었으며, 그 중 셋째 딸인 안나 프로이트(Anna Freud, 1895~1982)는 아버지의 뒤를 이어 유명한 아동정신분석가로 활약하였다.

프로이트는 매우 생산적이고 창조적이었으며, 하루 18시간 이상의 연구로 총 24권의 정신분석 전집을 발간하였다. 프로이트의 대표적인 저서로는 『꿈의 해석(1900)』을 비롯하여 『일상생활의 정신병리학(1904)』, 『위트와 무의식의 관계(1905)』, 『토템과 금기(1913)』, 『쾌락원칙을 넘어서(1920)』 등이 있다.

그의 다양한 저서들은 심리학과 정신의학 분야의 위대한 업적이며, 정신분석학 발전에 공헌하였을 뿐만 아니라 현대 상담 및 심리치료 분야에서 반드시 필독해야 하는 중요한 저서로 남아 있다.

이외에도 프로이트는 1910년에 국제정신분석학회(The International Psychoanalytic Association)를 창립하여 개인심리학의 아들러(Alfred Adler)와 분석심리학의 융(Carl Jung)을 위시하여 많은 제자 및 학자들을 배출하였으며, 이들이 새로운 상담 이론과 기법을 개발하여 상담 및 심리치료 이론의 확대 및 발전에도 공헌하였다.

프로이트는 40대부터 시작된 심한 신체적 질병으로 인해 죽음에 대한 공포도 경험했으며, 생애 마지막 20년 동안에는 후두부와 턱에 발생한 암으로 여러 차례의 수술을 받았다. 끊임없이 계속되는 신체적 질병과 정신적 고통과 함께했던 프로이트는 1939년 런던에서 숨을 거두었다.

3) 인간관

프로이트는 인간을 비합리적이고 무의식에 지배를 받으며 결정론적인 존재로 가정하였다. 인간의 인격과 행동은 생물학적 본능과 무의식적 동기, 비이성적인 힘, 그리고 과거 유년기 5세 이전의 생활경험(성심리 사건)에 의해 이미 결정된다는 결정론적 입장을 주장하였다. 그중에서도 특히 생물학적 본능을 강조하고, 인간은 고통회피와 쾌락추구의 욕구에 의한 성격과 행동의 역동성을 강조하였다. 이와 같이 프로이트가 인간본성의 생물학적 본능을 강조한 것은 당시 다윈(Charles Robert Darwin)의 진화론의 영향을 받은 것으로 보고 있다.

또한 프로이트는 인간의 본능을 개인의 성공·발전·창조와 관련된 생존본능(life instinct), 파괴·공격의 죽음의 본능(death instinct)으로 구분하였다. 그러나 인간의 삶은 한계가 있으며, 인간은 생존본능보다는 고통과 관련된 죽음의 본능에 의해 주로 지배를 받는다는 견해로 인해 인간에 대해 염세론적·비관적인 내용을 포함하고 있다. 이외에도 인간은 에너지 본체로 인격과 행동은 정신에너지에 의해 결정되며, 이 에너지의 양은 제한되어 있기 때문에 본능 표현과 억제의 상호작용으로 평형의 법칙을 유지한다는 환원적인 이론을 주장하였다.

4) 주요 개념

프로이트는 인간의 성격을 설명하기 위해 원초아, 자아, 초자아 등의 개념을 제시했으며, 정신수준과 관련된 무의식, 전의식, 의식의 개념과 함께 불안, 자아방어기제, 이외에도 성심리 발달단계로 제시한 구강기, 항문기, 남근기, 잠복기, 생식기에 대해 설명하면 다음과 같다.

(1) 구조적 모형(structural model)의 성격 이론

프로이트는 인간의 성격을 원초아(id), 자아(ego), 초자아(superego)의 가설적인 세 가지 구조로 구분하였다. 원초아는 생물학적 구성요소이고, 자아는 심리적 구성요소, 초자아는 사회적 구성요소라고 했다. 그리고 전통적인 정신분석적 관점에서 성격의 역동은 심리적 에너지가 원초아, 자아, 초자아에 분배되는 방식으로 결정된다. 그러나 인간의 성격은 이 세 가지 구성요소가 각각 분리되어 작용하기보다는 기능적으로 하나의 전체로서 기능한다.

❶ 원초아(id)

성격의 생물학적·원초적·무의식적 측면으로 성격의 원래 체계이다. 원초아는 정신에너지의 원천으로 인간의 정신을 지배하는 본체인 동시에 생명 유지에 필수적인 생물학적 욕구인 배고픔(hungry), 목마름(thirsty), 성(sex), 수면(sleep) 등이 해당된다. 따라서 원초아의 기능은 본능적 욕구충족을 위해 작용해서 매우 강력하고 강요적이다. 또한 원초아는 사고하지 않고 긴장, 고통의 회피, 해소를 기본으로 하는 쾌락의 원리(pleasure principle)에 지배받게 되며, 무의식적 동기에 의해 충동적으로 유발하기 때문에 비논리적이고, 도덕관념이 없고, 대부분 인식되지 않으며, 무의식적이다.

❷ 자아(ego)

성격의 심리학적·의식적 측면으로, '인격의 행정부'에 해당된다. 즉, 자아는 현실이라는 외부세계와 접촉하면서 성격을 지배하고 통제한다. 자아는 성격의 조직적이고 합리적이며 현실지향적인 체계로서 성격의 집행자이며, 경영자이며, 이성·상식이라고 불리는 것들을 내포하고 있다. 자아는 지적 활동이나 합리적이며, 원초아의 맹목적 충동을 억제하고 통제하는 역할을 한다. 현실원리(reality principle)에 의해 지배받음으로써 개인의 주관적 욕구와 외부환경의 욕구를 구분하며, 개체의 자기보전과 안전을 확보한다. 또한 자아는 정신적 심상과 외부세계의 사물 구분이 가능한 현실적·의식적 사고 및 행동과 연관되어 있다.

❸ 초자아(superego)

성격의 도덕, 양심의 부분으로 '인격의 사법부'라고 부르며, 성격의 세 가지 구조 중에서 최후에 발달하는 부분으로 사회적 자아발달과 관련되어 있다. 초자아는 부모로부터 자녀에게 전승되는 사회적 가치와 이상을 대표하며, 원초아의 비이성적인 충동을 억제하고, 자아가 도덕성을 갖추도록 보강하는 기능을 한다. 초자아는 인간사회의 도덕과 규범, 행동의 선악, 전통적 가치 추구와 관련된 도덕원리(moral principle)에 지배받으며, 부모나 사회의 표준이 내면화된 것으로 심리적 보상(자신감, 자애감정)과 처벌(죄책감, 열등감)에 의해 형성된다.

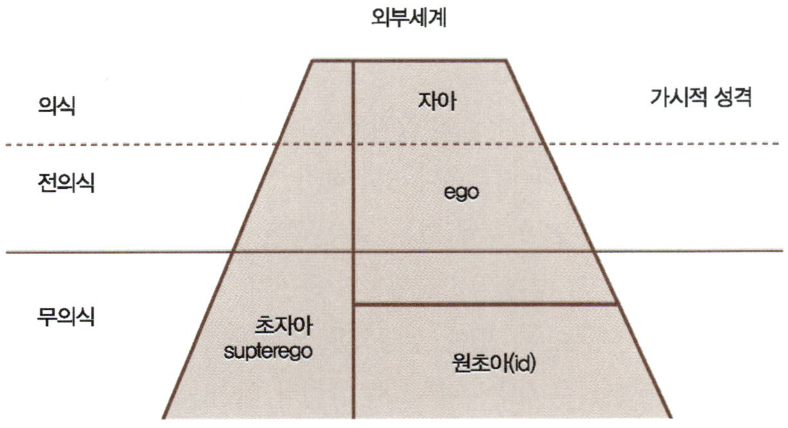

그림 7-1 인간의 성격 구조와 의식수준과의 관계

(2) 지형학적 모형(topographic model)의 정신의 수준

프로이트는 인간의 정신세계를 세 가지 단층 또는 수준으로 구분하고 이를 빙산에 비유하여 물 위에 나타난 작은 부분을 '의식(consciousness)'이라고 했다. 또한 수면 밑에 가라앉아 있는 부분 중에서 의식과 경계하고 있는 부

분을 '전의식(preconsciousness)', 외부로 전혀 드러나지 않고 잠겨 있는 부분을 '무의식(unconsciousness)'이라고 했다. 이 세 가지 수준은 인간의 감정과 사고, 행동을 결정하는 정신적 실체로서 성격이해에 매우 중요한 요인으로 작용한다.

❶ 의식(consciousness)

의식은 자신이 주의를 기울이는 순간에 인식될 수 있는 모든 감정, 지각, 경험, 기억, 감각을 의미하는 정신작용이며, 시간이 경과하거나 주의가 분산되면 인식되었던 부분들이 전의식과 무의식으로 잠재되는 한계가 있는 정신 수준이다. 따라서 의식은 인간 정신세계의 '빙산의 일각'으로 극히 작은 부분이 외부로 드러나는 의식적인 행동으로 국한되는 부분이다.

❷ 전의식(preconsciousness)

의식과 무의식을 연결하는 중간 지점에 있으며, 현재 의식되는 수준은 아니지만 주의를 집중하고 노력하면 의식으로 떠올릴 수 있는 생각이나 감정을 말한다. 전의식은 정신세계에서 무의식 영역과 의식 영역을 연결해 주는 이용 가능한 경험과 기억들이 저장되어 있는 곳이다.

❸ 무의식(unconsciousness)

과거의 모든 경험, 동기, 기억, 억압되었던 욕구 등이 모두 잠재되어 있는 부분으로 현실적으로 전혀 자각이나 인식하지 못하는 상징적인 정신세계이다. 빙산의 대부분이 수면 아래에 있는 것과 같이 정신내용의 대부분을 형성하는 부분으로서 현재의 성격과 인간행동의 동기가 되는 가장 중요한 정신분석의 초점이 되는 부분이다. 또한 무의식은 의식의 영역 밖에 있기 때문에 직접 자각이나 관찰할 수 없는 부분으로 꿈이나 암시, 망각과 실언 등의 행동으로 추리된다. 특히 무의식은 의식의 상태로 남아 있기에는 위협적이고 고통스러운 경험이나 기억들이 강제적 또는 의식적으로 무의식에 억압되면서 잠복하게 된다. 그러나 이러한 무의식의 내용들은 완전히 사라지는 것이 아니라 마음의 방어가 약해지거나 과거와 흡사한 상황을 경험하게 되면 다시 수면 위로 부상하면서 인간의 마음을 불안하게 한다. 따라서 인간이 경험하게 되는 심리적 문제는 무의식이 작용한 결과로 모든 신경증적 증상이나 행동의 근원으로 본다.

무의식은 개인이 자신의 힘으로는 의식으로 떠올릴 수 없는 생각, 감정들을 포함하여 감각기관으로 인식할 수 없는 마음 깊은 곳에 감추어져 있는 정신세계로 본능, 열정, 억압된 관념과 감정 등이 잠재되어 있다.

이러한 정신의 세 가지 층은 구분되거나 절대적인 범주로 볼 수 없으며 정도의 범주로 보아야 하지만, 개인의 사고와 감정의 대부분은 의식 외부에 존재한다. 프로이트는 모든 정신과정이 무의식으로부터 기원하기 때문에 무의식을 가장 중요한 의식수준이라고 보았다.

(3) 불안(anxiety)

불안은 정서의 긴장상태를 말하는 것으로, 주로 원초아의 본능적·무의식적 욕구를 현실적으로 조절하려는 자아와의 충돌 시 갈등이 통제의 수준을 초과할 때 발생한다. 프로이트는 불안을 무의식적 욕구가 의식 속으로 침투할 때 발생하는 두려움 등의 임박한 위험을 인식시키는 것으로 자아에 대한 경고의 의미이다. 정신분석에서 불안은 매우 중요한 개념으로 모든 신경증의 원인이라고 했다. 프로이트는 불안을 아직 분출되지 못한 성 본능의 결과로 보았으며, 불안을 현실적 불안(reality anxiety)과 신경증적 불안(neurotic anxiety), 도덕적 불안(moral anxiety)의 세 가지 유형으로 구분했다.

❶ 현실적 불안(reality anxiety)

외부세계에 존재하는 실제 위험에 대한 두려움으로 인해 초래되는 불안으로, 이때 불안의 정도는 외부위험에 대한 두려움의 정도에 정비례하는 것으로 나타났다. 따라서 현실적 불안은 기본적으로 공포와 같으며, 자아로 하여금 이를 회피하도록 경고하는 것으로 외부 현실적 불안요소가 제거되면 자연스럽게 감소하는 것으로 나타났다.

❷ 신경증적 불안(neurotic anxiety)

신경증적 불안은 주로 본능이 통제되지 않아서 처벌받을 어떤 행위를 하게 되는 것에 대한 두려움으로 충동적이고 강요적인 본능을 자아가 이를 현실적·이성적으로 해결하지 못해서 본능적으로 행동한 후에 경험하게 되는 불안을 말한다. 프로이트는 자아가 합리적이고 현실적인 방법으로 신경증적 불안을 해결하지 못하게 되면 자아방어적 행동을 하게 되면서 신경증의 주요 원인으로 작용한다고 주장했다.

❸ 도덕적 불안(moral anxiety)

원초아와 초자아 간의 갈등에서 비롯되며, 주로 개인의 양심에 따른 두려움으로 사회적 규범이나 도덕적 원칙과 가치관 등을 위배했을 때 경험하게 되는 불안이다. 프로이트에 의하면 도덕적 불안은 초자아가 발달하는 3~6세의 남근기(phallic stage)가 되어야 가능하다고 했다.

(4) 자아방어기제(ego-defense mechanism)

현실·신경증적·도덕적 불안의 상태에서 이를 이성적·현실적·합리적인 방법으로 해결이나 조절할 수 없을 때 자아는 불안에 대처하고 상처받은 자아를 보호하기 위해 방어기제를 사용하게 된다. 따라서 자아방어기제(ego-defense mechanism)는 개인이 불안에 대처하고 상처 입은 자아를 보호하게 된다. 그러나 대부분의 자아방어기제가 무의식적이고 비현실적, 현실왜곡의 특성을 가지고 있기 때문에 지나치게 사용하게 되면 자아의 제어능력과 현실대면 능력이 저하되면서 성격과 행동이 병적으로 발전하게 된다. 주요 방어기제를 설명하면 다음과 같다.

❶ 억압(repression)

억압은 불안을 유발하는 기억이나 현실적으로 수용하기 어려운 사건을 의식적 인식으로부터 없애기 위해 강제로 무의식 속으로 밀어내는 것을 의미한다. 프로이트는 생의 초기 5년 동안의 고통스러운 성심리 사건들이 바로 억압에 의해 의식에서 배제되면서 의식을 방어하게 된다. 그러나 억압된 갈등과 충동은 완전히 망각되는 것이 아니라 의식의 배후에 머물게 되면서 심리적으로 부정적인 영향을 미쳐 신경증의 기초로 작용하게 된다. 그 전형적인 예가 기억상실이며, 하기 싫고 귀찮은 과제를 "깜박 잊었다"고 말하는 경우가 여기에 해당된다.

❷ 부정(denial)

부정은 현실적으로 수용하기 어려운 사실이나 문제에 당면했을 때 자아가 이를 합리적으로 해결하기 곤란한 경우 현실 자체를 무시하고 문제를 왜곡하여 자아를 보호하고자 하는 노력이다. 그 예로 아무런 예고 없이 불치병의 진단을 받았을 때 죽음에 대한 불안을 불치병을 인정, 수용하지 않고 사실을 부정함으로써 현실적 고통을 거부하는 것이다.

❸ 합리화(rationalization)

합리화는 실망스러운 현실이나 불합리한 자신의 행동에 대해 진정한 이유나 동기를 모색하기보다는 핑계나 변명을 만들어 자신을 설득하고 위로하는 것이다. 따라서 합리화는 실패 또는 상실로 인해 상처받은 자아를 설명하기 위해 타당한 이유를 조작하는 자기기만이며, 그 예로 『여우와 신포도』의 이솝우화에서 높게 달려 있는 포도를 먹을 수 없는 여우가 배고픔을 잊기 위해 포도가 시기 때문에 먹지 않는다고 자신을 위로하고 변명하는 태도에 잘 나타나 있다.

❹ 퇴행(regression)

퇴행은 새로운 환경이나 불안한 상황에 대응하기 어려운 경우에 발달의 이전단계 행동으로 후퇴함으로써 불안을 해소하고 무의식적 갈등을 회피하는 기제이다. 이때 회피는 개체가 심각한 스트레스나 극단적인 곤경에 직면하게 되면 생애에서 안전했던 시기로 되돌아가기를 원하는 심리상태를 반영한다. 그 예로 동생이 태어나 부모의 관심을 분산하게 된 유아가 자신의 심리적 불안을 회피하고 부모의 관심을 되찾기 위한 목적으로 동생과 같이 발달 이전의 행동으로 되돌아가는 현상을 말한다.

❺ 반동형성(reaction formation)

반동형성은 개인적으로 수용하고 인정할 수 없는 감정을 부인하기 위해 능동적으로 상반되는 충동을 표현하는 것이다. 즉, 불안을 야기하는 무의식적 욕구를 억제하기 위해 이와 정반대되는 의식적 태도나 행동으로 은폐하는 것을 말한다. 그 예로 자신이 좋아하는 사람에 대한 감정을 숨기기 위해 오히려 더 불친절하게 대하거나 무관심한 태도를 보이는 것이다.

❻ 투사(projection)

투사는 자신이 수용하기 어려운 감정으로 인해 수반되는 불쾌한 감정이나 고통을 피하기 위해 타인에게 전가하고 현실로부터 자신을 분리시키는 것이다. 즉, 자신의 심리적 속성이 타인에게 있는 것처럼 생각하고 행동하면서 자신의 욕망이나 충동을 타인에게 귀인시키는 것이다. 그 예로 특정한 사람과 특별한 이유 없이 관계가 불편함을 느낄 때 상황을 그 사람에게 전가해서 "그 사람이 나를 불편하게 생각한다"는 방식으로 말한다.

❼ 대치(displacement)

대치는 어떤 대상이나 사물에 대한 감정을 해결하기 위해 의식적으로 다른 대상을 향하여 동일한 감정이나 욕구를 발산함으로써 자아를 보호하는 기제이다. 그 예로 아버지를 향한 분노를 직접 표현할 수 없을 때 자기보다 만만한 대상을 찾아 화를 냄으로써 심리적 갈등과 욕구를 해소한다.

❽ 고착(fixation)

고착은 다음 단계로의 발달에 위협이나 불안을 느끼게 될 때 그 전 단계에 계속 머물기 위해 특정 사람이나 사물에 대한 지나친 정서적 애착현상을 나타내는 방어기제이다. 그 예로 각 성격발달의 단계에서 전 단계의 발달이 적절하게 성취되지 못하면 그 단계에 계속 머물면서 다음 단계 발달에 영향을 미치는 것을 말한다.

❾ 승화(sublimation)

승화는 의식적·현실적으로 수용될 수 없는 원초적 충동이나 욕구를 사회적으로 고차원적인 형태로 전환해서 표현함으로써 자신의 욕구도 해결하고 사회적으로 인정도 받게 되는 건강한 기제이다. 그 예로 공격적 충동은 체육활동으로 전환될 수 있으며, 전위예술가들은 자신의 강한 성적 충동이나 욕구를 예술작품을 통해 표현함으로써 욕구해소와 함께 사회적 인정도 동시에 획득한다.

❿ 보상(compensation)

보상은 자신의 부족함이나 결점으로 인해 심리적 갈등과 열등감을 느끼게 될 때 이를 극복하기 위한 보상적 노력을 통해 자신의 부족함을 감추거나 타인의 인정을 받도록 시도하는 것을 의미한다. 그 예로 신체적 왜소함으로 열등감을 느끼는 사람이 직접적인 보상노력으로 보디빌딩 선수로 성공하거나 간접적인 보상노력으로 학업에서 우월성을 나타내는 경우이다.

(5) 성격발달(personality development) 이론

프로이트는 인간의 모든 본능을 성적인 것으로 보았다. 성적 에너지를 리비도(libido)라 명명하고, 이 에너지가 집중되는 신체 부위를 '성감대'라고 하였다. 또한 프로이트는 각 발달 단계마다 성적 에너지가 집중되는 부위에 차이가 있으며, 성적 에너지의 만족은 아동의 성격발달에 중요한 요인으로 작용한다고 주장했다. 특히 성격발달은 출생 후 6세 이전 유아들의 성적 욕구에 대한 부모들의 태도에 따라 결정되며, 이 기간 동안의 성적 경험은 성인기 성격 형성에 기초가 된다고 하였다.

프로이트는 출생에서 성인까지의 성심리 발달과정을 구강기, 항문기, 남근기, 잠복기, 생식기의 5단계로 분류하였다.

표 7-1 성심리 발달 5단계

단 계	주요 내용
구강기(0~18개월)	리비도가 입에 집중, 빨고 깨무는 행위를 통해 쾌감, 양가감정, 대상부재
항문기(18개월~3세)	리비도가 항문에 집중, 배변훈련 → 항문기 폭발적·강박적 성격
남근기(3~6세)	성기에 리비도 집중, 오이디푸스/엘렉트라 콤플렉스, 동일시를 통한 초자아 발달
잠복기(6~12, 13세)	에너지가 신체·지적활동, 친구와의 우정 등에 집중, 자아와 초자아 발달
생식기(사춘기 이후)	성적 에너지가 직접 표현, 부모로부터의 독립이 중요한 과제

❶ 구강기(oral stage)

출생부터 18개월까지를 '구강기'라 하며, 성욕(libido)이 주로 입과 입술에 집중되어 먹는 것을 통해 쾌락을 추구한다. 구강기의 주요 발달과제는 자신과 타인의 신뢰감을 형성하는 시기로, 자신의 구강욕구를 만족시켜주는 양육자와 애착을 형성하게 된다. 따라서 부모의 적절한 보살핌을 받지 못해 구강만족이 결핍되거나 과잉만족되는 경우에는 구강기의 고착현상이 출현하면서 성격적 결함과 함께 그다음 발달단계 이행에 지장을 초래하게 된다. 특히 구강기 고착경험은 앞으로의 성격발달에 지속적인 영향을 미치게 된다.

구강기의 유아는 주로 수유를 통해 먹고, 마시고, 삼키고, 빠는 것으로 성적 쾌락을 경험한다. 따라서 구강기 성격형성의 가장 중요한 요인은 기아욕구 만족의 여부에 의해 결정된다. 구강기는 두 단계로 나누어 첫 번째 단계는 생후 6개월까지의 빨기의 단계이고, 두 번째 단계는 6개월경부터 이가 나기 시작하면서 깨무는 단계로 구분한다.

구강기 고착 또는 문제 성격은 두 가지 유형으로 나타난다. 첫 번째 구강기 전기에 고착되면 구강수동형 성격 특성으로 낙천적이고 수동적이며, 대체로 성격이 미성숙하고 지나치게 의존적이다. 두 번째 구강공격형 성격은 논쟁적이고 타인을 지배하거나 이용하려는 경향과 함께 적대적·공격적인 특성을 보인다. 또한 구강고착적 행동으로는 관심추구 및 질투행동, 과음과 과식행동, 흡연행동, 손톱을 깨무는 행동 등으로 나타난다.

❷ 항문기(anal stage)

18개월에서 3세까지를 '항문기'라 하며, 전반적인 근육 운동의 발달과 더불어 특히 항문의 괄약근 통제로 배변의 조절이 가능함과 동시에 외부로부터 배설통제훈련이 시작된다. 이와 함께 유아는 적절한 시간과 허용된 장소에 따라 배설 기능을 지연 또는 지체시키는 법을 학습해야 하기 때문에 배변의 보유와 배출에 관심이 집중된다. 따라서 항문기의 성격형성은 부모의 배변훈련이 좌우한다. 부모가 유아발달을 고려하여 적절한 시기에 배변훈련을 시작해서 유아가 자연스럽게 이를 성취하면 이 시기에 가장 중요한 발달과제인 독립심과 자율감을 획득해서 창의적이고 생산적인 성격이 형성될 수 있다. 그러나 부모의 지나치게 엄격하고 강압적·처벌적 훈련방식은 유아로 하여금 공포심과 불안감을 초래할 뿐만 아니라 항문기 고착성격으로 고집이 세고 인색하며 지나치게 청결을 추구하는 결벽증의 강박적 성격이 형성된다. 또한 부모의 배변훈련 태도가 지나치게 관대한 경우에는 항문기 폭발적 성격으로 잔인하고 파괴적이며, 적개심이 강하거나 지나치게 무기력하고 의존적 성격이 형성된다.

❸ 남근기(phallic stage)

3세에서 6세까지를 '남근기'라고 하며, 이 시기에 유아는 자기 신체의 성기에 관심을 갖는 시기로서 남녀의 생식기와 성별에 새로운 호기심과 구별의식을 갖게 되며 생식기의 자극을 통해 성적 쾌감을 얻으려고 한다. 이러한 과정은 유아의 성 개념 형성에 중요한 요인으로 작용하며, 유아의 성적 감정에 대한 부모의 지나친 통제는 유아의 성 정체성 발달에 문제를 발생하게 하여 성적 불구나 성 역할의 혼란을 초래할 수 있다.

프로이트는 유아의 성적 갈등에서 상대편 이성 부모에 대한 유대감정을 '콤플렉스(complex)'라고 정의하였다. 그 예로 남근기의 남아들은 어머니에 대해 성적으로 접근하려는 욕망과 애착을 느끼는 동시에 아버지를 경쟁상대로 생각하는 오이디푸스 콤플렉스(Oedipus complex)를 경험하게 된다. 반대로 여아들은 아버지에 대한 연부감정이 어머니를 경쟁상대로 생각하게 되는 엘렉트라 콤플렉스(Electra complex)를 경험하게 된다. 이러한 이성부모에 대한 애정감정과 동성부모에 대한 적대감은 유아에게 갈등과 불안을 초래하게 되고 유아는 이를 해결하기 위해 동일시의 기제를 사용하게 된다. 유아는 동일시를 통해 동성부모의 가치관을 내면화하는 과정을 거쳐 초자아가 발달하고, 동성부모의 행동과 태도를 따라하게 되면서 성 정체성과 양심, 도덕성이 발달하게 된다. 따라서 부모의 지나친 비현실적 도덕기준과 함께 유아의 자발적인 초자아 발달을 억제·방해하게 되면 죄의식과 자존감, 자부심이 결여되는 남근기 고착성격이 형성된다.

남근기 고착성격의 특성으로 남자 성인의 경우 경솔하고 야심적이며, 지나치게 남자다움을 강조하며 강인함을 나타내려는 경향이 있다. 여자의 경우에는 순진하고 결백을 강조하지만, 성적으로 난잡하고 유혹적이며 경박한 특성을 보이게 된다.

❹ 잠복기(latency period)

6세에서 12, 13세까지를 말하며, 프로이트에 의하면 성인의 성격은 구강기, 항문기, 남근기에 이미 형성되며, 잠복기에는 성적 충동이나 환상들이 무의식 속에 잠재되어 평온함을 유지하게 된다고 하였다. 성적 에너지 역시 신체 내부에서 외부 환경으로 향하게 되면서 아동들은 학교활동과 운동, 친구들과의 관계형성에 집중하게 되고, 사회적으로 승인되는 타인 중심, 사회 중심의 태도와 기술을 배우기 위해 노력하게 된다. 따라서 잠복기의 아동들은 동성 친구와 안정된 우정관계를 형성하면서 자신의 행동을 조절하고 침착성을 유지할 수 있게 된다. 그러나 잠복기의 평온함을 성취하지 못해 이 시기에 고착되면 성인기 대인관계가 불안정해서 정서적으로 고립되고, 성격적으로 불안하고 공격적인 특성을 보이게 된다.

❺ 생식기(genital stage)

사춘기의 시작에서부터 성인이 되기 직전까지이다. 생리적인 변화와 더불어 성 기능의 성숙, 호르몬 변화로 성 본능이 강화되므로 잠복되어 있던 성 에너지가 무의식에서 의식의 세계로 나오게 된다. 부모로부터 완전히 독립하여 자신의 미래에 대한 설계를 하고 자율적인 성인으로 준비하는 시기인 동시에 사춘기의 시작과 함께 성숙한 성적 관계를 형성하는 시기이다. 이와 함께 성적 관심은 이성에게 향하게 되고 이성 배우자와의 결혼생활을 통해 정상적인 성생활을 유지하며, 사회적으로 자립한 성인으로 발전하기 위해 노력하게 된다. 그러나 사춘기와 함께 시작되는 성인기의 청소년과 미혼성인인 경우 성적 충동과 관심이 가장 활발한 시기로 사회적·도덕적인 제한과 규율과의 갈등으로 혼란을 초래할 수 있다.

(6) 치료기법

프로이트의 독창적인 과거와 무의식 이론에 근거한 정신분석 상담기법의 주요 목적은 클라이언트의 자기 인식을 증가시켜 현재 행동에 대한 지적 통찰을 얻게 하고 증상의 의미를 이해하도록 하는 동시에 마음을 정화하는 훈습의 과정을 통해 이루어진다. 정신분석 상담의 기본 기법으로는 자유연상법과 꿈의 분석, 저항, 전이와 함께 이 4가지의 내용을 분석하는 데 사용되는 해석의 기법이 있다.

❶ 자유연상법(free association)

정신분석 이론에서 프로이트가 개발한 가장 중요한 기법에 해당되는 것이다. 이 기법은 클라이언트가 아무런 방해를 받지 않는 상태에서 과거의 경험과 기억, 환상, 갈등 등의 동기로의 문을 열기 위한 기본 기법이다. 따라서 자유연상을 하는 동안 클라이언트는 자신의 감정과 생각을 억압하지 말고 즉각적으로 보고해야 하며, 이때 치료자는 연상의 자유로운 흐름을 방해하지 않도록 주의해야 한다. 이러한 과정을 통해 클라이언트는 자신의 과거 경험을 회상하고 감정과 생각을 정화(catharsis)하는 동시에 문제의 원인을 재탐색할 수 있는 기회를 얻게 된다. 또한 치료자가 클라이언트가 이야기한 내용을 분석해 줌으로써 클라이언트가 자신의 무의식에 잠재해 있던 억압된 욕구나 문제를 이해하고 현재 자신의 문제를 자각하고 통찰할 수 있게 된다. 그러나 분석적 치료자는 자유연상법을 통해 클라이언트의 표면의 내용만 듣는 것이 아니라 클라이언트가 갈등하는 정서적 표현 또는 말하지 않는 부분까지 파악해서 클라이언트의 무의식에 갇혀 있던 억압된 자료의 구체적 내용을 규명해서 실제적 의미를 분석해야 한다.

❷ 꿈의 분석(dream analysis)

프로이트는 꿈을 '무의식의 왕도'라고 표현하고, 수면 중에 자아방어가 허술해지면서 무의식 속에 억압이나 잠재해 있던 동기, 두려움, 욕구 등이 나타나게 된다고 했다. 따라서 정신분석 이론에서 꿈의 분석은 클라이언트의 무의식적 욕구를 발견하고 해결되지 못한 문제를 통찰하는 중요한 방법에 해당된다.

프로이트는 꿈의 내용을 잠재적 내용과 표명된 내용의 두 가지 수준으로 구분하였다. 잠재적 내용은 무의식적 동기, 소망, 두려움으로 현실적인 사실이나 문제가 너무 고통스럽고 위협적이기 때문에 꿈으로 변형해서 실제 내용과 흡사하게 나타나는 것이다. 그 예로 무의식에 성적·공격적 충동은 현실적으로 수용하기에는 너무 고통스럽고 위협적이기 때문에 꿈으로 변형되어 나타나는 것이다. 이와 같이 꿈의 잠재내용이 덜 위협적인 현재 내용으로 변형되는 과정을 '꿈 작업'이라고 한다.

표명된 내용은 일상생활에서의 생각이나 욕구 등이 꿈의 형식으로 나타나는 것을 의미하며, 수면 중에 자아는 자아의 억압을 줄여 꿈을 통해 소망충족을 나타낸다. 따라서 상담 중에 클라이언트는 꿈을 보고하는 과정에서 유발하는 감정을 회상하고 꿈의 잠재내용과 의미를 인식하게 된다. 이와 함께 치료자는 클라이언트의 꿈에 나타난 내적인 상징을 분석하여 꿈으로 위장해 무의식에 잠재되어 있는 의미를 해석한다. 이러한 과정을 통해 클라이언트들로 하여금 무의식에 억압되어 있던 과거의 내용들을 풀어내고 현재 문제에 대한 새로운 통찰력 얻을 수 있도록 한다.

❸ 저항(resistance)

저항은 치료과정 중에 클라이언트가 말하기를 두려워하는 부분으로, 자신의 감정이나 경험에 대해 숨기거나 자아를 방어하기 위해 비협조적인 태도를 보이는 것을 말한다. 프로이트는 저항을 "억압된 충동이나 감정이 인식되려고 할 때 야기되는 불안을 방어하려는 무의식적 역동"이라고 하였다. 따라서 저항은 클라이언트가 자신의 억압된 충동과 감정들을 자각할 때 야기되는 불안에 대한 방어로 클라이언트가 의도적으로 현 상태를 유지하기 위해 무의식을 의식화하는 것을 저지하는 노력이기도 하다. 따라서 저항은 일반적으로 상담 진행을 방해하며, 저항의 부분은 문제해결의 실마리가 될 수 있기 때문에 반드시 지적하고 넘어가야 한다. 따라서 치료자는 클라이언트의 갈등을 현실적으로 해결하기 위해서는 무의식적인 방어 부분을 분석하고 실제적으로 해석해서 클라이언트가 저항의 이유를 인식하고 대결할 수 있도록 한다.

❹ 전이(transference)

클라이언트가 과거 자신에게 중요하게 영향을 미쳤던 사람에 대한 모든 감정과 반응을 치료자에게 표출하는 것으로, 정신분석 상담의 중심기법이다. 클라이언트가 치료자에게 부여하는 투사(projection)의 종합으로, 정신분석에서 치료자는 클라이언트의 과거를 재현할 수 있도록 클라이언트의 전이를 유도해야 한다. 그 예로 클라이언트가 어린 시절에 부모와 관련된 그의 환상적 소망이나 욕구를 치료자를 대상으로 반복해서 자신의 정서를 표현하는 전이를 통해 인생 초기의 갈등을 경험하면서 자신의 고착성과 억압된 내용을 확인할 수 있게 된다. 또한 전이를 통해 클라이언트는 치료자와의 실제 관계가 형성되면서 이전에 체험하지 못했던 인간관계를 경험하고 자신의 문제를 이해하게 된다. 따라서 정신분석 치료자는 전이를 통해 현재 클라이언트가 계속 고착시키려는 자신의 감정을 지연시켜 과거의 갈등을 해소하고 미해결된 고착을 해결해야 한다. 또한 치료자는 감정전이의 과정과 내용을 해석함으로써 클라이언트가 억압했던 무의식의 자료들이 현재에 미치는 영향을 이해하여 자신의 문제에 새로운 통찰을 얻을 수 있도록 한다.

❺ 해석(interpretation)

해석은 정신분석의 주요 기법에 해당되는 자유연상법, 꿈의 분석, 저항, 전이를 분석하고 객관적으로 문제를 규명해서 클라이언트에게 원인을 지적하고 설명, 교육하는 데 사용하는 기법이다. 따라서 해석의 기능은 클라이언트의 문제유발 원인에 대한 치료자의 분석과 평가에 근거한다. 즉, 치료자가 분석한 내용에 대한 객관적인 해석을 통해 클라이언트가 인식하지 못한 과거의 문제와 감정을 이해하고 통찰력을 얻게 되는 것이다.

치료자의 해석은 클라이언트의 반응을 지표로 자신의 욕구를 이해할 수 있는 적절한 시기에 시작하고, 자신의 문제를 인정하고 치료자의 해석을 수용할 준비 정도에 따라 진행한다. 이외에도 해석은 문제의 표면에서부터 시작해서 통합할 수 있는 범위 안으로 깊게 들어가며, 이해 가능한 적절한 수준의 내용으로 해석한다. 그리고 클라이언트의 정서와 갈등을 해석하기 전에 특히 방어, 저항하는 부분을 집중적으로 해석한다.

(7) 정신분석 이론의 평가

정신분석은 인간의 성격 및 행동연구에 대한 기본 이론으로 21세기 상담 및 심리치료 현장에서 가장 많이 연구·적용되고 있으며, 대표적인 학자인 프로이트의 위대한 업적에 해당되는 이론이다.

❶ 공헌점

정신분석 이론은 인간 본성의 핵심인 삶의 본능과 죽음의 본능 간의 투쟁과 원초아, 자아, 초자아라는 성격의 세 요소 간의 무의식적 역동, 불안과 신경증의 병리적 관계와 작용, 성심리 발달 5단계(구강기, 항문기, 남근기, 잠복기, 생식기) 등 인간의 심리를 심층적으로 연구한 최초의 심리역동 상담 이론이다. 먼저 정신분석 이론의 장점으로 첫째, 인간의 성격구조 및 성격의 발달과정과 문제까지 완전한 내용의 성격 이론이다. 둘째, 인간심리를 체계적·심층적으로 연구한 최초의 이론으로 다양한 학자들의 의해 창시된 상담 및 심리치료 이론의 기초를 제공했다. 셋째, 인간 정신에서 무의식의 기능과 작용을 최초로 발견하고 분석 기법을 개발함으로써 인식영역에서 제외되어 있는 욕구와 동기를 이해할 수 있는 상담 이론이다. 넷째, 성격의 발달을 생물학적 측면에서 성본능을 기본으로 5단계로 구분해서 각 단계의 발달특성과 문제를 설명한 프로이트의 주장은 다른 성격 이론의 기초를 제공했다. 다섯째, 정신분석 이론이 제시한 다양한 분석기술은 치료자가 클라이언트를 이해하고 갈등의 원인을 통찰할 수 있는 준거의 틀로써 이용 가능하다.

❷ 제한점

인간행동을 설명하는 행동주의, 인본주의, 인지발달 이론과 더불어 다양한 심리상담 및 치료 이론의 근간이 되는 정신분석 이론의 탁월성에도 불구하고 프로이트의 제자를 비롯한 많은 학자들에 의해 연구되면서 장점을 포함해서 단점의 지적과 함께 제한점들이 제시되었다. 단점으로는 첫째, 인간 정신의 연구기초에 무의식과 과거에 대한 집착으로 현재의 영향력을 무시한 경향이 있다. 둘째, 인간의 본능적 측면, 특히 성 본능을 지나치게 강조해서 인간의 환경적·사회·문화적인 요소의 중요성을 고려하지 못했다. 셋째, 인간의 인격 및 자각의 구조로 제시된 다양한 개념들이 분명하지 못하고, 치료자의 분석 및 해석 능력에 의존하기 때문에 객관성 결여로 인해 과학적인 증명연구가 불가능하다. 넷째, 치료자의 정신분석 훈련기간이 많이 걸리고 장기간의 상담기간이 요구되기 때문에 클라이언트, 치료자의 인내력과 함께 비용 및 시간 등 실제 응용상의 문제가 부각된다.

제한 및 한계성으로는 클라이언트의 과거 회상에 대한 치료자의 해석에 의존하는 상담기법이기 때문에 클라이언트가 비협조적이거나 심한 정신병 환자인 경우에는 상담 및 심리치료가 불가능하다.

02 에릭슨의 심리사회 이론

1) 개관

에릭슨(1902~1994)

에릭슨(Erikson)의 심리사회 이론은 정신분석 이론에 기초하였으나, 초기 아동기 이후의 발달에서 사회적 측면을 강조하고, 인간 발달에 프로이트의 성심리 이론과 심리사회적 요인을 모두 포함하는 통합된 관점을 제시하였다. 에릭슨은 성심리 성장과 심리사회적 성장은 동시에 일어나고, 생의 각 단계마다 사회와 균형을 이루어야 하는 발달과제가 있으며, 그 과제를 성취하지 못하면 사회적 위기를 경험하게 된다고 주장했다. 따라서 위기(crisis)라는 것은 생의 전환점을 의미하며, 다음 단계발달을 결정하는 유기적 요인으로 작용한다.

에릭슨은 발달을 연속적인 과정으로 보아 본능보다는 전 생애에 걸쳐 우월과 유능을 추구하는 자아의 역할이 중요하며, 자아는 발달과제를 유능하고 창조적으로 처리할 수 있는 능력과 힘을 가지고 있다고 보았다. 따라서 에릭슨의 심리사회 이론은 인간 성격과 행동발달의 심리사회적 요인과 자아의 역할을 간과한 프로이트 이론을 보완하는 동시에 발달 이론을 전 생애로 확장하여 영아기, 유아기, 학령 전기, 학령기, 청소년기, 성인기, 중년기, 노년기의 8단계로 구분하였다.

2) 에릭슨의 생애

에릭슨(Erick. H. Erikson, 1902~1994)은 독일의 프랑크푸르트 지방에서 덴마크인 아버지와 유대인 어머니 사이에서 혼외자녀로 출생했다. 3세경에 어머니가 재혼하면서 유대인 계부와 함께 살게 된 에릭슨은 키가 크고 금발에 푸른 눈을 가진 전형적인 북유럽 사람의 모습으로 유대인 소년 친구들 사이에서 '이방인' 취급을 받게 되었다. 이와 함께 심리적으로 많이 방황했던 에릭슨은 고등학교를 졸업하고 대학을 진학하는 대신에 자신을 찾기 위해 유럽을 여행하게 되었다. 에릭슨은 이 시기를 '심리적 유예기(moratorium)'라고 했다.

25세경에 에릭슨은 안나 프로이트(Anna Freud)가 설립한 빈 학교에서 아동 정신분석학을 연구하였으며, 결혼과 함께 미국으로 건너가 보스턴에 정착해서 최초의 아동분석가가 되었다. 그 후 예일 대학에 재직하면서 인디언 보호구역에 들어가 그들 고유의 정체성이 모든 발달의 기본이 되는 것을 확인하였다. 특히 자아의 발달과 함께 개인의 정체성이 청소년기에 형성됨을 발견한 에릭슨(Erikson, 1963)은 청소년기(11~22세 정도)를 전 생애 발달과정에서 가장 중요한 시기라고 강조했다.

에릭슨은 비록 정규학위는 받지 못했지만 하버드대학에서 종신교수직을 수행하였다. 또한 그를 대표하는 저서 『아동기와 사회(Childhood Society)』에서 성격발달의 생물학적 요인을 강조하였던 프로이트의 이론을 수정·발전시켜서 성격발달의 심리사회적 측면인 타인과 사회적 관계에 초점을 맞추고, 인간의 성격발달을 8단계로 체계화하였다.

3) 인간관

에릭슨은 인간을 합리적이며 더 나아가 창조적 존재로 보고 있다. 즉, 인간을 내적 통합성, 좋은 판단력 그리고 성공할 수 있는 능력을 지니고 있는 합리적이고 이성적이며 창조적인 존재로 규정하고 있다. 또한 인간을 총체적 존재로 보고 있으며 환경 속의 존재로 규정하고 있다. 즉, 인간을 제대로 이해하기 위해서는 생리, 심리, 사회적 총체로 보아야 한다고 하였다. 인간의 행동은 생물학적 성숙에 의해서만 결정되는 것이 아니라고 보았으며, 개인의 심리적 요인과 문화적 요인의 영향을 특히 중요시하였다. 인간은 가변성을 지닌 존재, 즉 인간의 발달은 전체 생활주기를 통해 지속된다고 보았다.

4) 주요 개념

(1) 자아

프로이트는 자아가 원초아와 초자아의 세력 중간에 있다고 보았으나, 에릭슨은 이 두 세력을 어느 정도 무시하고 자아가 자율적인 기능을 하는 것으로 간주하였다. 즉, 인간의 성격이 본능이나 부모에 의해 영향을 받는 것보다 부모, 형제, 다른 사람들을 포함한 사회의 모든 구성원에 의해 영향을 받는다고 보았다.

(2) 자아정체감

에릭슨의 자아정체감(ego identity)은 두 가지 측면을 가진다. 첫째, 내적 측면은 시간적 자기동일성과 자기연속성의 인식으로 시간이 경과하면서 자기 자신을 지금까지의 자신과 같은 존재로 지각하고 수용하는 것이다. 둘째, 외적 측면은 문화의 이상과 본질적인 양상을 인식하면서 그것과 동일시하는 것이며, 타인과 본질적인 특징을 공유하는 것이다.

(3) 점성원칙

심리사회적 자아발달은 점성원칙(epigenetic principle)을 기초로 한다. 점성원칙이란 성장하는 모든 것은 기초를 가지며 이 기초 안에서 부분이 발생한다. 또한 각 부분이 특별히 우세해지는 시기가 있으며, 이 모든 부분이 발생하여 기능하는 전체를 이루게 되는 것이다.

(4) 발달적 위기

에릭슨은 "인생의 8단계는 각 단계마다 특정하게 발달해야 하는 심리사회적 특성이 있고, 그 특성 발달을 완성하기 위해서는 사회적으로 요구하는 발달과제를 성취 또는 해결해야 한다"고 주장하였다. 그러나 각 단계의 심리사회적 특성은 긍정적으로 발전할 수도 있고 부정적으로 발전할 수도 있으며, 각 단계에서 발달한 심리사회적 특성은 한 번 형성되면 변화하지 않고 그다음 단계에 영향을 미치게 된다. 따라서 각 단계에서 정상적·긍정적으로 발달하지 못한 과제는 위기를 조성하여 다음 단계 발달의 지장을 초래하게 된다.

5) 심리사회적 발달단계

에릭슨의 심리사회적 발달 이론은 인간발달이 출생에서 사망까지 계속된다는 견해를 기초로 프로이트의 성심리 5단계 발달을 확대·발전시켜서 8단계로 제시하였다. 또한 에릭슨은 정상적인 인간을 대상으로 수집된 자료분석을 통해 인간은 사회적 관계 속에서 성숙·발달하는 과정을 설명하였다. 에릭슨은 8단계의 발달과정 중에 발생하는 위기는 해결하기에 따라 긍정적·부정적 결과를 초래해서 건강의 균형이 두 개념 사이에 위치하지만 긍정적인 결과가 더 우세해야 한다고 보는 입장이다.

표 7-2 심리사회적 발달 8단계

단계	시기	연령	적응 대 부적응	기본적 쟁점	주요 관계	주요 병리	성심리 단계
1	영아기	0~1.5세	신뢰감 대 불신감	희망	어머니	철퇴	구강기
2	유아기	1.5~3세	자율성 대 수치심 및 의심	의지	부모	강박	항문기
3	학령 전기	3~6세	주도성 대 죄책감	목적	가정	억제	남근기
4	학령기	6~12세	근면성 대 열등감	유능성	이웃, 학교	비활성	잠복기
5	청소년기	12~20세	자아정체감 대 역할 혼미	성실	또래집단	거절	생식기
6	성인초기	20~40세	친밀감 대 고립감	사랑	우정, 애정, 동료	배타심	
7	중년기	40~65세	생산성 대 침체성	보호	직장, 확대가족	거부	
8	노년기	65세 이후	자아통합 대 절망감	지혜	인류, 민족	경멸	

심리사회적 발달 8단계의 발달특성과 발달과제, 긍정적 발달결과와 부정적 발달위기를 설명하면 다음과 같다.

(1) 1단계(0~1.5세) 영아기 : 신뢰감 대 불신감(trust vs. mistrust)

프로이트의 구강기에 해당하는 이 시기는 구강 만족 이외에도 어머니의 양육이 영아에게 심리사회적으로 만족감과 안정감을 제공할 수 있는 시기이다. 영아는 자신을 돌보아 주는 어머니와의 관계에서 어머니가 신체적·심리적 욕구를 즉각적으로 충족시켜주고 일관성 있게 돌보아 주게 되면 어머니를 신뢰하게 된다. 또한 어머니와의 신뢰감이 형성되면 주변 사람들에게도 신뢰적인 태도를 가질 수 있게 된다. 그러나 반대로 어머니로부터 지속적이고 일관된 보살핌을 받지 못한 영아들은 타인과 주변 세계에 대해 불신감과 두려움, 의심 등의 부정적인 감정이 형성된다.

에릭슨은 신뢰감을 형성하는 이 시기를 생의 후기에 건강한 성격과 사회적 관계 형성에 매우 중요한 시기로 간주하였다. 따라서 이 시기의 영아는 부모의 사랑과 관심이 넘치는 온정적인 환경에서 양육되어 그 결과로 신뢰감을 획득할 수 있어야 한다고 강조하였다.

(2) 2단계(1.5~3세) 유아기 : 자율성 대 수치심, 의심(autonomy vs. shame and doubt)

이 시기의 유아는 새로운 신체적 능력을 얻게 되면서 부모에게서 벗어나 스스로 선택하고 자신의 의지대로 행동하고자 하는 자율성이 발달하게 된다. 그러나 프로이트의 항문기에 해당하는 이 시기는 외부로부터 배변통제를 포함하여 혼자 식사하기, 옷 입기, 언어학습 등의 다양한 외적 훈련을 받게 되면서 부모와의 갈등을 경험하게 되고 이를 통해 유아는 사회적 기대와 압력을 이해하게 된다. 따라서 부모가 이 시기 유아의 발달특성을 고려하여 인내와 격려로 다양한 활동을 허용하면서 훈련하게 되면 유아는 발달과제를 순조롭게 완수하면서 자율성을 획득하게 된다. 반대로 유아의 발달과 의사를 무시하고 강압적인 훈련을 가하게 되면 유아의 분노가 내부로 향하게 되면서 자신의 통제능력 상실에 대한 수치심과 의심을 느끼게 되면서 후기 자존감 및 자아정체성 발달에 지장을 초래하게 된다.

(3) 3단계(3~6세) 학령 전기 : 주도성 대 죄책감(initiative vs. guilt)

프로이트의 남근기에 해당하는 시기로, 유아의 활동이 증가하면서 언어의 급속한 발달과 함께 새로운 과업과 기술을 습득하게 된다. 이와 함께 유아는 자신의 행동을 스스로 통제하기 시작하고, 자신의 행동이 생산적임을 인정받기 위해 노력하게 된다. 그리고 언어나 운동기술 능력의 발달과 함께 다양한 사회놀이에 자율적으로 참여하게 되면서 자신의 행동을 주도적으로 계획하고 부가적인 책임의식을 갖기 시작한다. 따라서 이 단계에서 부모나 주변 조건이 유아의 생각이나 행동을 격려하고 인정하는 환경이 조성되면 긍정적 결과로 주도성을 획득하게 된다. 반면에 유아의 주도적인 행동에 대한 주변의 지나친 간섭이나 통제를 통해 유아가 자신의 계획과 목표를 달성하지 못하고 실패를 경험하게 되면서 주도성 상실과 함께 죄책감을 경험하게 된다.

(4) 4단계(6~12세) 학령기 : 근면성 대 열등감(industry vs. inferiority)

이 단계는 아동이 학교라는 형식적 교육을 경험하는 시기로 아동은 읽기와 쓰기, 셈하기 등의 기본 학습능력을 배양해야 한다. 아동이 이러한 새로운 기능을 습득해서 주위 사람들로부터 보상과 인정을 받게 되면 학습의욕이 강화되면서 근면성을 발달시킨다. 그러나 학습능력의 부족으로 근면성을 발달시키지 못하고 거듭해서 실패의 경험을 하거나 다른 아동과 비교를 당하게 되면 열등감을 느끼게 된다. 또한 이 시기는 학교생활과 함께 또래관계가 확대되면서 사회생활에 필요한 기능과 문화적 요소들을 습득하게 된다. 또래와의 놀이 역시 이 시기의 아동들이 상호 약속된 규칙을 준수하고 관계 유지를 위해 서로를 존중하면서 자기조절 능력 및 사회성을 배우게 된다.

에릭슨은 이 시기의 아동들이 획득하게 되는 근면성은 청소년기 자아정체감 형성에 결정적인 역할을 한다고 주장하였다. 따라서 이 시기 아동의 부모는 자녀에게 지나치게 학습의 부담감을 주거나 다른 아동과 비교 평가하는 태도들을 지양하여 열등감이 형성되지 않도록 주의해야 한다.

(5) 5단계(12~20세) 청소년기 : 자아정체감 확립 대 역할 혼미(identity vs. role confusion)

인생 제2의 성장 급등기인 이 단계는 급격한 신체적·인지적 변화와 함께 자신의 존재에 대해 새로운 의문과 탐색이 시작되는 시기이다. 또한 새로운 사회적 갈등과 요구가 대두되면서 자신의 정체성을 찾기 위해 혼란과 방황을 경험하게 된다.

에릭슨은 인생 주기 중에서 청소년기를 강조하고 이 시기를 자아정체감이 형성되는 결정적인 시기라고 했다. 자아정체감이란 자기동일성에 대한 자각으로 자기의 위치와 능력, 역할 및 책임에 대한 분명한 인식이다. 그러므로 청소년들이 인생의 중요한 결정의 기초가 되는 자기를 정립하는 이 시기에 긍정적인 자아정체감이 확립되면 장래진로와 직업선택, 성인기 자립생활 등을 성공적으로 설계할 수 있게 된다. 반대로 심리적 고민과 방황의 기간이 길어지게 되면 정체감의 혼미로 인해 위기를 경험하게 되며, 이후의 여러 결정상황에서 혼란과 갈등을 경험하게 되는 동시에 부정적인 자아정체감이 형성된다.

(6) 6단계(20~40세) 성인 초기 : 친밀감 대 고립감(intimacy vs. isolation)

이 단계는 직업과 배우자를 선택해서 자신만의 고유한 성인 생활을 시작하는 시기로 건강한 결혼과 인간관계를 위해서는 자신과 타인과의 동일성을 공유해서 사회구성원들과 친밀한 관계를 형성해야 한다. 따라서 이 시기의 주요 발달과업은 친밀감 형성으로 자아정체감이 분명하게 확립된 사람은 이미 친밀에 대한 준비가 되어 있는 것이다. 그러나 정체감이 확립되지 못했거나 타인들과 깊은 감정과 사고를 교류하는 데 실패한 사람은 자신에게만 몰두하면서 고립된다.

(7) 7단계(40~65세) 중년기 : 생산성 대 침체성(generativity vs. stagnation)

이 단계에서 요구하는 생산성은 자녀 양육이나 후학 배출 등 다음 세대를 확립하고 지도하는 사회적 성취와 연결되어 있다. 또한 이 시기의 성인들은 가정과 사회에서 중심이 되는 성공한 인물로 자리하게 되면서 학문적·예술적·직업적으로 업적을 남기게 되며, 이를 통해 다음 세대 육성에 기여할 수 있게 된다. 그러나 자신의 자리에서 성공하지 못해서 아무런 발전을 이루지 못한 사람들은 생산성을 발휘하지 못하고 사회적으로 위축되면서 타인에 대한 관대함이 결여되고 자신에게만 몰두하게 되고 심한 침체에 빠지게 된다.

(8) 8단계(65세 이후) 노년기 : 자아통합 대 절망감(integrity vs. despair)

인생의 마지막 단계인 노년기에 해당하는 이 시기는 신체적 노쇠함과 직업에서의 은퇴, 친구나 배우자의 사망 등 질병의 고통과 소외감으로 인생의 무상함을 느끼게 된다. 따라서 자신의 지나온 삶에 대해 보람과 가치를 찾지 못하고 무의미하고 후회되는 인생으로 간주하게 되면 절망감에 빠지게 되면서 죽음을 자연스럽게 수용할 수 없게 된다. 그러나 이전의 단계에서 발달과제를 정상적으로 성취했으며 자신이 살아온 삶에 대해 보람을 느끼고 진정한 의미를 깨닫게 되면 높은 차원의 인생철학으로 자아를 통합해서 죽음도 겸허하게 받아들일 수 있게 된다.

6) 에릭슨 이론의 평가

(1) 공헌점

에릭슨은 인생주기를 8단계로 노년기까지 보았으며, 특히 그중에서 청소년기를 강조하고 이 시기를 자아정체감이 형성되는 결정적인 시기라고 하였다. 청소년기에 자아정체감 형성이 중요한 이유로 에릭슨은 청소년기를 신체적·심리적·성적으로 급격하게 성장하면서 성인기로 진입하는 시기임과 동시에 인생의 중요한 결정의 기초가 되는 자기를 정립하는 시기이기 때문이라고 했다. 또한 에릭슨은 청소년기에 급격한 변화 속에서 적절히 대처할 수 있는 가장 중요한 발달과업이 바로 자아정체감 확립이며, 건전한 인격형성과 성인으로서 삶을 구성하는 데 의미와 방향, 목표, 현실관여를 주도하는 과업으로 '자아정체감 대 역할 혼미'로 설명함으로써 청소년 상담 목표에 분명한 목표와 방향을 제시하였다.

(2) 제한점

에릭슨이 인간의 발달단계를 8단계로 확장해서 각 단계의 기본과제와 문제점을 성취와 실패로 구분해서 발달의 긍정적·부정적인 측면을 구체적으로 설명했지만 프로이트의 정신분석 이론과 마찬가지로 발달단계 구분의 과학적인 근거제시가 부족하고 각 개념들의 모호성에 대해 비판을 받고 있다. 또한 에릭슨의 이론도 심리역동적 이론으로 과거행동에 대한 설명은 가능하지만 미래 행동에 대한 예측은 어렵기 때문에 추론적이라는 비평을 받고 있다.

03 아들러의 개인심리학

1) 개관

아들러(Alfred Adler, 1870~1937)에 의해 창시된 개인심리학(individual psychology)은 인간에 대해 현상학적·사회학적 관점을 가진 심리치료 이론인 동시에 사회심리학이다. 아들러가 자신의 이론을 '개인심리학'이라 부른 것은 인간은 단일하며 분할할 수 없는 총체적(whole)인 존재로서 그 자체가 모순이 없는 통합된 실체로 보았기 때문이다. 또한 인간은 현상적 자아에서 가공적 목적(fictional goal)을 끊임없이 추구하는 창조의 존재, 책임지는 존재, 선을 실현하는 존재로, 완성을 향해 '형성되어가는 존재'라고 주장하였다.

그리고 인간의 성격형성과 발달에 사회적 요인의 중요성을 강조하면서 인간의 사회적 관심은 선천적인 것으로 개인의 사회적 관계의 확대와 함께 경험하게 되는 열등감은 극복이라는 보상의 노력으로 우월성을 추구하며, 이러한 과정에서 성격의 핵심인 생활양식이 형성된다고 보았다. 아들러가 주장하는 사회적으로 유용한 생활양식(socially useful lifestyle)의 의미는 정신적으로 건강한 개인들이 일(work)과 성(sex), 사회(society)와 자기 자신에 대한 개인적인 관심을 사회적 관심과 일치하도록 노력하는 것이다(R. J. Corsini, 1984).

이러한 개인심리학의 주요 이론과 원리는 아들러 자신의 초기 생활에서 그 근거를 찾아볼 수 있는 열등감(inferiority)과 우월성(superiority)의 감정에 기초하고 있다. 그의 어린 시절은 질병과 사고, 학교에서의 실패 등으로 심한 열등감이 특징이었다. 그러나 이러한 열등감은 우월하게 되려는 보상적 충동을 통해 이후에 자기성공과 발전의 동기로 작용하였다. 따라서 개인심리학에서의 치료자의 역할은 자기패배적 행동으로 귀결될 수 있는 환자의 잘못된 열등감을 평가하는 동시에 개인의 사회적 관심을 확대해서 자기중심의 이기주의 및 고립, 의존 등 사회적으로 무용한 행동을 감소하고, 긍정적인 대인관계와 건전한 생활양식으로 환자가 사회적으로 유용하게 살아갈 수 있도록 돕는 것이다. 그리고 이를 위한 개인심리학의 치료방법은 환자의 열등감과 사회적 감정을 자극하고 부적절한 생활양식을 재교육하여 환자로 하여금 사회에 반응할 뿐 아니라 평등한 개체로서 타인과 대등하게 사회에 기여할 수 있는 존재로 개선 또는 증진시키는 것이다. 그러므로 개인심리학의 상담과정은 치료자로 하여금 자신의 열등감 콤플렉스와 생활양식의 발달과정을 이해하고 이것이 현재 생활에 어떤 영향을 주고 있는지를 깨닫게 하여 그의 생활목표와 생활양식을 재구성하여 사회에 올바로 적응할 수 있도록 하는 사회화(socialization)의 과정이다.

아들러 개인심리학은 초기에는 제한적으로 아동들에게만 적용되어왔지만, 오늘날에는 인간을 실제적·전체적·사회적·목적론적 관점(R. J. Corsini, 1984)에서 제시한 선구적인 이론으로 간주되어 여러 분야에서 다양하게 사용되고 있다. 그 예로 가족 분위기, 가족형태, 가족구성원의 생활양식 등에 초점을 두고 있는 아들러 이론은 가족치료에 유용한 이론을 제공하고 있다. 또한 열등감은 집단 내에서 효과적으로 도전되고 극복될 수 있으며 사회적·정서적 문제의 근원인 잘못된 생활양식은 집단경험을 통해 변화 가능하기 때문에 집단상담에서도 유용하게 적용되고 있다. 이와 같이 아들러의 이론은 심리학의 모든 영역과 교육 및 사회현장에서 다양하게 적용되면서 초등학교의 생활지도에서부터 정신치료에 이르기까지 폭넓게 활용되고 있다. 그럼에도 불구하고 현재 한국의 심리치료와 상담현장에서는 아들러의 개인심리학을 중시하지 않고 있으며, 다만 상담에서만 그의 대표적인 열등감 이론을 제한적으로 사용하고 있다. 이에 본 장에서는 사회심리학과 연관된 아들러의 이론을 구체적으로 고찰하면서 그의 인간에 대한 철학과 삶의 배경, 사고와 이론이 19세기 철학으로부터 현대 심리치료와 사회심리학 발전에 미친 영향에 대해 기술하였다.

2) 아들러의 생애

알프레드 아들러(Alfred W. Adler)는 1870년 2월 7일 오스트리아 빈에서 5남 2녀 중 셋째로 출생하였다. 유년기 시절부터 신체적으로 병약했던 아들러는 건강하고 뛰어난 형의 그늘에 가려 성장하면서 많은 열등감을 경험하였으며,

형에 대한 질투로 인해 아동기를 불행하게 보냈다. 또한 아들러는 어린 시절 구루병과 후두염, 폐렴 등과 같은 질병으로 많은 고통을 받았고, 이로 인해 부모로부터 과잉보호를 받았으나 동생이 태어난 후 어머니의 사랑을 잃었다. 그 후 아버지와의 관계는 원만했으나 어머니에 대한 신뢰와 애정의 관계는 회복되지 못했으며 이것 역시 어린 시절 불행의 원인이 되었다.

이외에도 아들러는 두 번의 교통사고로 인해 병원생활을 계속했으며, 이러한 여러 가지 건강하지 못한 기억들은 아들러에게 심한 열등감으로 남아서 그를 몹시 괴롭혔다. 그러나 그는 이러한 열등감을 극복하기 위해 피나는 노력을 한 결과 학급에서 가장 우수한 학생이 되기도 하였으며, 이러한 성장 초기의 고통과 어려움은 그의 개인심리학 이론의 기초가 되었다.

아들러가 의사가 되기로 결심하게 된 동기는 다섯 살 때에 심한 폐렴에 걸려서 죽을 고비를 넘기고 난 후부터이다. 이를 실천하여 18세에 당시 유럽에서 유명한 빈 의과대학에 입학하게 되었으며, 대학시절의 사회적 경험은 그의 성격 이론에 많은 영향을 주었다. 1895년 빈 의과대학을 졸업하고 안과의사로서 일하기 시작하였으며, 후에 내과 전문의를 거쳐 정신과 의사가 되었다(H. L. Ansbacher, 1956).

정신과 의사가 된 후에 아들러는 1902년부터 1911년까지 프로이트와 같이 활동하면서 빈 정신분석학회를 맡기도 하였다. 그러나 점차 프로이트의 범성론과 결정론과 대립하게 되면서 1912년에는 정식으로 정신분석학회를 떠나 학회 명칭을 개인심리학회로 변경하였다. 그 후 아들러는 개인심리학 이론의 체계에 따라 개인의 열등감(추동), 무의식, 의식행동, 사회적 관계 및 생활양식을 집중적으로 연구하기 시작하였으며, 한편으로는 적극적으로 저술활동을 하였다. 그의 300여 권의 저술 중 대표적인 저서는 『신경증의 체제(The neurotic constitution, 1912)』, 『개인심리학의 이론과 실제(The practice and theory of individual psychology, 1924)』, 『삶의 과학(The science of living, 1927)』, 『인간 본성의 이해(Understanding of human nature, 1927)』, 『신경증의 문제(The problem of neurosis, 1927)』, 『문제아동(The problem child, 1930)』, 『인생이 당신에게 의미해야 하는 것(What life should mean to you, 1931)』, 『사회적 관심(Social interest, 1933)』 등이 있다(이현수, 1998).

또한 아들러는 학생시절부터 사회문제에 많은 관심을 가지고 문제 학생을 돕는 것을 비롯해서 학교개혁, 아동양육, 가족 간의 갈등문제 등에 대해 많은 연구와 함께 논문을 발표하였다. 이와 함께 일반 대중을 위해 개인심리학의 이론을 기초로 1920년 빈 공립학교에 아동생활지도센터를 개설하고 교사, 심리학자, 사회사업가, 의사, 기타 여러 전문가 집단들을 교육하기 시작하였다. 1920년서부터 1934년까지 그가 창설한 28개의 아동상담소와 클리닉은 많은 사람들로부터 호응과 관심을 받았으며, 이러한 관심은 아들러가 후에 사회분석가로서 자신의 생각과 이론을 정립하는 데 매우 중요하게 작용하였다.

1930년대 초, 아들러는 미국으로 이주하여 여러 대학에서 개인심리학 이론을 강의하였으나 그의 이론은 충분히 인식되지 않았다. 그러나 시간이 지남에 따라 여러 훈련센터를 통해 인기를 얻기 시작했으며, 이를 계기로 미국에 아들러심리학회(American Society for Alderian Psychology)가 창설되었다. 그 후 아들러학파의 대표적 학자인 루돌프 드라이커스(Rudolf Dreikurs)와 돈 딩크메이어(Don Dinkmeyer)의 연구과 저술을 통해 개인심리학의 이론과 기법이 보급되면서 급격하게 성장하였다. 1939년 5월 28일, 스코틀랜드 에버딘에서 강연을 앞두고 산책하던 중 심장마비로 사망하였다. 현재 미국을 위시해서 유럽 등 거의 모든 나라에서 아들러의 개인심리학에 대한 연구가 활발하게 이루어지고 있으며, 아들러학파의 전문가들은 현재 아동 및 청소년, 가족 등 개인과 집단을 대상으로 그의 이론과 기술들을 적용하고 있다. 이와 함께 많은 훈련센터에서 아들러 심리치료, 상담, 아동생활지도 등의 자격증을 제공하고 있다.

3) 인간관

아들러는 인간에 대해 단순히 유전형질이나 환경에 의해 결정되는 것이 아니라 선천적으로 사회적 요구를 가지고 있으며, 이에 의해 움직이는 사회적 존재로 보았다. 또한 인간은 유일하고 단일한 존재로 그 자체가 모순이 없고 통합된 창조적인 체계로 정의하면서 인간을 총체적·사회적·목표 지향적·인본주의적 입장에서 조명하였다. 이를 구체적으로 정리하면 다음과 같다.

① 인간은 통일된 유기체로 단일하고 분할할 수 없는 전인(全人, whole being)이며 그 자체가 모순이 없는 실체이다.

② 인간은 사회적인 존재로서 모든 사람은 타인 및 주변 환경과 사회적 관계를 맺을 수 있는 선천적인 능력을 가지고 태어나며, 이러한 관계를 통해 개인의 생활양식이 형성된다.

③ 인간은 창조적인 존재로서 자신의 삶을 결정할 수 있을 뿐만 아니라 자신만의 고유하고 독특한 삶의 방식을 개발한다.

④ 인간은 자기의 선택과 운명에 책임지는 존재로서 삶의 희생물이 아니라 자신의 주관적인 지각과 경험에 따라 행동하고 결정한다.

⑤ 인간은 선의 잠재력을 실현하는 존재로서 개인의 잠재력을 개발, 역동적으로 완성을 추구하며 중요한 인생목표를 향해 끊임없이 노력하는 전체적인 개인이다.

4) 주요 개념

아들러는 인간을 단일하고 분리할 수 없으며(indivisible), 자아일치(self-consistent)된 총체적이고 통합된 실체(unified entity)로 보았다. 또한 아들러는 자신의 인생 초기 경험을 성격 이론에 접목하면서 가족과 사회와 연관된 새로운 개념들을 창출하였다. 아들러가 제안한 주요개념으로는 열등감(inferiority feelings), 보상(compensation), 우월성 추구(strivings for superiority), 생활양식(lifestyle), 성격의 통합성(unity of the personality), 창조적 자아(creative self), 출생순위(order of birth), 사회적 관심(social concern) 등이 있다. 이러한 개념들은 아들러의 인간관과 성격 이론, 심리치료 이론 등의 근간으로 전체 이론의 핵심으로 작용하고 있다.

(1) 열등감, 보상(inferiority feelings and compensation)

아들러가 가장 먼저 관심을 가졌던 열등감의 개념으로는 신체적으로 성장이 억제되거나 전체 혹은 부분으로 변형된 신체기관에 대한 열등감이다. 질병은 신체적으로 열등한 기관을 공격하기 때문에 그 자체가 병에 영향을 받기 쉬울 뿐만 아니라 이는 개인의 심리적 경험에도 영향을 미치게 된다. 그 예로 아동들의 잘못된 문제행동이 기관열등감에서 출발하여 실패한 보상에 귀인될 수 있다는 것을 제시하였다.

아들러는 출생 시 전체적으로 아주 무능한 존재로 태어나는 인간은 주변 사람들의 보호와 관심을 바랄 수밖에 없기 때문에 인간의 열등감은 본질적인 추구욕구로 누구나 경험하게 되는 것이다. 그러므로 아들러는 인간의 열등감 그 자체가 문제가 아니라 개인이 자신의 열등감에 대해 취하는 태도가 중요함을 강조했다. 만약 태도가 긍정적이면 그 결과 자체는 바람직한 보상으로 나타나게 되며, 반면에 태도가 무기력하거나 부정적이면 열등감은 개인의 전반적인 삶에 영향을 미쳐서 '과장된 열등감' 혹은 '열등감 콤플렉스(inferiority complex)'로 전환하게 된다. 이와 같이 인간의 열등감은 누구에게나 존재하며, 인간이 성숙해지고 자신의 잠재력을 실현하는 데 필요하다.

보상(compensation)은 잠재력을 발휘하도록 인간을 자극하는 건전한 반응이다. 인간은 항상 좀 더 나아지기를 원하기 때문에 본질적으로 열등감을 경험하게 된다. 좀 더 나은 상태로 나아가기 위해 신체적·정신적인 기술을 훈련하여 부족한 점을 충족하려는 시도가 바로 보상이다.

(2) 우월성 추구(striving for superiority)

우월성을 향한 인간의 열등감 보상의 욕구는 잠재적인 것으로 열등감과 함께 삶의 기초적 사실로서 유아기의 무능과 열등에 뿌리를 두고 있으며 정상인, 비정상인 모두에게 공통으로 존재하는 것이다. 인간의 우월성 추구의 과정에서 많은 힘과 노력이 소모되며, 추구목표에는 긍정적·부정적인 방향이 있고, 개인 또는 사회수준에서 동시에 일어난다(이형득, 1994). 또한 인간의 우월성 심리추구 현상은 부족한 것은 보충하고, 낮은 것은 높이고, 미완성의 것은 완성하며, 무능한 것은 유능하게 만드는 경향성이다(김충기, 1990). 따라서 우월성은 개인이 타인과 사회와의 적응과정에서 갈등하는 관계가 아니라 조화할 수 있는 관계를 만들어서 환경을 보다 잘 통제하기 위한 노력으로 설명하였다. 이와 같이 아들러의 우월성 추구는 사회적으로 탁월한 것, 지도성 또는 높은 지위를 의미하는 것이 아니라 인본주의에서 추구하는 자아실현의 원리와 비슷한 의미로, 아들러는 이것을 '위대한 향상의 요구(the great upward drive)'라고 하였다. 따라서 타인과의 비교 시 열등감을 느끼게 되면 보상적 노력으로 우월성 추구의 방법을 선택하게 되는데, 우월성 추구 대신 힘(power)을 추구하는 경우에는 힘의 공격(power aggression) 현상으로 공격이나 정복, 타인 비하 등의 행동이 나타날 수 있다. 이와 같이 우월성의 목표는 양면성으로 긍정적·부정적인 경향이 있으며, 긍정적 경향은 사회적인 관심이나 다른 사람의 행복을 지향하는 이타적 목표이며, 부정적 경향은 개인적인 우월성을 추구하는 자기존중, 권력, 개인적인 허세와 같은 이기적인 목표에 해당된다(이인정·최해경, 2000).

(3) 생활양식(lifestyle)

아들러의 생활양식은 자기 혹은 자아, 성격, 개성 또는 문제에 대처하는 방법과 삶에 공헌하려는 소망 등으로 정의되며, 한 개인의 독특성, 삶의 목적, 자아개념, 가치, 태도 등이 포함되어 있다. 이는 한 개인이 자신의 생의 목표에 도달하기 위하여 스스로 설계한 독특한 좌표(route)로서 개인의 성격을 움직이는 체계적 원리라고 할 수 있다.

아들러는 정신분석에서와 마찬가지로 4~5세경에 생활양식이 형성·결정되며 변화가 어렵다고 보았다. 아동기 이후에 형성되는 생활양식은 생애 초기에 이미 형성된 기본적 생활양식이 단순히 구체화되고 특수화된 것이라고 했다. 그러나 인생의 중요한 문제는 성(sex)이 아니고 개인의 열등감으로 우월성 추구 과정에서 형성된 생활양식이라고 말하였다.

개인의 생활양식에는 4가지 유형(지배형, 의존형, 회피형, 사회형)이 있으며, 일반적으로 사람들이 신체기관의 열등, 허약한 체질 또는 환경적 요인에서 비롯되는 사회적 결핍으로 인해 잘못된 생활양식이 형성되는 것으로 간주했다.

❶ 지배형(ruling type)

사회적 인식이 부족한 사람으로 독단적이고 공격적·활동적이며 인간 중심이기보다는 일 중심적이다. 타인의 안녕과 복지에 관심이 없고 지배하려는 태도를 가지고 있는 비사회적 유형이다.

❷ 의존형(getting type)

타인에 붙어서 기생하는 방식으로 외부세계와 관계하며 타인 의존을 통해 자신의 욕구를 충족한다. 사회활동 수준이나 독자적인 발전, 성공의 수준이 낮은 것이 특징이다.

❸ 회피형(avoiding type)

실패를 두려워하기 때문에 사회적 활동과 관심의 수준이 낮으며, 생활의 모든 문제를 해결하기 위해 노력하기보다는 우선 회피하고 자신과 일에 대한 책임감이 거의 없다.

❹ 사회형(socially type)

심리적으로 건강한 사람으로 자신과 타인의 욕구를 동시에 만족시킬 수 있는 생활태도를 갖추고 있다. 사회적 관심, 활동수준이 모두 높으며 문제해결 시에 개인적인 용기와 협동심으로 대처하며 사회에 공헌하려는 태도와 의지가 있다.

이러한 4가지 유형의 생활양식을 이해하는 방법은 다음과 같다. 첫째, 유년기 초기 경험을 관찰, 질문하고 환자의 경험에 대한 주관적인 해석과 함께 한 개인의 인생목표, 가치, 태도를 분석함으로써 생활양식을 이해할 수 있다. 둘째, 개인적으로 위기에 처했을 때 긴박한 상황에서 나타나는 본래의 모습을 통해 한 개인의 생활양식을 이해할 수 있다. 그러나 모든 사람의 생활양식이 4가지 유형에 절대적우로 부합되는 것이 아니라 경향성으로 나타나게 된다.

이외에도 아들러는 사람들의 부적응적인 생활양식은 어린 시절 부적합한 양육환경에 의해 형성되며, 그 예로서 열등, 과잉보호, 양육태만의 세 가지 생활양식을 제시하였다.

첫째, 열등한 생활양식은 주로 비정상적인 신체기관의 열등에서 기인한다. 유전적 기형이나 질병 또는 상해의 결과로 발생하는 기관열등은 심리적으로 열등감 콤플렉스(inferiority complex)로 전환되면서 생활양식을 형성할 수 있다. 대부분의 사람들이 열등감을 정상적인 방식으로 보상하기 위해 노력하지만 때로는 열등감 콤플렉스로 인해 부적응이 나타날 가능성도 존재한다.

둘째, 과잉보호 생활양식은 가장 잘못된 양육방식에 의해 형성된 생활양식으로 과잉보호된 아이는 부모에 대한 의존성과 함께 계속해서 보호받고 자기의 요구가 채워지기를 바라는 극단적인 자기중심적 생활태도를 형성하게 된다. 또한 독립심과 자주성 부족으로 사회생활의 적응능력이 부족하기 때문에 인간관계에서도 문제가 나타나며, 신경증이나 문제행동 출현 가능성도 매우 높은 생활양식이다.

셋째, 양육태만 생활양식은 부모로부터 거부되고 방치된 아이들은 부모의 관심과 사랑 결핍으로 인한 문제들이 개인의 생활양식으로 나타나게 된다. 대체로 돌봄이 부족하고 부적당한 보육시설에서 양육된 아이들에게서 이러한 생활양식이 많이 출현한다. 또한 이들은 사람들로부터 사랑을 받아본 경험이 없기 때문에 다른 사람에 대해 적대감, 증오심이 악의적으로 표출된다. 양육태만으로 인한 아동의 특징은 과잉보호된 아동과 비슷한 생활양식이 형성된다.

(4) 사회적 관심(social concern)

인간의 사회적 관심과 흥미(interest)는 선천적인 것으로 개인의 심리건강을 측정하는 척도가 된다. 인간의 기본적인 열등감은 극복(보상)의 노력을 통해 우월성을 획득해서 성공하게 되면 자신의 우월성과 타인의 우월성을 인정하는 동시에 개인적으로 사회적 관심과 관계가 확대되는 것이다. 그리고 확대된 사회관계 속에서 또다시 열등감을 경험하게 되고, 계속 이러한 단계를 거듭하면서 개인의 성격과 생활양식은 개선·발전하게 된다. 아들러는 인간의 사회적 관심은 일체감(sense of identification)이나 공감과 같으며 "타인의 눈으로 보고 귀로 듣고, 또 다른 사람의 가슴으로 느끼는 것"이라고 말했다(J. Corey, 1986). 따라서 아들러의 이론은 개인심리학인 동시에 사회심리학이다. 여기서 개인이란 인간을 하나의 통합된 유기체로 본다는 의미이며, 사회란 인간을 사회적 관심에 의해 일차적으로 동기화되는 존재로 본다는 의미이다. 그러므로 인간은 본성적으로 사회적 존재이며 인간의 성격과 행동은 사회적 맥락 속에서만 이해될 수 있다. 즉, 인간은 생존을 위해 타인에게 전적으로 의존해야 하는 영아기부터 충분히 기능할 수 있게 되는 성인기에 이르기까지 타인과 협력하는 것을 배워야 하기 때문에 모든 행동은 사회적 의미가 있는 것으로 해석될 수 있다. 이러한 의미의 정의는 '소속되기를 원하는 것(wanting to belong)'으로 이는 가족이나 의미 있는 타인, 또는 직업적·사회적 집단에 의해 가능하며 "혼자서 살 수 있는 사람은 아무도 없다"는 것을 의미한다. 이와 같이 아들러는 인간이 성적 욕구보다는 사회적 욕구에 의해 주로 동기화된다고 주장하면서 인간의 사회적 관심 속에 함축되어 있는 세 가지 중요한 영역은 사회, 직업, 성(sex)으로 각 개인이 이상적인 공동사회의 목표를 달성하고자 사회에 공헌하려는 성향을 의미한다고 하였다. 그러므로 사회에 대한 인간의 과제는 공공복지에 대한 책임감의 발달을 목표로 하며, 책임감은 인간 그 자체에 대한 것뿐만 아니라 인간이 존재하는 사회에 속한 것으로도 해석된다.

모삭(Mosak, 1976)은 인간의 사회적 관심을 발달시키기 위한 5가지 생활과제가 있으며, 이러한 과제를 직면하고 숙달해야 한다고 말하였다. 이는 바로 타인과의 관계(우정)와 기여(일), 친밀의 달성(사랑과 가족관계), 자신을 이해하기(자기수용) 그리고 영적 영역의 발달(가치관, 삶의 의미, 목표, 세상과 우주와의 관계)이다. 그러므로 인간은 다른 사람과 상호작용하는 것을 배워야 하며, 일을 통해 생존의 의미를 찾고 사회에서의 자신의 역할을 수용해야 한다. 그리고 일반적으로 협동심, 연대의식, 동료의식과 같은 사회적 관심은 가족관계 및 아동기 경험에서 발달하게 되며, 특히 사회적 관심 발달에 가장 큰 영향을 미치는 사람은 어머니이고, 두 번째로 중요한 사람은 아버지이다. 그리고 일과 우정, 사랑, 결혼 등과 같은 주요 인생과업에서 긍정적이고 성공과 성취, 만족을 느끼는 부모일수록 아동의 사회적 관심과 확대에 중요하게 기여하는 것으로 나타났다.

(5) 출생순위(order of birth)

아들러의 이론에서는 가족집단(family constellation)과 가족 분위기(family atmosphere)가 아동 발달의 거의 모든 영역에 영향을 미치는 축(axes)이라고 본다. 가족집단은 아동이 성장하게 되는 유전적·구조적 요인의 중재자이며, 아동이 학습하게 되는 문화적 요인이다. 따라서 가족에서의 위치와 부모의 관심은 개인의 생활양식에 영향을 미치며, 가족 내의 출생순위, 즉 집안에서의 위치와 부모의 양육방식에 따라 성격에 차이가 있다. 그 예로 첫째(맏이)는 내성적이고 욕심이 많은 편이며 권위적이고 책임감이 강한 반면에, 둘째는 외향적으로 성격이 대체로 원만한 대신에 형과의 비교를 통해 열등감과 피해의식이 있어 혁신적이고 도전적이다. 셋째 또는 막내는 의존적이고 형제들 속에서 경쟁적이며 비교적 영리한 편이다. 그러나 아들러는 가족 내에서의 연령적 위치보다는 심리적 위치를 더 강조하고 있으며, 이러한 순위와 개인의 성격과의 관계는 각 가족의 역동적 특징에 따라 차이가 있다고 했다. 그리고 출생순위뿐 아니라 성(sex) 역시 가족 내 형제들의 심리적 위치에서 한 부분이 되며 이외에도 부모의 나이, 현명함, 부와 빈곤, 부모의 지역적·직업적 변화, 부모의 죽음, 이혼 및 재혼 등 수많은 가족상황이 가족 내의 심리적 위치와 연관되어 있다.

(6) 창조적 자아(creative self)

이 용어는 아들러 이론에서 가장 잘 정리된 개념이며, 그의 성격 이론의 모든 개념을 지배하는 주도적인 개념이다. 아들러는 그의 초기 이론에서 인간의 생활양식에 대해 유년기에 형성되며 변화될 수 없는 것으로 정의하였다. 그러나 창조적 자아라는 새로운 개념을 제시되면서 성인기의 인간행동은 결코 초기 경험의 단순한 재생이 아니라 인생 초창기 몇 년 사이에 형성된 성격의 특수한 표현이라고 주장하였다. 이를 다시 설명하면 인간은 자신이 주체가 되어 이미 형성된 생활양식을 이용해서 스스로 자기에게 적합한 환경을 창조한다는 것을 의미하는 것이다.

또한 아들러는 자아의 창조적 능력은 유년기 때부터 사회적 발달과 함께 출현한다고 주장하였다. 따라서 한 사람의 생활양식은 개인의 창조적 행위이며 인생의 목표와 우월성 추구방법을 결정하고 사회적 관심을 발달시키는 요인이 된다. 더 나아가 창조적 자아는 자신의 생활목표를 관조할 수 있는 능력이며, 목표에 맞는 선택과 결정할 수 있는 능력으로 인간의 지각과 기억, 상상, 공상, 꿈에 영향을 미쳐서 개인의 성격과 행동 및 태도를 형성한다.

(7) 가공적 목적론(fictional finalism)

아들러는 인간 동기의 목적론적, 목표 지향적인 측면을 강조하면서 인간의 모든 심리현상은 가공적 목적이 현실보다 더 효과적으로 움직인다고 주장하였다. 이는 바로 가공적 목적, 즉 이상이 현실에 근거가 없는 완전히 주관적인 무의식적인 개념에도 불구하고 삶의 목적과 방향에 많은 영향을 미치기 때문에 인간은 과거의 경험보다는 이상적인 미래에 영향을 많이 받는다는 것이다. 그러므로 미래에 대한 현재의 지각과 자각이 중요하다고 강조하였다. 아들러는 가공적 목적론과 연관해서 인간에게 적용될 수 있는 몇 가지 법칙이 있다고 보았으며, 그 내용은 다음과 같다.

첫째, 인간의 기본적인 역동적 힘은 우월성(superiority)이라는 가공적 목적을 추구한다. 둘째, 인생에 대한 성공적인 적응과 발전은 추구 가능한 가공적 목적과 사회적 관심의 정도와 상관이 있다. 셋째, 인간의 가공적 목적 추구는 능동적이며 성격에 따라 차이가 있다. 이와 같이 가공적 목적은 비실재적인 세계에서 생성된 것이지만 실재세계의 객관적인 사실만큼 중요하다. 이것은 '마치 ~와 같은' 비실재적인 세계가 개인의 현실세계와 같은 가치를 가지고 있는 것이다. 따라서 가공적 목적은 원래부터 나쁘고, 악하고, 병적인 것으로 해석해서는 안 된다. 왜냐하면 만약 사람들이 이러한 목적을 가지지 않았다면 완벽에 대한 추구도 없으며 사회도 발전할 수 없기 때문이다. 그러나 비현실적이며 도달하기 어려운 역기능적인 가공적 목적은 우월성 추구의 실패와 함께 열등감의 결과로 인생에서 많은 어려움을 경험하고 자신과 타인에게 절망과 상실감을 주게 될 가능성도 크다. 또한 때로는 자신을 파괴해서 신경증, 정신병, 약물남용, 도착증, 자살 및 범죄행위로 이어지기도 한다.

5) 성격관

개인심리학은 프로이트의 정신분석 심리학에 대한 반작용에 의해 창시되었기 때문에 성격에 대한 아들러의 입장은 프로이트와 몇 가지 중요한 관점에서 구별된다.

첫째, 인간의 성격발달에서 사회적 충동(social urges)이 성적 충동(sexual urges)보다 우위에 있다.

둘째, 인간의 지각과 경험, 가치의 일차적 원천으로서 의식이 무의식보다 우위에 있다.

셋째, 인간의 행동은 생물학적인 본능이나 무의식적인 욕구, 초기의 성적 인상(sexual impression)에 의해 결정되기보다는 계속해서 변화하며 목표 지향적이다.

넷째, 인간의 정상적인 성장 및 발달은 정신적 질병의 정도가 아닌, 선택의 유형(made of choice)에 의해 결정된다.

이와 같이 구별된 입장에서 개인심리학의 성격 이론을 요약하면 성격이란 한 개인이 소유(possession)하는 것이라기보다 활용(use)하는 것이라는 개념이 더욱 강해서 인간의 성격형성 및 행동의 원리는 이러한 유전적 요소나 환경의 요인을 개선하고자 하는 개인의 노력에 의해서 형성된다고 보는 것이다(이형득, 1981). 그러므로 아들러의 개인심리학에서는 현상학과 목적론적인 입장에서 개인이 소유하고 있는 성격의 특성을 어떻게 발달시키며 활용할 수 있는가를 연구하게 된다. 그러나 이는 어떤 검증에 의해 객관적으로 체계화된 이론이기보다는 개념적이며, 목적 자체가 상담이나 심리치료에 활동지침을 제공하거나 정상적으로 건강한 성격에 대한 개념을 분명하게 제시하기 위한 것이다. 아들러 성격 이론과 성격발달의 구체적인 내용은 다음과 같다(김충기, 2001).

(1) 성격 이론

① 인간의 성격을 한 개인의 고유한 경험과 견해에서 조명해 보는 현상학적 입장이다.

② 성격의 구조와 체제를 초월해서 개인과 사회의 복지에 가치를 두고 있는 인간 중심적 입장이다.

③ 인간의 성격은 객관적 과거에 따라 형성되는 것이 아니고 주관적인 미래에 의해 변화될 수 있다는 목적론적 입장이다.

④ 인간의 성격은 감정, 사고, 행동과 같이 사회적·물리적 환경과 상호작용한다.

⑤ 인간은 현재에 적극적으로 반응하고 미래에 공헌하는 사회지향적인 입장에서 성격이 반영된다.

⑥ 인간은 조직 속에서 개인적 관심과 사회적 활동을 추구하는 활동론적 입장에서 성격이 형성된다.

(2) 성격발달

아들러는 개인이 사회와 상호작용하면서 경험하는 내용과 방식, 즉 가족 및 사회적 요인에 의해 개인의 성격이 형성·발달된다고 보았다. 또한 성격은 인생의 태도와 함께 개인의 생활양식을 형성하며, 이는 서로 상호작용한다고 주장하였다. 아들러는 개인의 성격발달과 가장 밀접한 관계가 있는 개인의 생활양식을 왜곡시키기 쉬운 세 가지 상황을 제시했으며, 이를 설명하면 다음과 같다.

첫째, 병약하거나 허약한 체질을 가진 아동의 상황이다. 아들러는 신체기관의 열세가 개인의 능력이나 기술을 습득하는 데 신체적·정신적으로 제한이 따르기 때문에 이러한 아동은 열등감을 경험하게 된다. 따라서 신체기관이 불완전한 아동은 관심이 자신에게만 집중하기 쉬우며 타인이나 사회에 공헌하는 것을 인생의 의미로 받아들이기 어렵다. 그러나 정신에 영향을 미치는 것은 신체적 결함 그 자체가 아니라 결함에 대한 태도와 훈련이 문제이다. 그 예로서 헬렌 켈러나 스티븐 호킹 박사처럼 자신의 신체적 불완전을 우월성 추구로, 즉 진보를 위한 자극으로 승화(sublimation)시켜 모든 고난을 극복하고 인간 승리한 사람들도 있다.

둘째, 부모로부터 과잉보호·과잉수용으로 양육된 아동의 경우이다. 이러한 아동들은 지나치게 자기 위주이기 때문에 타인을 배려하기보다는 타인에게 요구하거나 의존하는 데 익숙해 있다. 따라서 부모의 과잉된 사랑은 아동들이 타인과의 협동이나 계획, 책임에 대해 배우지 못했기 때문에 자주성과 독립심이 부족한 의존적 성격발달의 주요 원인이 된다.

셋째, 부모에게서 거부되고 배척당한 아동의 경우로 이들은 부모로부터 적당한 훈련을 받은 경험이 없다. 따라서 부모에 대한 불신감과 배신감으로 인해 세상에 대해 적대적·위협적이며 성격적으로는 우울하고 반항적·비협조적·부정적이다. 또한 이들은 타인에게 유익한 행동을 함으로써 애정이나 존경을 얻을 수 있다는 것을 이해하지 못하기 때문에 생활양식 역시 매우 불건전하고 비사회적으로 문제형인 경우가 많다.

아들러는 성격발달에 미치는 또 다른 요인으로 출생순위를 강조하면서 첫째, 둘째, 막내, 외동자녀 등 가족 내에서의 출생순위와 위치에 대해 설명하였다.

첫째, 맏이는 출생 시 혼자라는 독특한 위치로 가족들의 집중된 관심과 사랑을 받다가 동생의 출생과 함께 모든 것을 양보해야 하는 새로운 상황에 적응해야 한다. 이 상황은 첫째에게는 매우 위협적일 수 있으며 빼앗긴 것을 다시 얻기 위해 아동은 유치한 단계로 퇴행하거나 부모의 관심을 끌기 위한 적대감, 동생에 대한 공격, 질병 등의 문제들이 출현하게 된다. 그리고 빼앗긴 이러한 감정이 맏이의 생활양식을 형성할 수 있다. 그러나 부모가 이들에게 애정의 확신을 주고, 맏이가 동생을 맞을 준비가 되어 있다면 이 위기는 잘 극복할 수 있다. 맏이는 성장하면서 부모가 이들에게 성숙과 책임을 기대하기 때문에 비교적 자립심과 책임감이 강하다. 또한 맏이는 윗사람들의 명령이나 권위를 존중하고 동조하는 순종하는 성격과 함께 자신의 권위를 행사하기를 원하고 규칙과 법을 매우 중요시하는 강박적 성격의 경향도 있다.

둘째로 태어나는 아동은 일반적으로 맏이보다 유리하며 관심의 초점을 덜 받기 때문에 첫째와 같이 민감하지 않다. 둘째는 손위의 형제가 있으므로 협동 및 타협의 기술을 쉽게 배울 수 있다. 그러나 이들은 연령이나 발달 정도에서 자기보다 먼저 태어난 형제가 항상 앞서 있기 때문에 어쩔 수 없는 열등감을 느끼게 되며, 때로는 둘째가 경쟁하기에 맏이가 너무 강하면 현실에서 도피하게 되어 게으름, 거짓말, 탈선이나 범죄 등 문제행동이 출현하기도 한다. 따라서 다른 사람의 권위나 명령에 추종하기보다는 새로운 길을 찾고자 하는 혁명가적인 기질이 많다.

막내는 항상 가족의 아기이며 부모의 사랑과 애정을 독차지하기 때문에 이러한 조건은 막내의 성격발달에 매우 긍정적인 요인으로 작용한다. 그러나 막내가 지나치게 부모와 가족으로부터 과잉보호를 받게 되면 자기중심적이고 이기적인 성격이 형성될 수 있다. 또한 손위 형제로부터 모든 주권을 빼앗기는 상황이 되면 막내는 자기보다 힘이 세고 우선권이 있는 형들에게 둘러싸여 열등감을 경험하면서 겁이 많고 독립심이 부족한 의존적이고 회피적인 성격이 형성될 수 있다.

외동자녀는 경쟁할 형제가 없는 독특한 위치에 있기 때문에 과잉보호될 뿐만 아니라 부모의 관심과 걱정의 대상이 된다. 따라서 아주 이기적이고 자기중심적이며 또 다른 사람의 도움과 후원을 받는 것이 생활화되어 있어서 사회적으로 경쟁하거나 자기의 노력이 요구될 때 도피하거나 좌절하는 경향이 많다.

이와 같이 아들러가 말하는 출생순위에 따른 성격특성과 생활양식은 가족 내의 역학과 환경, 각 나라의 사회문화적인 요인이 다르기 때문에 가능성과 경향성을 제시한 것으로 단지 가족 내의 서열상 위치에 따라 독특한 문제들이 있다는 것을 보여주기 위한 것이다. 따라서 성격과 연관된 중요한 요인은 숫자에 따른 출생순위가 아니라 태어난 상황이다. 이외에도 아들러의 개인심리학에서 최초로 사용된 개념으로 생활양식 역시 개인의 성격을 움직이는 체계적인 원리이다. 지배형, 의존형, 회피형, 사회형의 4가지 유형이 있으며, 이는 아들러의 주요 개념에서 자세하게 살펴보았다.

6) 개인심리학의 평가

아들러의 개인심리학은 인간의 인격과 행동에 생물학적 요인 이외에 사회적 요인과 심리적 요인을 강조한 통합적이며, 목표 지향적인 이론이다. 아들러의 중요한 공헌은 개인심리학의 접근법이 다른 이론들에게 많은 영향을 주었다는 것과 또 다른 이론들을 수용하고 통합할 수 있다는 것이다.

(1) 공헌점

아들러는 시대를 앞서갔으며 개인심리학에서 인간은 사회적 요인들에 의해 동기화되며, 자신의 감정과 사고·행위에 대해 책임이 있으며, 무력한 희생자가 아니라 자기 생활의 창조자로 과거보다는 미래를 보며 목표나 목적에 의해 움직인다고 가정하였다. 이와 같이 아들러는 인간을 사회학적·현상학적·미래지향적으로 보기 때문에 유전적 또는 환경적인 요인에 의해 미리 결정되지 않으며 자신의 내면에 독특한 특성을 가진 각 개인은 그들이 선택한 대로 무엇이든지 될 수 있다고 보았다.

개인심리학은 정신질환을 치료하기 위한 요법이라기보다는 정신건강에 관련되는 접근법으로 아동상담, 집단상담, 부모교육 및 가족치료 등의 모든 이론의 근원이 된다. 현재 유럽과 미국에서는 개인심리학 이론과 기법이 부모 및 아동상담, 부부치료와 가족치료, 성인이나 어린이와의 개인상담, 교정이나 재활상담, 집단상담, 약물중독, 노인상담 등 상담의 전 분야에서 매우 유익하게 사용되고 있다.

그리고 또 하나의 공헌으로는 다문화상담에 미친 영향이다. 아들러의 이론은 사회적 관심, 사회적 선의 실행, 이타 중심, 집단영혼에 대해 많은 관심을 가지고 환경 속의 인간이라는 개념을 통해 문화적 요인을 탐색할 수 있기 때문에 여러 민족의 체계와도 조화될 수 있는 이론으로 인식되고 있다.

(2) 제한점

아들러 이론의 가장 큰 제한점으로는 기본 개념의 타당성에 대한 과학적 연구가 거의 없기 때문에 정확성, 검증성, 경험적 타당성의 부족이다. 또한 복잡한 인간 문제를 너무 단순화했으며 상식에 너무 의존해서 해석하였다. 그리고 아들러가 인간의 사회적 관심과 소속감 등을 강조했음에도 불구하고 이 치료의 특징을 아동과 가족에 국한된 특수한 방식이라는 고정관념 때문에 많은 치료자들은 아직도 성인상담에서 그 방법의 유용성을 경시하고 있다.

또한 급히 해결해야 할 긴급한 문제가 있는 환자의 경우에는 자신의 아동기, 초기 기억, 가족 내의 역동을 분석해야 하는 아들러의 치료 이론은 한계가 있다. 이외에도 초기 회상과 꿈의 해석에 대한 정확성과 객관성의 문제가 있으며 논쟁의 주제가 되고 있다.

04 융의 분석심리학

1) 개관

프로이트의 정신분석학의 영향을 받은 융(Carl Gustav Jung, 1875~1961)은 인간의 정신 내에는 의식적으로 이해할 수 없는 무의식적인 요소들이 있으며, 독립적으로 작용한다는 사실을 발견하였다. 그리고 자신이 직접 겪은 위기와 체험을 통해 무의식에 내포되어 있는 상징과 의식, 원형, 신화 등의 요소들을 분석하는 과정에서 융은 인류역사와 함께 개인이 속한 문화적 영향을 기초로 형성된 정신적 소인으로 집단무의식(collective unconscious)이라는 개념을 도출

융(1875~1961)

하고 그 중요성을 강조하였다. 또한 융은 인간의 많은 고통과 절망은 자신의 무의식적 기초와의 접촉상실로 인하여 초래되는 것이라고 주장하면서 이러한 접촉상실은 과학과 이성을 강조하는 현대인들의 삶에서 더욱 심화되고 있으며, 그 결과 인간은 자신을 무의미하고 공허한 존재로 느끼게 된다는 것이다(노안영·강신영, 2003). 따라서 인간은 자신의 무의식의 세계를 분석하고 통찰을 통해 관계를 회복해서 의식과 무의식의 세계가 통합되어야 한다고 제안하였다. 이외에도 융은 인간의 심리 내면에는 개인적 경험과 이성으로 설명될 수 없는 내용이나 이미지가 있으며, 무의식 속의 신화적·비이성적·상징적인 측면은 종교와 가장 근접하기 때문에 인류의 영적 욕구는 인간의 본능적 욕구라고 하였다. 그리고 종교는 인간에게 초월적 관점을 제공하여 이성과 환경의 지배로부터 벗어나서 우주 속에서 자신의 위치를 찾고 삶의 의미를 발견할 수 있게 한다. 따라서 종교는 인간의 정신적 성장의 필수적·중심적인 차원이 되며, 인간 치유의 가장 소중한 자원이 되는 것이다. 특히 융은 기독교에 대해 인류를 위하여 고통을 겪은 그리스도를 현시하여 인간들에게 확고한 신념을 제시함으로써 다른 종교와 비교할 수 없는 독특한 진리와 내용을 갖고 있다고 주장하였다(이부영, 1998). 따라서 인간의 정신적 갈등과 불안이 해결되고 창조력을 발휘하기 위해서는 무의식과 의식의 통합, 즉 인간 성격의 심리적·영적인 부분이 조화를 이루어야 한다고 주장하고, 이 부분을 집중적으로 연구하였다. 융은 무의식과 연관해서 인간의 종교성과 함께 영혼치유에 있어 기독교의 역할에 많은 기대를 하였다.

2) 융의 생애

20세기 가장 앞선 심리학적 사상가이며 정신분석학자인 융은 스위스의 동북부 케스빌에서 부친이 개혁파 교회의 목사인 기독교 집안에서 장남으로 출생하였다. 그러나 부모님의 불화로 가정의 어두운 분위기는 융의 어린 시절을 외롭고 불우하게 만들었다. 특히 아버지와 관계형성에 실패하고 남자로서 동일시의 대상을 상실한 융은 그의 아버지로 대표되는 기독교에 대해선 회의적이었다. 또한 목사관에 살면서 장례식을 많이 목격한 융은 하나님에 대한 두려움 때문에 정신적으로 방황하였고, 이러한 환경으로 인해 기독교는 융의 성장과정에 긍정적인 영향을 주지 못했다. 그럼에도 불구하고 융은 기독교 교회 목사의 아들로 성장하면서 성서를 많이 접했고, 환자들의 무의식과 영혼의 세계를 관찰하는 정신과 의사로서 기독교는 융의 생애에서 관심의 대상일 수밖에 없었다.

1902년 융은 바젤 대학교 의과대학에서 정신의학을 전공하고, 취리히 대학 부속병원 정신과 주임교수로 재직하면서 몽유병, 히스테리, 기억상실 등의 정신병리현상을 관찰하고 인간의 정신구조에 관한 연구에 몰두하게 되었다. 1907년 무의식을 최초로 분석하였던 프로이트와 상봉, 제자이면서 학문적 장남으로 국제정신분석학회의 회장으로 활동하였다. 그러나 6년 후 프로이트 이론의 환원주의와 무의식, 범성론에 반대하고, 『무의식의 심리학(Psychology of unconscious)』이라는 저서 발간을 계기로 프로이트와 결별하게 되었다. 융은 아버지처럼 추종하였던 프로이트와 헤어진 후 약 3년 동안 내적인 혼란으로 우울증을 앓게 되면서 자신의 정신적 문제를 해결하기 위해 꿈과 환상에 대한 해석과 함께 특히 무의식 현상을 심도 있게 분석하였다. 이러한 분석과 관찰을 통해 융은 집단무의식, 원형, 콤플렉스, 개성화 등의 개념을 개발하게 되었다. 융은 인간 정신의 전체성을 추구하면서 인간의 본질을 의식과 무의식의 대극의 합일(合一)이라고 하였다.

3) 인간관

분석심리학에서 인간의 정신은 의식과 무의식이 하나로 통합해서 완성된 것이기 때문에 의식과 무의식은 서로 대립하기보다는 보완하는 상태에서 인간의 모든 생각과 감정, 행동을 포함하고 있다고 하였다. 따라서 인간의 정신은 대립과 분열 상태에 있던 각 요소들이 계속적인 통합과정을 거쳐 전체적으로 독특하고 고유한 존재로 변화되어가는 개성화 과정이며, 자기완성과 실현을 강조하였다(안효근, 2008). 또한 융은 인간의 무의식에는 태초의 보편적인 인간의 경험으로부터 시작해서 개인의 과거와 현재의 경험이 모두 포함되어 있다고 하였다. 그러므로 인간의 정신구조는 개인의 전체적인 경험으로 구성되어 있으며, 신체적 구조와 같이 종족적으로 유전된다고 보았다.

4) 주요 개념

(1) 인간의 정신(성격)수준

융은 인간의 정신을 전체적 성격으로 보고 정신의 수준을 크게 의식(conscious)과 무의식으로 구분하였다. 더 나아가 무의식을 개인무의식(personal unconscious)과 집단무의식(collective unconscious)으로 세분화한 후에 집단무의식을 중심으로 자신의 독창적인 심층심리학을 확립하였다.

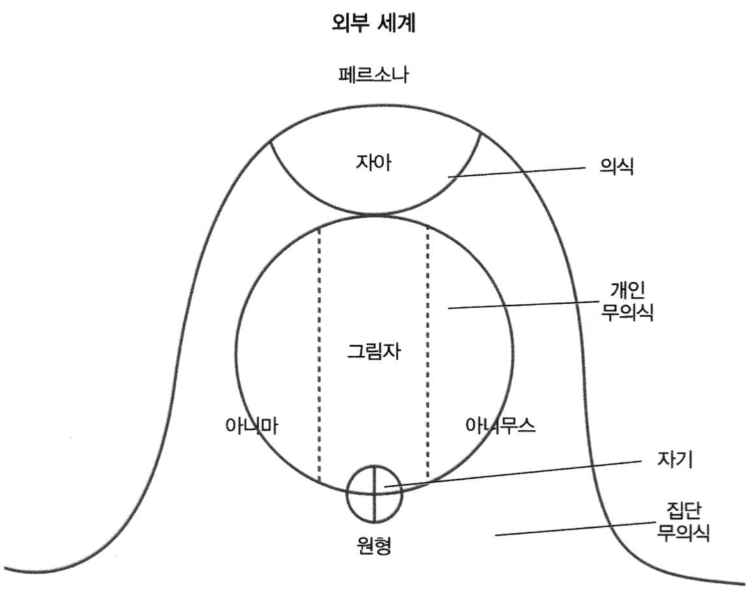

그림 7-2 융의 정신구조

출처 : Crain, W. (2000). *Theories of development : Concepts and application*. Prentice-Hall.

❶ 의식(conscious)

자아에 의해 지배되는 의식은 인간이 현실적으로 직접 보고, 듣고, 느끼고, 생각하는 모든 감각적 기능과 내용들로 구성되어 있다. 인간은 자신의 존재를 현재의 의식과 동일하게 인식하고 행동하게 된다. 융은 프로이트의 견해와는 다르게 의식이 '빙산의 일각'으로 정신의 작은 일부분에 해당되는 것이 아니라 정신의 대극적인 측면에서, 의식은 무의식과 양극을 형성하고 있다고 주장하였다(성혜란 2008).

의식의 중요한 작용에는 인식과 분화, 통합이 있다. 의식은 사람들이 외부적 상황을 인식하고 그 상황에 적응하게 하는 중요한 역할과 함께 의식은 분명하지 않은 무의식의 내용까지 인식하게 하는 기능을 한다. 또한 의식은 서로 다른 상황이나 다양한 정신내용을 구별할 수 있는 분화의 기능이 있다. 이외에도 의식은 인식과 분화를 통해 현재 파악되고 구별된 정신 내용들을 모두 통합해서 행동을 통해 상황에 잘 적응할 수 있도록 한다(김성민, 2001). 이와 같이 의식은 외부현실을 지각하고 인식하는 동시에 무의식의 여러 가지 내용들까지 모두 통합하여 자신을 외부에 표현하는 기능을 하는 것이다.

❷ 무의식(unconscious)

인간의 정신은 현재 의식에만 영향을 받는 것이 아니라 이보다 더 큰 영역에 의해 영향과 지배를 받는다고 보았으며, 이러한 영역을 정신분석학자들은 무의식이라고 하였다. 그러나 분석심리학에서 융이 주장한 무의식은 프로이트가 인간의 심리적 갈등과 신경증의 원인으로 작용하는 억압의 산물로 정의하였던 것과는 차이가 있다. 융은 자신의 생애가 무의식을 실현한 역사라고 하였다. 그리고 자신의 생애를 가장 개성적이며, 과학적으로 자신의 삶을 묘사할 수 있었던 것은 무의식의 모든 것이 사건화되고 현상으로 나타나서 체험되었기 때문이라고 하였다(김성민, 2001).

융은 인간의 모든 정신적인 요소들은 무의식으로부터 배출되기 때문에 무의식적 에너지는 인간의 창조적 에너지로 인간의 삶을 전체적으로 통합시키는 힘으로 작용한다고 주장하였다(한국 융 연구원 Carl Gustav Jung 저작 번역위원회, 2002). 또한 인간의 무의식에는 서로 반대되는 힘들을 통합시키려는 조정의 기능과 함께 두 가지 정신요소들이 서로 맞서게 될 때 무의식은 하나의 상징을 만들어서 두 요소를 통합해내는 초월적 기능이 있음을 발견하였다. 이외에도 융은 무의식이 의식의 어느 한 부분에만 정신적 에너지를 투여할 때 정신의 전체적인 균형을 유지하기 위해 그와 반대되는 요소를 강화하는 보상작용이 있다고 하였다. 따라서 어떤 정신내용의 무의식적인 특성이 강할수록 의식에서 분리되면서 내면에 발생했던 갈등은 해소되고 정신은 다시 안정을 찾게 되는 것이다. 이와 같이 융은 인간 정신의 중심요소로 무의식의 긍정적인 기능을 강조하면서 무의식과의 대결과 화해를 주장하였다.

무의식에는 한 개인의 경험세계에서 나오는 개인무의식과 한 개인의 경험세계를 초월해서 인류 전체 경험의 세계에서 나오는 집단무의식이 있다.

㉠ 개인무의식(personal unconscious)

한 개인 경험의 세계에서 나오는 무의식을 의미하며, 한번 의식되었지만 억압·억제되었거나 망각 또는 무시된 경험들이 머물고 있는 부분이다. 의식과 인접하고 있는 영역으로 인격의 구조 안에서 독특한 위치를 차지하고 있다. 이러한 융의 개인무의식은 프로이트의 전의식(preconsciousness)과 유사한 개념으로 의식에 도달하거나 의식적인 인상을 주기에는 약한 내용들로 구성되어 있으며, 의식의 영역에 이르지 못하는 심리적 요소들을 말한다(노안영·강영신, 2003). 그러나 융은 유아적 경험이 억압된 장소로 보았던 프로이트와는 다르게 개인무의식이 정지되어 있는 영역이 아니라 과거의 경험을 모아서 재편성하는 활동의 장소로 보았다. 따라서 개인무의식은 인간이 출생한 이후부터 형성된 개인적 경험의 산물로 소멸되지 않고 언제든지 의식화될 가능성이 있다.

㉡ 집단무의식(collective unconscious)

융의 분석심리학 이론에서 가장 독창적·핵심적이고 논쟁을 일으키는 개념이다. 융은 모든 인류에게 공통적으로 유전되어온 집단무의식이 정신의 심층에 존재한다고 주장하였다. 집단무의식은 개인적 경험뿐만 아니라 인류 역사를 통해 조상 대대로 종족의 근원과 역사를 통해 반복된 경험의 결과로 형성된다. 개인무의식보다 훨씬 더 넓고 풍부하고, 역동적이며, 인간의 행동에 막대한 영향을 미치는 정신의 기초적인 요인으로 작용한다. 융은 인간세계에 대한 경험은 집단무의식에 의해 형성되며, 어느 한 개인이 소유하고 있는 것이 아니기 때문에 객관적으로 존재하는 객관적 정신(objective psyche)이라고 부르기도 하였다. 이와 같이 집단무의식은 뇌에 형성된 한 종족과 개인의 잠재력이며, 이러한 정신적 소인은 유전적으로 전승되면서 자아와 개인무의식을 약화시키거나 영향을 미치게 된다. 따라서 집단무의식은 인간의 정신에서 가장 유력하고 영향력 있는 체계로 현재의 모든 태도와 행동을 지시한다. 융은 인간의 집단무의식을 직접적으로 의식화할 수는 없지만 인류역사의 산물인 신화, 민속, 예술 등이 지니고 있는 주제를 통해 관찰될 수 있다고 했다. 융은 집단적 무의식을 구성하고 있는 대표적인 요소로 원형(archetype)이라는 개념으로 설명하였다.

(2) 집단무의식과 원형

원형은 인류가 여러 세대를 통해 계속적으로 반복된 경험이 마음속에 영구히 축적된 정신적 소인이며, 다른 말로 원초적인 이미지(primordial image)라고도 한다. 융은 원형의 특성으로 "원형은 순수하고 거짓이 없는 성질이며, 인간으로 하여금 말하고 행동하게 하는 성질이다. 그러나 인간은 그 의미를 의식하지 않으며 심지어 너무 무의식적이어서 그 의미에 대해 한 번도 생각해 보지 않은 것도 있다"고 설명하였다. 이와 같이 원형은 무의식적이고 표상적이기 때문에 형태를 가진 이미지와 혹은 심상으로 나타난다. 또한 과거의 기억과 같은 완전한 것도 아니다. 원형은 인간들에게 동일한 방식으로 생각하고 행동하게 하는 요인으로 작용하며, 표상 불가능한 무의식적이고 선험적인 영상으로 구성되어 있다. 그 예로 원시적인 영상(태초의 인간과 자연 등)과 신화적 영상(신, 악마, 천사 등), 사회적인 영상(출산, 죽음, 권력, 영웅, 나무, 태양, 달 등)이 있으며, 민족과 문화를 초월하는 것이다. 이러한 잠재적 이미지는 현실 속에서 부합되는 대상들과 동일시되고 마음에 각인되면서 의식적 실재가 되어 개인의 행동양식을 구성한다. 또한 원형은 인간의 성격과 행동에 중요하게 작용하는 페르소나(persona)와 아니마(anima), 아니무스(animus), 자기(self), 그림자(shadow) 등의 형성에 관여한다.

❶ 페르소나(persona)

페르소나란 원래 배우들이 공연할 때 쓰는 가면이나 탈을 의미하며, 집단정신의 한 단면이다. 흔히 한 사람의 개성으로 착각하기 쉬운 페르소나는 개인이 외부세계에 드러내는 공적이고 위장된 모습이다. 또한 개인이 사회적 요구에 대한 반응으로 나타나는 사회적 모습으로 자아와 외부세계를 중재하는 역할을 한다. 이러한 의미에서 융은 페르소나를 갖지 못하는 사람은 원시인에 불과하다고 하였다(이부영, 1998). 그러나 페르소나는 사회의 기대와 역할과 타협하는 것이기 때문에 그 안에는 자아의 본래 모습이 있다. 그러므로 자아가 페르소나와 지나치게 동일시되면 페르소나를 자신의 본 모습으로 생각하고 자신의 내면세계로부터 유리되면서 역할 지향적·형식적인 행동과 함께 외부 세계와 관계상실의 위험이 있다.

페르소나에 대한 인간의 바람직한 태도는 페르소나가 자신의 완전한 모습이 아니라는 자각과 함께 페르소나는 자신이 추구할 궁극적 목적이 아니라 수단이라는 것을 기억하고, 자신이 가지고 있는 페르소나를 없애기보다는 구별해야 한다.

❷ 아니마(anima)와 아니무스(animus)

융에 의하면 인간은 생물학적으로 양성의 성질을 가지며, 동시에 심리적으로 여성과 남성의 특징들을 가지고 있다는 것이다. 융은 인간의 내면에는 자신의 성과 반대의 성을 나타내는 무의식적인 구조를 가정하여 남성에게 있는 여성적 요소를 '아니마(anima)'라 하고 여성에게 있는 남성적 요소를 '아니무스(animus)'라고 한다(이부영, 2004). 융은 아니마·아니무스는 무의식의 내용으로 마음속에 잠재되어 있기 때문에 남성에게는 여성적인 형태로, 여성에게는 남성적인 형태로 의인화되어 존재한다고 주장하였다. 유전적인 성차와 종족적 경험, 사회화로 인해 남성은 여성의 측면, 여성은 남성의 측면이 억압되고 약화되는 것이다. 또한 아니마·아니무스는 인간 내면의 이미지를 나타내며, 이것에 의해 여성과 남성이 서로를 이해하고 이성 간의 원만한 인간관계를 형성할 수 있는 것이다. 그러므로 인간은 본질적으로 양성 동물이며, 하나의 성(남성, 여성)으로 살아가기 위해서는 집단무의식과 외부세계인 현실에 올바로 적응해야 한다.

❸ 자아와 그림자

㉠ 자아(ego-conscious)

융이 지적하고 있는 자아는 의식의 중심이고 의식의 영역밖에 볼 수 없으며, 의식의 범위를 벗어나지 못하기 때문에 자아와 의식을 동일시하여 자아(ego-conscious)라고 하였다. 자아의 중요한 작용으로는 사람들로 하여금 자기에게 주어진 환경에 적응하게 하고, 성격발달의 주체가 되며, 무의식 속에 있는 콤플렉스와 여러 원형들이 나타날 수 있도록 무대역할을 한다. 융은 자아의 원형이 중년기가 되어야 비로소 외부로 드러나게 된다고 보고 있다.

㉡ 그림자(shadow)

그림자는 프로이트의 본능(id)과 흡사하며, 인간 이전의 하등형태의 생명체로부터 진화된 부분이다. 가장 강력하고 잠재적인 해로운 원형이며 동물적 본능이 특징이다. 인간의 정신을 구성하고 있지만 자기(self)에 포함되지 못하는 열등하고 부정적인 부분이다. 악마 또는 적 등 인간원죄(original sin)의 근원으로 이는 페르소나에 의해 개인무의식에 억압되며, 자아의 통제 없이 작용하게 된다. 따라서 그림자의 원형은 인간의 의식과 행동의 불쾌하고 사회적으로 비난받는 생각과 감정, 행동의 원인이 된다. 융은 의식에서 제거된 요소로 구성된 그림자는 인격의 살아 있는 부분이기 때문에 자신을 표현하고 인간과 함께 살아가기 위해 노력한다. 그러나 그림자는 이기심과 나태, 허약함, 비현실적 공상, 음모, 소유욕 등으로 나타나서 인간에게 절망감과 무능력을 상기시키는 기능 때문에 인간은 그림자를 투사하고 회피하게 된다고 하였다.

(3) 무의식과 콤플렉스

융은 자신의 심리학을 ‘콤플렉스 심리학(complex psychology)’이라고 부를 만큼 콤플렉스는 분석심리학의 주요 개념이다. 융은 자신이 개발한 ‘단어연상검사’를 통해 어떤 사람은 자극에 반응하기 위해 긴 연상시간을 필요로 하거나 공통반응이라고 볼 수 없는 연상을 하는 것을 발견하였다. 그 예로 개인이 생각하고 싶지 않은 불유쾌한 감정과 연결되어 있는 단어에 대해서는 이성적인 판단을 하지 못하고 무의식적으로 비합리적인 연상작용을 이용해서 반응하는 것이다. 이러한 사실을 통해 융은 의식의 질서를 일시적으로 또는 장기적으로 교란하거나 사고의 흐름을 방해하는 정서적으로 강조된 심리적 내용이 무의식 내에 존재하고 있음을 알게 되었다.

융은 이것을 열등감과는 다른 의미로 콤플렉스(복합체)라고 하였다. 따라서 콤플렉스(complex)는 이성으로부터 벗어나 있는 무의식의 산물로 의식적 통제에서 벗어나서 이성적인 언행을 방해하며, 건전한 판단을 교란하는 감정, 사고, 지각, 기억이 조직된 무리이다. 이로 인해 불쾌한 열등감뿐만 아니라 자아와 콤플렉스가 서로 다투게 되면서 각종 이상심리현상이 발생하게 되는 것이다.

콤플렉스의 형성은 먼저 과거의 어떤 충격적인 경험을 한 정신적인 내용이 하나의 핵을 형성하고 여기에 정서적인 요소가 가세하면서 비슷한 특징을 가진 정신적 내용들을 흡수하여 하나의 독특한 성향으로 자율적으로 발전하게 된다. 이러한 콤플렉스의 현상을 융은 '무의식적 자율성'이라고 하였다.

5) 분석심리학의 평가

목사의 아들이었던 융이 아버지로 대표되는 기독교에 대해 호감을 갖지 못하였고 평생 이 문제를 극복하지 못하면서 기독교와 심리적으로 거리감이 있었던 것은 사실이다. 그러나 융의 심리학은 프로이트와는 다르게 무의식의 내용들을 제거하는 것이 아니라 그것을 통찰해서 의식에 통합하는 것이다. 또한 프로이트와 같이 과거에 억압되어 있는 개인무의식의 내용을 분석하기보다는 집단이 가지고 있는 무의식의 원형 중에서 신의 이미지인 자기(self)를 찾는 과정을 연구하면서 집단무의식의 가장 기본이 되는 인간의 종교성과 영성을 강조하였다.

(1) 공헌점

인간의 불안과 고뇌에 대해 깊은 관심과 애정을 갖고 동서양의 종교를 포함해서 인간의 심령현상을 심층적으로 분석하고 연구한 학자이다. 그러므로 융의 이론 중에서 많은 부분들이 사람들로부터 동의를 얻고 있으며, 또한 현대인들의 고뇌에 응답할 수 있도록 영적 회복에 종교의 도움을 기대할 수 있을 것이다.

(2) 제한점

분석심리학은 체계적으로 집약해서 설명하기에는 한계가 있음을 지적하고 있으며, 융의 이론은 신비스럽고 어려운 개념을 사용하며 클라이언트로 하여금 현실을 떠나 신비하고 어느 정도 종교적인 환상적 생활을 하게 하는 경향이 있다는 비판을 받고 있다.

핵심정리

1. 프로이트의 정신분석 이론은 인간을 무의식과 결정론적인 존재로 보고 있다.

〈구조적 모형의 성격 이론〉

- 원초아 : 무의식에 존재, 성격의 가장 원초적인 부분, 타고나는 것
  특성－1차적 사고과정, 쾌락원칙
- 자아 : 이드(id)로 하여금 충동을 지연, 현실을 고려하도록 하는 역할
  특성－2차적 사고과정, 현실원칙
- 초자아 : 가장 마지막에 발달하며 자아이상과 양심을 형성
  특성－도덕적, 이상원칙

〈지형학적 모형의 정신 이론〉

- 의식 : 현재 느끼거나 알 수 있는 모든 경험과 감각
- 전의식 : 의식되지 않지만 조금만 주의집중하고 노력하면 쉽게 의식될 수 있는 기억
- 무의식 : 인간정신의 가장 깊은 곳에 잠재해 있으며 의식적 사고와 행동을 통제하는 힘

〈성심리 발달단계〉

- 구강기(0~18개월) : 리비도가 입에 집중, 빨고 깨무는 행위를 통해 쾌감을 느낌
- 항문기(18개월~3세) : 리비도가 항문에 집중, 배변훈련시기
- 남근기(3~6세) : 리비도가 성기에 집중, 오이디푸스/엘렉트라 콤플렉스, 초자아 발달
- 잠복기(6~12, 13세) : 성적 충동이나 환상들이 무의식 속에 잠재되어 평온함을 유지하게 됨
- 생식기(사춘기 이후) : 성적 에너지가 직접 표현, 부모로부터의 독립이 중요과제

2. 에릭슨의 심리사회 이론

- 인간관 : 가변적 존재, 전 생애 걸친 발달 주장, 합리적·이성적·창조적 존재
- 자아 : 자아강조, 자아는 성격의 자율적 구조
- 점성원칙 : 각 단계의 발달이 전 단계의 심리사회적 갈등 해결과 통합을 토대로 이루어짐

〈에릭슨의 심리사회 발달 8단계〉
- 1단계 : 신뢰감 대 불신감
- 2단계 : 자율성 대 수치심 및 의심
- 3단계 : 주도성 대 죄의식
- 4단계 : 근면성 대 열등감
- 5단계 : 자아정체감 대 역할혼미
- 6단계 : 친밀감 대 고립감
- 7단계 : 생산성 대 침체성
- 8단계 : 자아통합 대 절망감

3. 아들러의 개인심리학 이론

1) 인간관 : 인생 초기의 경험 강조, 자아 일치된 유기체, 개인은 창조적 힘을 갖고 자기 삶 결정, 자신을 어떻게 주관적으로 지각하느냐에 따라 행동 결정

2) 주요 개념
- 가공적 목적 : 인간이 현실적으로 실현 불가능한 많은 가공적인 생각에 의해 지배
- 열등감, 보상 : 열등감과 그에 대한 보상 노력이 인간을 발전시키는 원인
- 사회적 관심 : 사회적 관심은 타고나는 것. 사회적 이익을 위해 개인적인 이익을 포기하는 선천적·사회적 본능
- 우월성 추구 : 열등감을 보상하려는 욕구에서 나옴. 환경을 통제할 수 있도록 권력·힘을 성취하려는 것
- 생활양식 : 자기 혹은 자아. 성격의 통일성, 개성, 문제에 대처하는 방법, 삶에 공헌하려는 소망 등으로 정의
- 창조적 자아 : 인간이 스스로 자신의 성격을 만든다는 주장

4. 융의 분석심리 이론

1) 인간관 : 가변적 존재, 생물학적·심리적·사회문화적 존재, 완성 또는 자아실현을 달성하려는 경향

2) 주요 개념
- 정신 : 개인의 성격 전체
- 리비도 : 영적 특질을 가진 창조적 생명력
- 개성화 : 고유한 자기 자신이 되는 것
- 자아 : 의식적인 마음, 의식의 개성화 과정에서 생기는 것
- 개인 무의식 : 상실된 기억·억압된 불쾌한 여러 표상 등 의식 위에 오르지 못한 내용들
- 집단 무의식 : 모든 인류에게 유전되어 오는 잠재된 기억의 저장소
- 콤플렉스 : 개인적 무의식 속의 관념 덩어리
- 원형 : 집단무의식이 조직적으로 구성되어 있는 형태
- 페르소나 : 자아의 가면으로 개인이 외부에 보이는 이미지
- 아니마, 아니무스 : 남성의 여성적 측면은 아니마, 여성의 남성적 측면은 아니무스
- 그림자 : 개인적 무의식에 존재 의식에서 도외시되는 동물적 본성
- 자기 : 성격의 상반된 측면들을 균형 있고 조화롭게 만들려는 내적 충동

- 성격유형 : 성격의 태도, 방향성(내향성, 외향성), 심리적 기능(사고, 감정, 감각, 직관)

3) 발달단계

- 성인 초기 : 외적으로 팽창하는 시기, 자아발달, 외부세계에 대처하는 역량 발휘
- 40세 이후 : 좀 더 자신의 내면에 초점, 완전성의 상징인 자기 이미지의 만남
- 중년기 이후 : 여성의 남성성·남성의 여성성이 나타남, 중년부부의 갈등
- 노년기 : 죽음 앞에서 내세관을 가지며 생의 본질을 이해하려는 시기

07
CHAPTER

연습문제

01 프로이트 이론에서 전의식에 대한 설명으로 옳은 것은?

① 무의식에 있던 것이 표출된 것이다.
② 현재는 의식되지 않지만 조금만 주의집중하면 쉽게 의식될 수 있는 경험이다.
③ 일시적이고 예외적인 경우가 많다.
④ 언어화되기 어렵고 논리성이 없으며, 서로 상반되는 경향이 동시에 공존하기도 한다.
⑤ 욕구나 본능이 자리 잡고 있는 영역이다.

02 공격적 욕구가 강한 한 사람이 자신의 폭력적인 성향을 권투선수로 발전시켰다. 이는 어떤 방어기제가 작용한 것인가?

① 투사 ② 억압 ③ 보상
④ 승화 ⑤ 반동형성

03 에릭슨의 발달시기에 나타나는 특징이 잘못 연결된 것은?

① 영아기 - 신뢰감 대 불신감 ② 노년기 - 친밀감 대 고립감
③ 유아기 - 주도성 대 죄의식 ④ 학령기 - 근면성 대 열등감
⑤ 청소년기 - 정체감 대 역할 혼미

04 중년기에 접어들면서 여성이 적극적이고 독립적으로 변해간다는 이론은?

① 융의 분석심리학 이론 ② 피아제의 인지 이론
③ 아들러의 개인심리학 이론 ④ 로저스의 현상학 이론
⑤ 스키너의 행동주의 이론

05 아들러에 의하면 근본적으로 병적 열등감이 모든 인간의 동기유발의 근거가 된다고 보았으며 개인의 진보, 성장, 발달 또한 열등감을 극복하려는 시도에서 나온다고 믿었다. 이것은 무엇인가?

① 보상 ② 열등감 ③ 사회적 관심
④ 생활양식 ⑤ 우월성에 대한 추구

정답 1. ② 2. ④ 3. ② 4. ① 5. ⑤

CHAPTER

08

행동주의 이론

이 장에서는 인간행동의 발달을 이해하고자 스키너와 반두라 등의 학자가 제시한 행동주의 이론을 살펴보고자 한다.

학습목표

1. 스키너의 조작적 조건화와 파블로프의 고전적 조건화의 원리를 이해한다.
2. 반두라의 사회학습 이론을 이해하고 스키너와 파블로프의 이론과 차이점을 이해한다.

01 스키너의 조작적 조건화 이론

1) 개관

스키너(1905~1990)

조작적 조건화 이론(operant conditioning theory)은 스키너가 파블로프의 고전적 조건화 이론을 수용하여 발전시킨 이론이다. 조작적 조건화 이론은 인간의 행동은 그것의 결과에 의해 결정되기 때문에 환경을 조작하여 행동의 변화를 일으킬 수 있다고 보았다. 행동주의 이론은 실험심리학을 기초로 인간의 내적인 변화보다는 행동변화에 초점을 맞추고, 관찰과 측정이 가능한 표출된 행동을 중심으로 연구한 접근법이다.

2) 스키너의 생애

스키너(Skinner)는 1905년 미국 펜실베이니아주의 작은 마을에서 태어났다. 어린 시절에는 물건을 디자인하고 만드는 일에 많은 시간을 보냈다. 고등학교 시절에는 재즈 밴드에서 연주를 하기도 하고, 오케스트라의 단원으로 활동하기도 했다. 대학시절에는 해밀턴 대학에서 영문학을 전공한 후 1928년에 하버드대학교 심리학과 대학원에 입학하였다. 동물행동을 전공하고, 1931년에 박사학위를 받았다. 스키너는 그 후 미네소타대학교와 인디아나대학교 등에서 교수로 재직하면서 이전의 고전행동주의자(Pavlov와 Thorndike)의 조건화 이론을 고전적 조건화 또는 도구적 조건화로 분류하고, 이 두 이론을 체계화 시켜 자신을 행동주의 심리학의 선구자적 위치에 올려놓았다. 그는 1948년 하버드대학교의 심리학과 교수로 취임하면서 그해에 인간의 행동과 성격이 환경에 의해 조정이 가능하여 유토피아적 사회를 창조할 수 있다고 묘사한 『월덴 투(Walden Two, 1948)』를 출간하였다. 그는 행동의 경험적 분석에 관심을 가지고, '스키너의 상자'로 불리는 조작적 조건화 상자를 만들었으며, 이를 바탕으로 '급진적 행동주의'라고 부르는 과학철학을 만들어내고 큰 공헌을 하다가 1990년 86세로 생을 마감하였다.

3) 인간관

인간은 환경의 자극에 반응하는 유기체로 인간의 모든 행동은 생활환경이 제공하는 자극의 강화형태와 행동의 빈도에 의한 학습으로 결정되며, 긍정적·부정적 습관으로 구성된다고 주장하였다. 이와 같이 행동주의 이론은 인간행동이 보상과 처벌에 의해 유지된다는 것으로 인간은 기계적 존재라고 할 수 있다. 모든 인간행동은 법칙적으로 결정되고, 예측이 가능하며, 통제될 수 있다고 본다. 스키너의 학문적 관심은 인간행동 중 조작이 기능한 행동에 한정되었다. 외부 환경적 조건에 의해 결정된다는 입장을 견지하고 있으며, 외적 강화 없이는 어떤 행동의 학습이나 수정할 수 없으며 인간은 자신의 행동을 통제할 수 없다고 본다.

4) 주요 개념

(1) 조작적 조건화 이론(Operant conditioning theory)

스키너의 조작적 조건화 이론은 행동분석을 포함한 다양한 행동치료의 이론적 근거가 되고 있으며, 특히 유기체의 반응을 방출하여 환경을 조작할 수 있다는 점에서 행동치료 발전에 막대한 공헌을 하였다.

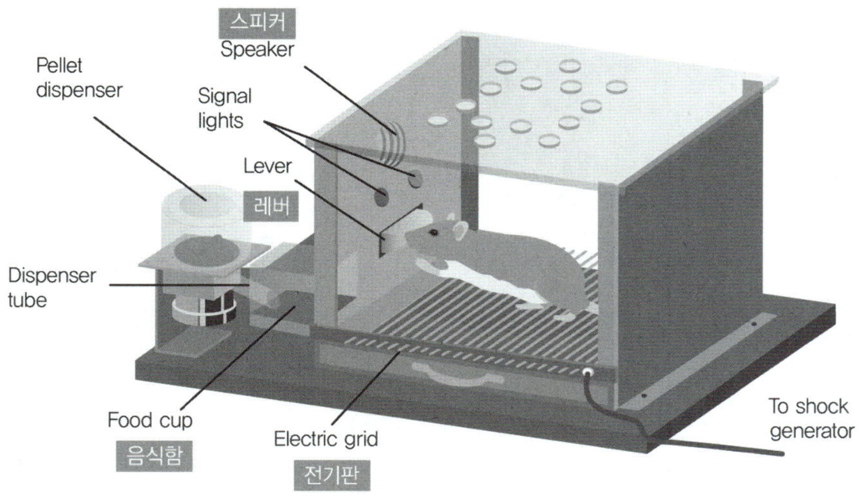

그림 8-1 스키너 상자

(2) 강화(reinforcement)

스키너는 어떤 결과가 특정 반응을 증가시키는 것을 '강화'라 하고, 반응률 증가로 측정할 수 있다고 하였다. 어떤 사상에 강화의 기능이 있는지 알기 위해서는 특정 반응에 수반해서 그 사상을 제시한 뒤 반응증가를 관찰해야 한다. 따라서 강화는 행동에 미치는 효과의 측면에서 보면 행동에 수반해서 주어지는 것이다.

❶ 정적 강화(positive reinforcement)

보상이 조작행동을 증가시키는 것을 말한다.

예 높은 성적, 맛있는 음식, 봉급, 장학금, 승진, 인정 등

❷ 부적 강화(negative reinforcement)

혐오적 자극을 제거하거나 철회함으로써 반응확률이 증가하는 것을 부적 강화라고 한다.

예 수업시간에 집중을 잘하거나 좋은 질문을 하는 학생에게 청소 당번을 면제해 주는 경우

(3) 처벌(punishment)

처벌이란 반응에 수반해서 혐오적인 자극을 제시함으로써 반응경향을 감소시키는 것을 말한다.

예 스키너 상자에서 쥐가 레버를 누르거나 비둘기가 레버를 쪼을 때 짧은 전기충격을 주면 반응률은 급속하게 감소한다.

❶ 정적 처벌(positive punishment)

반응 후에 혐오적 자극이 제시되는 것이다.

예 숙제를 하지 않았을 때 청소를 시키는 것

❷ 부적 처벌(negative punishment)

반응 후에 매력적인 자극이 제거되는 것이다.

예 시험을 못 봤을 때 인터넷 사용시간을 줄이는 방법

전형적으로 처벌은 혐오적인 자극을 제시하는 것이지만 보상적인 자극의 제거도 포함한다. 예컨대, 아동들에게 TV를 보지 못하게 하는 것도 처벌이다. 처벌은 행동을 통제하는 강력한 수단이 아니다. 왜냐하면 처벌은 반응강도를 약화시키는 것이 아니라 일시적으로 억제하기 때문이다.

(4) 소거(extinction)

조작적 조건화에서 소거란 피험자가 아무리 반응해도 더 이상 강화물이 제공되지 않아 반응경향성이 감소되어 사라지는 것을 말한다.

예 스키너 상자에서 쥐가 레버를 누르는데도 먹이를 주지 않으면 소거가 일어난다.

(5) 조건화된 강화

강화물은 1차 강화물과 2차 강화물, 사회적 강화물로 구분할 수 있다.

❶ 1차 강화물

아무런 학습과정을 거치지 않고도 생물학적 욕구를 만족시켜 주기 때문에 기본적으로 강화 속성을 지닌 사상이다.

예 인간의 경우 음식, 물, 온화함, 성, 애정 등

❷ 2차 강화물

1차 강화물과 연합된 결과 강화물의 속성을 획득한 사상을 말한다. 2차 강화물은 학습과정에 의존하기 때문에 아주 다양하다.

예 인간의 경우 돈, 높은 성적, 타인의 인정, 칭찬 등

❸ 사회적 강화물

1차 강화물과 짝지어진 적이 없음에도 불구하고 강화력을 가진 것을 말한다.

(6) 강화계획

강화계획이란 강화자극을 얼마나 많이, 얼마나 자주, 언제 사용하는가의 문제를 계획하는 것을 말한다. 강화계획은 세부적으로는 아주 다양하지만 크게 4가지로 구분할 수 있다.

❶ 고정간격 강화계획(Fixed Interval Reinforcement : FI)

고정간격 강화계획은 일정한 시간이 지난 후에 강화하는 것이다. 즉 정해진 시간 간격이 되기 전에 발생되는 행동은 강화를 받지 못하고 정해진 시간이 경과한 후 발생하는 첫 번째 행동에 강화물을 제공하게 된다.

예 매달 주는 월급, 2시간마다 주는 간식

❷ 변동간격 강화계획(Variable Interval Reinforcement : VI)

변동간격 강화계획은 미리 정한 시간간격이 지난 후에 강화가 제공되지만 강화시행 간의 시간간격이 평균적으로 그다음 강화가 일어날 시기를 예측할 수 없다는 것이 고정간격 강화계획과 구별된다.

예 2시간 안에 아무 때나 주는 간식, 교통상황에 따라 버스시간 배정 간격시간이 다르다.

❸ 고정비율 강화계획(Fixed Ratio Reinforcement : FR)

고정비율 강화계획은 반응하는 데 걸린 시간에 관계없이 어떤 특정한 행동이 일정한 수만큼 일어났을 때마다 강화를 주는 것이다.

예 수학문제 10문제를 풀었을 때 주는 간식, 아빠의 흰머리를 10가닥 뽑으면 용돈 천 원

❹ 가변비율 강화계획(Variable Ratio Reinforcement : VR)

가변비율 강화계획은 고정비율 강화계획과 비슷하지만 평균적으로 정해진 어떤 수의 반응이 일어난 후에 강화하는 것이다. 다음 강화가 언제 일어날지 예측할 수 없으므로 반응률은 높고 지속적이다.

예 로또, 카지노장의 도박기계, 언제 득점할지 모르는 축구경기

02 파블로프의 고전적 조건화 이론

1) 개관

파블로프(1849~1936)

파블로프는 러시아의 생리학자로 1904년 소화계통에 관한 연구로 노벨상을 받았으며, 동물의 소화액(침) 실험을 하던 중에 고전적 조건화(classical conditioning)의 원리를 발견하였다. 파블로프는 개를 실험대상으로 침의 분비량이 자동으로 기록되도록 장치한 실험실에서 침의 분비와 연관된 무조건자극(먹이)과 함께 다른 자극 또는 중립자극(종소리)을 연합해서 반복적으로 제시하는 경우에 이 조건자극이 선천적인 무조건반응(침 분비)을 유발시키는 것을 관찰하였다. 또한 파블로프는 자극과 반응의 무조건적 반사과정에서 조건자극을 포함시키면 무조건적인 반사가 조건자극으로 전이될 수 있음을 실험을 통하여 증명하였다. 따라서 고전적 조건화 이론은 유기체의 노력이 없어도 환경 속에서 반복해서 출현하는 자극에 의해 자연스럽게 습득될 수

있는 학습을 의미한다.

파블로프가 조건반사를 연구하게 된 것은 대뇌피질의 생리적 기능을 밝히기 위한 것이었지만 말년에 그는 조건반사의 원리가 인간의 행동장애를 이해하는 데 도움이 될 수 있다는 것을 발견하였다. 파블로프가 정신장애에 관심을 갖기 이전에 이미 왓슨과 존스(Watson & Jones)는 파블로프의 고전적 조건화의 원리가 정신장애의 기제를 이해하고 심리치료의 이론으로 적당하다는 것을 파악하고 있었다.

2) 파블로프의 생애

파블로프(I. P. Pavlov, 1849~1936)는 1849년 9월 중앙 러시아 랴잔(Ryazan)에서 태어났다. 시골 목사의 맏아들이자 교회지기의 손자였던 그는 11세에 신학교에 들어가서 신학, 고전어, 철학을 배웠고 과학에 대한 관심을 키워갔다. 1870년 파블로프는 신학교를 떠나 상트페테르부르크 대학교에 들어갔다. 그는 그곳에서 전공으로 생리학을, 부전공으로는 화학을 공부하였다. 끼니를 거르기 일쑤였던 가난 속에서도 파블로프는 저명한 생리학자들의 지식을 스펀지가 물을 빨아들이듯 받아들였다. 가정교사 일과 조교 수입으로 근근이 대학을 다니던 그는 1883년 상트페테르부르크의 왕립 의학 아카데미에서 박사학위를 받았다. 파블로프는 1881년 작가 도스토예프스키의 친구인 지적이고 매력적인 여인과 결혼했다. 그러나 결혼 초기에는 가난 때문에 서로 떨어져 살아야 했다. 그는 자신의 업적을 자신이 편안한 연구를 할 수 있도록 평생을 헌신한 아내에게 돌렸다.

1890년 4월 24일, 파블로프는 왕립 의학 아카데미의 생리학 교수가 되어 1924년 사임할 때까지 그곳에서 일했다. 새로 설립된 실험의학연구소에서 그 이후 45년 동안 그는 소화샘에 관한 연구에 몰두했다. 그는 1904년 소화샘에 관한 연구로 러시아인으로는 처음으로 노벨 생리학상을 받았다. 위와 췌장에서 분비되는 소화액이 신경계통, 특히 미주신경의 영향을 크게 받는다는 것을 발견한 공로였다. 파블로프는 유능한 생리학자이면서 실험주의자였다. 그는 어디엔가 이렇게 적었다. "실험의 힘은 참으로 위대하다." 그는 실험을 과학적 진리를 발견하는 유일한 힘으로 여겼다. 그리고 바로 그 믿음이 그의 학문을 추동한 힘이었다. 파블로프의 학문적 열정은 죽음 앞에서도 멈춰 서지 않았다. 어느 날 그는 신경생리학자 한 사람을 침대 곁으로 불렀다. 그는 자신의 증세를 신경생리학자와 함께 검토한 후 몇 시간 뒤인 1936년 2월 27일 생을 마감하였다.

3) 고전적 조건화와 주요 개념

(1) 고전적 조건화(classical conditioning)의 과정

파블로프는 자신의 소화 연구에서 개를 대상으로 실험하는 과정에서 조건화의 원리를 발견하였다. 개는 음식이 입안에 있을 때 자동적으로 침을 흘린다. 이런 반응은 자연적이며, 학습을 통해 습득할 필요가 없는 반사반응(Reflex Response), 즉 무조건반응(Unconditioned Response : UCR)이다. 이러한 무조건반응을 유발하는 자극들을 무조건자극(Unconditioned Stimulus : UCS)이라고 한다. 이 예에서 무조건자극은 음식이다. 무조건자극은 이전의 어떤 학습이 없이도 침 흘리는 반응을 유발한다. 그런데 배고픈 개들을 관찰하다 보면 입안에 어떤 음식을 넣기도 전에 음식을 보자마자 침을 흘리는 경우를 흔히 볼 수 있다. 더구나 음식을 담아서 케이지(cage) 안에 넣어주는 빈 음식 그릇을 보기만 하여도 침을 흘리기 시작한다. 음식과 연합되었던 빈 접시를 보고 침을 흘리는 것은 개의 선천적인 자연스런 반응이라기보다는 학습된 반응이다. 침을 흘리게 만드는 음식을 계속해서 특정한 그릇에 담아서 개에게 주면 개는 그 그릇을 보기만 하여도 음식을 연상(association)하게 된다. 이때 개가 그릇을 보고 침을 흘리는 반응을 조건반응(Conditioned Response : CR)이라고 한다. 조건반응을 유발해낸 자극을 조건자극(Conditioned Stimulus : CS)이라고 한다. 이렇게 볼 때, 행동에 미치는 조건자극의 영향은 자동적이라기보다는 학습에 의존한다.

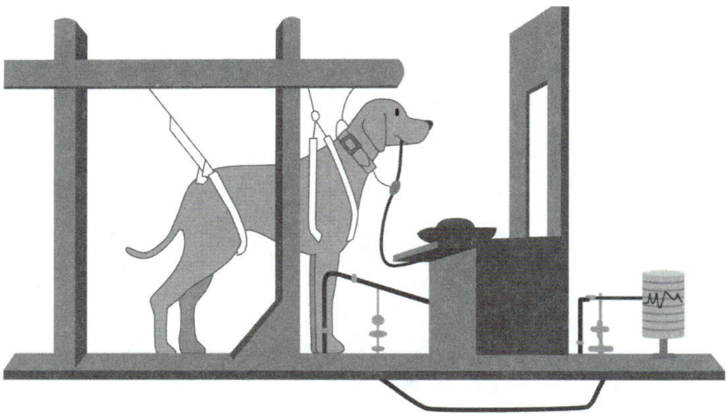

그림 8-2 파블로프의 개 침 흘리는 실험 장치

(2) 주요 개념

❶ 소거(extinction)

소거는 조건화가 한 번 이루어졌다고 해서 조건자극이 계속해서 영원히 작용하는 것은 아니라는 것이다. 만약 파블로프의 개 실험에서 조건자극인 종소리를 울려주고 계속해서 음식을 제공하지 않는다면 개는 조건자극인 종소리를 듣고도 침을 흘리지 않게 된다는 것이다. 즉, 조건자극과 함께 무조건자극을 계속해서 제공하지 않는다면 조건반응을 하지 않게 된다.

❷ 자발적 회복(spontaneous recovery)

소멸 후 상당한 시간이 지난 다음 조건자극을 다시 제시하면 조건반응이 일시적으로 다시 나타나는 것으로, 이전에 소멸되었던 반응이 다시 재현되는 것이 자발적 회복이다. 이 자발적 회복은 학습이 영속적이라는 것을 뒷받침하는 근거가 되기도 하는데, 우리가 배운 내용을 잊어버렸다고 해서 두뇌에서 아예 지워지는 것이 아니라 어떤 계기에 의해 문득 떠오르기도 하는 것에서 경험하는 것과 같다.

❸ 자극일반화(stimulus generalization)

자극일반화는 원래의 자극에 의해서만 이루어지는 것은 아니고 유사한 자극에 대해 조건반응하는 것을 의미한다. 학습된 반응은 그와 유사한 자극에도 반응하는 일반화 현상이 나타난다. 물론 이때의 반응강도는 한 자극에 대한 것보다는 약하며, 약한 정도는 원래 자극과의 차이에 비례한다.

❹ 자극변별(stimulus discrimination)

자극변별은 일반화와 대립되는 개념으로 어떤 자극에 대한 강화 여부에 따라 구별하여 반응하는 것을 말한다. 그 예로 어두운 곳에서 공포를 느끼는 아동이 극장과 같은 어떤 특정한 어두운 장소에서는 공포를 느끼지 않는 것이다.

03 반두라의 사회학습 이론

1) 개관

반두라(Albert Bandura)의 사회학습 이론(social learning theory)은 내적 과정과 외적 과정을 잘 결합한 행동주의 학파의 이론이다. 반두라는 자신의 경험을 통해서뿐만 아니라 관찰학습을 통해서도 학습이 이루어진다고 하였다. 관찰을 통한 대리강화를 함으로써 학습한다는 측면은 사회학습 이론에서 인지가 중요한 역할을 한다는 의미이다. 반두라의 사회학습 이론은 인지심리학에 영향을 주었고, 발달에서 사회적 영향에 관한 분석뿐 아니라 행동수정의 원칙에도 영향을 주었다.

반두라(1925~)

2) 반두라의 생애

반두라는 1925년 캐나다 앨버타주의 멀다에서 폴란드계 밀 농사꾼의 아들로 태어났다. 시골에서 20명의 학생이 다니는 고등학교를 졸업한 후 밴쿠버에 브리티시컬럼비아대학에 입학하였다. 졸업 후 아이오와대학 대학원에서 석사·박사학위를 받은 후에는 위치타 캔자스 가이던스 센터에서 1년간 인턴으로 있었으며 스탠퍼드대학에 재직하였다. 그는 행동을 설명하는 데 도움을 주는 주요 개념들을 요약한 『사회학습 이론』을 저술하였는데, 반두라는 심리학에 끼친 공로를 인정받아 1972년에 미국심리학회로부터 우수 과학자상을 수상하였고, 1973년에는 캘리포니아 심리학회로부터 우수과학 업적상을 받았다. 1973년에는 미국심리학회 회장으로 선출되어 활동하였다. 오늘날 반두라는 사회학습 이론의 주요 인물로서, 행동수정의 개척자로서, 공격성 이론의 학자로서 인정받고 있다. 특히 그는 인간이 환경과의 접촉을 통하여 행동유형을 어떻게 발전시켜 나가는가 하는 이론을 발전시켰다.

3) 주요 개념

(1) 모델링(모방)

반두라는 사회학습에 있어서 중요한 과정은 모방(modeling)이라고 하였다. 새로운 반응들은 학습될 수 있고, 현존하는 반응의 특징들은 직접적 강화를 받지 않고도 다른 사람의 행동을 관찰하거나 반응결과를 통해 변화될 수 있다. 이것은 학습을 위하여 실질적인 행동을 반드시 수행하지 않아도 되며, 반응을 위해 즉각적인 보상이 꼭 필요하지 않다는 의미이다. 오히려 사람은 모델을 관찰함으로써 특별한 반응을 학습하여 일단 반응이 획득된 후에는 사회적 힘이 학습과정에 영향을 주기 시작한다.

반두라는 모델을 통하여 세 가지 효과를 얻을 수 있다고 하였다.

첫째, 모델로부터 관찰자에게 모방적인 반응 패턴이 전달된다. 모델에 대한 새로운 반응은 점진적으로 일어나기보다는 갑작스럽게 일어난다.

둘째, 접촉하는 빈도에 따라 이전에 학습된 반응이 강화되거나 약화된다. 즉, 모델의 행동은 이전에 학습된 반응을 조절하며, 모델의 행동에 더욱 근접하게 만든다.

셋째, 모델을 관찰함으로써 이전에 획득한 반응이 더욱 촉발되는 경우이다.

반두라는 모방학습을 효과적으로 사용하기 위한 원칙을 다음과 같이 제시하였다.

① 바람직한 행동은 가능한 한 여러 사람이 여러 번 시범을 보인다.

② 모방의 내용은 쉽고 간단한 것에서 시작하여 점차 복잡하고 어려운 것으로 옮겨간다.

③ 각 단계에서 말로 설명해 주거나 지도해 주는 것이 필요하다.

④ 가르치는 내용에 따라서 보여주는 것이 효과적이다.

⑤ 각 단계마다 잘하면 칭찬을 해 주어야 한다.

(2) 상호결정론

반두라는 인간의 성격이란 개인(Person), 행동(Behavior), 환경(Environment) 요소들 간의 지속적인 상호작용에 의하여 발달한다고 보았으며, 이를 '상호결정론'이라고 하였다. 어떤 개인이 자신이 무엇을 할 수 있다는 신념은 어떤 특별한 행동을 수행하는 것에 영향을 주고, 그 행동은 환경에 영향을 준다. 환경은 다시 그 사람의 기대를 변화시키고 이 세 가지 요소는 서로에게 영향을 주며 상호의존적이다.

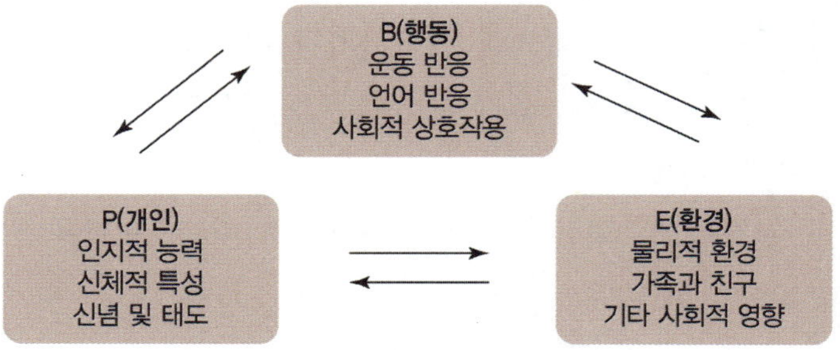

그림 8-3 반두라의 상호결정론 모델

(3) 자기강화(self reinforcement)

자기강화란 자신의 행동을 감독하고 스스로 자부심을 지니는 것으로서, 인간의 행동은 주로 자기강화에 의하여 규제된다. 즉, 인간의 행동이란 외부로부터의 보상이나 처벌에 따라서 영향을 받기도 하지만 내적 표준의 지배를 받기도 한다. 자기강화는 개인이 자신의 성과를 어떻게 평가할 것인지 개인적 기준에 따라 좌우되며 자기평가적 반응과 관련이 있다.

(4) 자기효능감(self-efficacy)

자기효능감이란 자신이 바라는 목적을 이루기 위해 어떤 특정 행동을 성공적으로 수행할 수 있다는 신념이다. 반두라는 한 개인이 주관적으로 개인적 효능감에 대하여 어떤 개념을 가지고 있느냐가 중요하다고 보았는데, 이러한 개념을 지각된 자기효능감이라고 하였다. 이는 행동을 결정짓는 데 중요한 요소인데, 특히 자기에 대한 확신을 가지느냐 또는 자기불신이 있느냐 하는 것이 중요하다.

(5) 공격성의 사회화

사회학습 이론에서는 가족관계에서 발생하는 폭력의 학습에 대해서도 설명하고 있다. 아이의 공격성은 공격적 모델을 관찰하고 그 모델이 언제 강화를 받는지를 주시함으로써 학습된다.

(6) 학습된 무기력(learned helplessness)

셀리그만(Martin Seligman) 등이 발전시킨 학습된 무기력 이론은 인지행동의 특수한 영역에 대한 사회학습 이론의 적용이라고 할 수 있다. 사람들은 자신의 노력에도 불구하고 자신이 통제할 수 없는 사건에 직면하여 자신의 반응으로써 미래의 결과를 통제하지 못할 것이라는 예측, 즉 반응과 결과가 일치하지 않을 것이라는 기대에서 무기력이 발생하고, 사람들은 자신이 직면한 사건을 극복하는 노력이 지속적으로 성공하지 못할 때 무기력을 배운다.

(7) 관찰학습의 단계

관찰학습은 환경적 자극에 대한 반응을 통하여 행동을 학습하는 것이 아니라 타인의 행동을 관찰함으로써 학습하는 과정인데, 반두라는 관찰에 의한 학습과정에 영향을 끼치는 인지적·사회적 요소에 관해 말하면서 관찰학습은 4가지 단계로 이루어진다고 하였다.

① **주의집중** : 관찰학습의 첫 단계로, 모델링을 하는 과정에서 관련된 자극에 주의를 기울이고 관찰된 행동을 배우면서 중요하지 않은 것은 걸러낸다.

② **보존** : 주위의 모델로부터 받은 내용과 인상을 자신의 내면에 오랫동안 기억한다.

③ **운동재생** : 심상에 저장되어 있거나 상징적으로 부호화된 기억을 외형적 행동으로 전환한다.

④ **동기화** : 관찰학습 과정의 결과를 유지하기 위해 필요하다.

4) 행동주의 치료기법

행동주의 이론은 인간 개개인의 차이를 강조하기 때문에 환자 특성에 따라 치료방법과 기술을 선택한다. 현재 행동치료 현장에서 사용하는 주요 기법들은 크게 두 가지로 새로운 행동을 형성·발전시키는 기법과 문제행동의 감소와 소거하는 기법이 있으며, 각 기법들을 설명하면 다음과 같다.

(1) 새로운 행동을 형성·발전시키는 기법

일반적으로 적응능력이 부족하거나 문제행동이 많은 환자에게 가정이나 사회에서 정상적으로 성장할 수 있도록 학습 환경을 조성해 주고, 칭찬이나 보상의 기회를 많이 제공해서 새로운 행동을 형성하게 하는 수정기법은 다음과 같다.

❶ 정적 강화(positive reinforcement)

어떤 바람직한 행동을 할 때 그 행동의 재발생을 유도하기 위해 가장 많이 사용하는 보상기법으로, 긍정적 강화자극을 제공하는 것이다. 흔히 사용되는 정적 강화에는 칭찬이나 음식, 돈, 상장 및 특혜를 주는 것 등이 있으며, 강력한 수단으로 작용한다. 정적 강화의 효과를 높이기 위해서는 환자가 바람직한 행동을 했을 때 강화자극을 신속하게 연합시킬 수 있도록 즉시 강화해야 한다.

❷ 행동형성(behavioral shaping)

행동형성은 환자가 한 번도 해본 적이 없는 새로운 행동을 처음 가르칠 때 효과적으로 사용할 수 있는 기법이다. 목표행동에 한 번에 도달하기 어려울 때 출발점 행동의 수준이 확정되면 초기 보상수준은 낮게 하고 점진적으로 보상기준을 높여가면서 새로운 행동에 도달할 수 있도록 하는 것이다. 주로 언어장애, 대인관계장애, 중도지적장애나 자폐아의 식사나 옷 입기 등의 신변처리 행동형성에 많이 사용된다.

❸ 행동연쇄(behavioral chaining)

간단한 반응과 행동은 행동형성에 의해 조성되지만 복잡한 행동을 만들어 내기 위해서는 행동연쇄 기법을 사용하게 된다. 이는 학습할 행동을 쉽게 만들어주기 위해 목표행동을 여러 작은 행동으로 나누어 단계적으로 가르치는 방법이다. 그러므로 행동연쇄는 먼저 과제분석을 통해 단계를 일정하게 정한 후 단계별로 보상해서 점차적으로 목표행동에 도달하게 하는 것이다. 행동연쇄 기법은 과제의 첫 단계부터 순차적으로 학습시키는 행동연쇄 또는 '긍정적 연쇄(positive chaining)'와 마지막 끝 단계에서부터 거꾸로 한 단계씩 지도하는 '역연쇄(backward chaining)'의 두 가지 유형이 있다.

❹ 보조법(prompting)과 용암법(fading)

보조법은 목표행동을 학습시킬 때 필요하고, 용암법은 일단 학습된 환경이 일반 환경에서 잘 유지되고 전이되도록 도와주는 과정에서 필요하다. 보조법 사용에 있어서는 도와주어야 할 때(timing)와 필요한 도움의 양을 적절히 조절하는 것이 매우 중요하다. 또한 이러한 보조수단을 통해 일단 주어진 행동을 성취하면 '용암법'을 이용해서 일단 주어진 보조의 양을 점진적으로 줄여가면서 혼자 할 수 있도록 도움을 줄여가는 과정을 말한다. 따라서 보조법과 용암법은 다른 행동수정 기법과 함께 사용하며, 행동수정 기법의 성패에 중요한 역할을 한다.

❺ 자기조절(self control)

이 기법은 읽기와 쓰기가 가능하고 판단 수준이 있는 초등학교 3~4학년 이상의 환자에게 적합한 것으로, 본인 스스로 문제점을 파악하고 교정해나가는 방법이다. 특히 독립심이 너무 강해 타인이 참견하는 것을 거부하는 환자와 수치심, 망상, 강박관념과 같이 행동으로는 나타나지 않지만 내적인 갈등이나 불안 등의 증상을 가지고 있는 환자 치료에 적절한 방법이다. 자기조절 기법에는 자기관찰, 자기계약, 자기진술훈련 및 주장훈련 등이 있다.

❻ 토큰경제(token economy)

바람직한 행동을 할 때 물질적·사회적 보상을 함으로써 목표행동의 빈도가 증가하도록 유도하는 기법이다. 보상물로 '토큰' 또는 '증표'를 만들어서 일정한 수량에 도달하면 돈이나 다른 보상으로 교환하거나 하고 싶은 일을 하도록 하는 화폐경제의 원리를 응용한 것이다. 따라서 칭찬이나 관심, 미소와 같은 사회적 강화나 실제적인 상(돈이나 물건) 대신에 토큰을 사용하여 약속된 상을 얻도록 하는 방법으로 바람직한 행동을 인정해 주는 것만으로 별 효과가 없을 때 사용하는 방법이다.

❼ 모방학습(modeling)

이 학습은 다른 사람의 행동을 비슷하게 따라하는 경향으로, 아동 초기에는 부모를 중심으로 한 성인의 행동을 모방함으로써 많은 것을 배우다가 유치원에 들어갈 무렵이 되면 또래 아이들의 행동을 모방하기 시작한다. 아동은 모방을 통하여 바람직한 행동은 물론 바람직하지 못한 행동도 배우게 된다. 그 예로 유치원 수준에서 아동에게 현실적으로 중요한 모델은 교사이다.

(2) 문제행동의 감소와 소거하는 기법

❶ 소거

소거(extinction)는 부적응 행동을 수정해 나가는 기법으로 부적응의 행동이 주로 후속자극에 의해서 규정되고 있을 때에 사용되며 부적응행동의 생기를 높여 지속을 가져다주고 있는 후속자극을 끊는다는 이론에 바탕을 두고 행하는 치료법이다.

강화를 통해 특정 반응의 빈도가 증가된 이후에 그 반응에 대한 강화가 완전히 중단되면 반응이 일어날 빈도는 감소될 것이다. 소거의 원리는 주어진 상황에서 개인이 이전에 강화된 반응을 방출하고는 그 반응이 강화되지 않으면 다음에 유사한 상황에 직면했을 때 다시 같은 반응을 하지 않을 가능성이 높은 것을 뜻한다(Martin & Pear, 1992). "세 살 버릇 여든까지 간다."라는 속담은 한번 배운 행동은 완전하게 없애기가 힘들다는 것을 강조하고 있다. 소거를 통해 완전히 감소된 행동이라 하더라도 다음에 발생할 기회가 주어지면 다시 나타날 수 있다. 이렇게 일정한 기간이 지난 후에 소거된 행동이 다시 나타나는 것을 '자발적 회복'이라고 한다. 대개 자발적으로 회복된 행동의 양은 이전의 소거기간 중에 나타났던 행동의 양보다는 적다[네이버 지식백과].

❷ 체계적 둔감법

공포의 대상이 되는 자극을 체계적으로 강도를 높여감으로써 특정 대상에 대한 공포를 줄여나가는 방법으로서 불안이나 분노를 야기하는 상황을 떠올리고 신체적 이완을 하면서 불안이나 분노를 점차 완화시킬 수 있도록 유도하는 방법이다.

❸ 노출법

내담자가 두려워하는 자극이나 상황에 반복적으로 노출시켜 직면하게 함으로써 그러한 자극상황에 대한 반응을 감소시키는 방법이다. 반복적 노출은 자극에 대한 불안을 감소시키는 둔감화 현상을 유발한다.

5) 행동주의 이론의 평가

(1) 공헌점

개개인에게 맞는 구체적인 상담기술을 다양하게 적용할 수 있게 했다는 점이다. 행동하는 것을 강조하기 때문에 클라이언트의 행동을 바꾸는 데 도움을 주는 많은 행동적 기법 또는 전략을 가지고 있다.

단기적 개입효과가 뛰어난 다양한 치료기법을 개발해서 언어가 부족한 어린 아동을 포함해서 정신질환 환자에까지 적용범위를 확대하였다.

(2) 제한점

행동주의 이론은 실험실에서 동물을 대상으로 한 연구에서 나왔기 때문에 실험실 밖의 일상생활에서나 동물이 아닌 인간에게는 적절하지 않을 수 있으며, 특히 인간을 동물과 같이 취급하는 데 대해 비판을 받고 있다.

핵심정리

1. 스키너의 행동주의 이론

1) 인간관 : 인간행동은 내적 충동보다 외적 자극에 의해 동기화되며, 인간은 보상과 처벌에 따라 유지되는 기계적 존재이다.

2) 주요 개념

- 고전적 조건화 : 고기(무조건자극)를 주기 전에 종소리(조건자극)를 들려주면 나중에는 종소리(중립자극)만 들려도 침을 흘리는 행동(무조건반응)을 보인다. 이 개의 반응이 조건화되었다고 할 수 있다.
- 조작적 조건화 : 유기체가 원하는 결과를 얻기 위해 선택적으로 환경에 작용하는 과정
- 자극변별 : 어떤 자극에 대한 강화 여부에 따라 구별해서 반응하는 것
- 강화 : 이전 행동의 빈도를 즉각 늘리는 것
- 처벌 : 이전 행동의 빈도를 줄이는 것
- 정적 강화 : 특정 행동을 강화하는 결과를 제시함으로써 행동의 빈도를 증가시키는 것
- 부적 강화 : 특정한 부정적인 결과를 제거함으로써 행동의 빈도를 증가시키는 것
- 강화계획 : ① 고정간격 강화–특정시간 간격마다 강화 제공
  ② 고정비율 강화–어떤 특정한 행동이 일어난 수만큼 일어났을 때 강화를 주는 것
  ③ 변동간격 강화–평균시간이 지난 후 행동에 강화를 제공할 수 있는 시간
  ④ 가변비율 강화–평균 몇 번의 반응이 일어난 후 강화

2. 반두라의 사회학습 이론

1) 인간관 : 인간은 인지적 능력이 있기에 창조적인 사고를 함으로써 합리적 행동을 계획할 수 있다.

2) 주요 개념

- 모델링(모방) : 타인이 행동하는 것을 보고 들으면서 행동을 따라하는 것
- 관찰학습 : 관찰학습의 과정, 주의집중–유지–생산–동기과정
- 상호결정론 : 환경, 개인, 행동이 서로에게 영향을 주며 상호의존적
- 자기조절 : 스스로 자신의 행동을 감독하며 스스로 자부심을 가지는 것
- 자기강화 : 자신이 통제할 수 있는 보상을 자기 스스로에게 주어서 자신의 행동을 유지하거나 변화시키는 과정
- 자기효능감 : 자신이 특정 행동을 성공적으로 수행할 수 있다는 신념

08 CHAPTER

연습문제

01 스키너의 조작적 조건화의 원리로 어떤 결과가 행동이 다시 일어날 가능성을 증가시켜주는 것을 의미하는 것은?

① 변별자극 ② 조작적 조건화 ③ 행동조성
④ 긍정적 강화 ⑤ 강화

02 다음 중 반두라(Bandura)의 관찰학습 과정에서 기호화된 표상을 외형적으로 전환하는 단계는?

① 개입과정 ② 주의과정 ③ 보존과정
④ 운동재생과정 ⑤ 동기화과정

03 다음 중 반두라의 관찰학습 순서로 옳은 것은?

① 주의집중-보존-동기화-운동재생 ② 주의집중-보존-운동재생-동기화
③ 운동재생-보존-동기화-주의집중 ④ 운동재생-주의집중-보존-동기화
⑤ 동기화-보존-운동재생-주의집중

04 다음 〈보기〉가 설명하는 것은?

〈보기〉

개 실험을 통하여 개에게 고기를 주기 전에 매번 종을 울리면 그 개는 점차 종소리만 듣고도 침을 흘리게 된다. 즉, 무조건자극 없이도 중립자극으로 무조건적 반응을 유도하게 된 것으로, 이 개는 조건화된 것이다.

① 고전적 조건화 ② 조작적 조건화 ③ 변별 자극화
④ 긍정적 자극화 ⑤ 부정적 자극화

05 "숙제를 해온 학생은 오늘 청소를 면제해 주겠다"라고 하는 것은 무슨 강화인가?

① 정적 강화 ② 부적 강화 ③ 토큰 강화
④ 간헐 강화 ⑤ 타임아웃

정답 1. ⑤ 2. ④ 3. ② 4. ① 5. ②

CHAPTER

09

인지발달 이론

이 장에서는 피아제의 인지 이론에 대해 학습하고, 아동 인지 이론이 기억, 학습, 언어, 사회인지 등에 어떠한 영향을 미쳤는지에 대해 살펴보고, 콜버그의 도덕성발달 6단계를 구분해 제시하면서 각 단계별 특징을 구체적으로 살펴보고자 한다.

학습목표

1. 피아제의 인지 이론에 대해서 학습하고 기억, 학습, 언어, 사회인지 등의 다양한 분야에 인지 이론이 어떠한 영향을 미쳤는지에 대해 살펴본다.
2. 콜버그의 도덕성발달 6단계를 구분해 제시하면서 각 단계별 특징을 구체적으로 학습한다.

01 피아제의 인지 이론

1) 장 피아제의 생애

피아제(1896~1980)

아동발달 심리학자인 장 피아제(Jean William Fritz Piaget, 1896~1980)는 1896년 스위스의 뉴사텔(Neuchatel)에서 태어났다. 아버지는 뉴사텔 대학 중세문학 교수였고, 어머니는 아주 지성적이고 감성이 풍부한 여성이었다. 그가 열한 살 때, 알비노(Albino)라는 참새의 서식을 관찰하고 글을 써서 뉴샤텔(Neuchatel)의 박물학 학술지에 게재된 적이 있다. 그는 어린 시절부터 자연현상에 남다른 관심을 가지고 자연 속에 서식하는 새, 물고기 등의 생물학에 비범한 재능을 보인 학생이었다. 그는 스물한 살인 1918년에 뉴사텔 대학에서 동물학으로 박사학위를 받았다. 생물학에 비범한 재능과 흥미를 보인 피아제에게 사무엘 코넛(Samuel Cornut)은 다른 학문 분야에 관심을 갖게 된 중요한 계기가 되었다. 피아제는 철학, 종교, 논리학에 이르기까지 관심분야가 넓혀졌다.

1920년 파리의 비네(Alfred Binnet) 실험실에서 아동용 지능검사를 만들면서 아동의 오답에 주목하여 아동의 사고에 독특한 특성이 있음을 알아내고 아동이 어떤 사고를 하는지를 연구하게 되었다. 피아제는 먼저 아이들이 노는 것을 보면서 인간의 적응에 관심을 돌렸다. 그는 아이들이 놀이를 통해 적응하는 것을 배운다는 사실을 발견하였다. 1920년에 『정신분석학과 아동심리학』이라는 논문을 발표하였으며, 그 다음 해에 프랑스의 파리로 가서 2년 동안 논리학, 인식학, 철학 그리고 이상심리학 등을 연구하게 되었다. 그때 그는 파리에 있는 시몬(Simon)과 함께 지능문제에 관해 연구하게 되었는데, 연구과제는 표준화 추리검사를 개발하는 것이었다. 표준화 추리검사는 모든 아동에게 동일한 문항을 주어 모든 아동이 이에 반응하도록 요구된 검사이다. 그는 아동들이 나이에 따라 사고의 질이 서로 다르다는 결론을 내린다. 아동의 지능문제가 아동의 사고구조를 규명하는 방향으로 연구되어야 하며, 지능 연구의 방법으로 표준화 검사방법은 부적당하며, 비구조화된 임상적 방법이 효과적이라고 판단하게 되었다. 피아제는 유아의 감각운동성 활동은 바로 지능 활동의 원형이라는 것도 밝혀낸다. 이후 사망하기까지 30여 년 동안 그는 임상학 연구방법을 사용해서 아동의 인지과정을 이해하는 일과 아동들의 논리 발달, 인과관계의 추론, 사고, 도덕성의 발달, 아동의 세계에 대한 인식 등 영아기와 아동 초기의 심리적 발달에 전념하였다. 그는 제네바 대학에서 정착하면서 1956년 이후 수학, 물리학, 생물학 등 여러 과학에서 인식을 과학사와 발달심리학의 과학적인 접근으로 연구한 발생적 인식론 센터를 창설하여 새로운 분야를 개척하였다. 1980년 9월에 생을 마감하였다.

2) 주요 개념 및 이론

(1) 인지 이론의 기본 가정

인지(cognition)란 인간이 외부세계를 이해하고 파악하는 지각능력이며 인식능력으로 지식, 의식, 학습, 사고 작용, 개념화, 지각, 학습 등 모든 정신적 과정을 말한다. 인식은 자신의 경험을 조직화하고 의미를 부여하는 과정으로, 말한 것을 주관적으로 해석하고 문제를 해결하며 정보를 종합하고 복잡한 과제를 분석하는 포괄적인 인지 활동을 말한다(이인정 외, 2000). 워너(Werner, 1982)는 생각하기에 따라 행동은 달라질 수 있다고 하여 인지를 사고라는 좁은 의미로 사용하고 있다. 최근에는 인지를 지식, 지능, 사고, 환상, 상징, 합리화, 개념화, 지각, 기억, 주의집중학습 등 인지에 속하지 않는 심리적 과정은 없다고 말할 정도로 광범위하게 받아들인다(Flavell, 1985). 인지 이론에서는 인간의 성장과 변화 그리고 잠재력에 대하여 가능성을 보이는 비결정론적 입장이다. 개인적인 의미로 구성하는 인지과정은 타인을 지각하고 이해하는 것, 외부세계를 이해하는 것, 보상이나 처벌로써 경험하는 것, 어느 것에 주의집중하거나 간과하는 것 등이 있다. 세상이 어떠하느냐 하는 것보다는 개인이 세상을 어떻게 지각하고 이해하느냐가 더 중요하다. 개인의 인지왜곡은 사실을 그대로 보지 못하고 왜곡하여 자기방어를 하며 대인관계를 어렵게 만들고 사회생활의 적응을 어렵게 만든다.

인지 이론의 기본 가정은 다음과 같다.

첫째, 인지발달은 개인이 환경과 상호작용에서 이루어지는 적응과정이다.

둘째, 특정 연령에서 각 개인의 특정 영역의 인지적 유능성은 개인이 기능하는 맥락에 따라 차이가 있다.

셋째, 인지는 개인이 환경적인 경험에 의하여 습득되고 개인이 이러한 경험의 의미를 능동적으로 구성하여 만들어낸 결과이다.

넷째, 개인은 환경적 사건을 인지적으로 표상하고, 그에 따라 행동한다. 예를 들어, 개인이 사건의 어떤 측면에서 선택적으로 주의를 기울이며, 어떤 의미를 부여하는가에 따라 행동이 달라진다.

다섯째, 사고, 감정, 행동 그리고 그 결과는 원인적으로 관련성을 지니고 있다.

여섯째, 개인의 인지적 표상모델은 사회적 기능과 정서적 변화에 영향을 미치며 변화가 가능하다.

일곱째, 인지변화는 정서적 변화와 행동변화에 영향을 미친다(김동배·권중돈, 2005).

(2) 도식

도식(schema)은 개인이 사물이나 사건, 사실에 대한 전체적인 이해의 틀을 말한다. 생리적으로 가지고 태어난 것이 아니라 환경과의 접촉을 통하여 반복되는 행동과 경험에 의하여 만들어진다. 도식은 반복되는 행동을 통해 더 세분화되고 통합되며 수많은 도식과 복합적인 고차원의 도식이 만들어진다. 도식은 인간으로 하여금 사고를 조직하게 하고 환경에 적응하게 하는 심리적 구조이다. 도식이란 한마디로 아동 자신의 경험적 활동에 의해 조직화한 행동양식이라고 할 수 있을 것이다. "도식은 행동이 유사한 상황 속에서 반복되거나 전이되면서 일반화되는 행동의 구조나 조직이다(Piaget & Inhelder, 1969)." 피아제는 아동의 모든 행동이나 사고의 목적은 보다 만족스러운 방법으로 환경에 적응하도록 하는 것으로 보았다. 도식은 유아가 손가락을 입에 넣는 것과 같은 단순한 것에서부터 수의 개념을 이해하는 것, 언어발달의 과정, 성인이 자동차를 운전하는 사고와 행동의 통합성이 필요한 경우도 있다. 모든 도식이 발전하는 과정은 동화(assimilation)와 조절(accommodation)이 서로 상호보완적이면서 동시적인 정신과정을 통해 일어난다(Piaget & Inhelder, 1969).

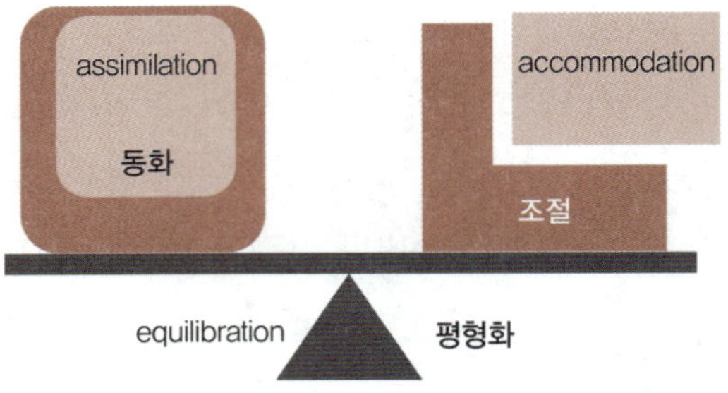

그림 9-1 동화와 조절을 통한 평형화

(3) 지식의 습득과정

동화와 조절과정은 유기체의 생물학적인 과정을 말하는데, 아동의 인지과정을 인용하여 설명하였다. 피아제의 이론에 의하면, 아동의 사고는 동화와 조절이라는 두 과정을 통해 발달해나간다. 동화란 새로운 정보가 들어왔을 때, 기존에 있던 도식에 잘 받아들여 새로운 정보를 잘 융합시키는 것을 말한다. 그러나 새로 들어오는 정보가 반드시 현존해 있는 도식에 잘 이해할 수 없을 때 아동은 자신이 가지고 있는 현재의 도식을 수정해서 새로운 정보로 만들어가는 데 이것을 조절이라고 한다. 이러한 과정은 인지적 이해의 틀을 변화시키므로 발달해간다. 동화와 조절은 상보적인 형태로 동시에 일어나게 된다. 즉, "어떻게 할 것인가?"라는 문제에 직면했을 때, 이미 알고 있는 지식을 적용시키는 동화의 과정과 무엇인가 새로운 방법을 습득하는 조절의 과정이 우리의 사고과정에서 동시에 일어난다. 동화가 조절보다 훨씬 더 많이 일어난다면 사고는 자기중심성 내지 자폐적인 방향으로 발전할 수 있다. 가장 좋은 예가 아이들의 상징놀이이다. 반대로 조절이 동화보다 더 우세하면 행동은 모델이 되는 사물이나 행동을 그대로 따라하며 대표적인 것이 모방행동이다. 발달단계의 향상이나 인지발달 수준이 높아진다는 것은 모방이 점차적으로 지연반응으로 변하여 모방행동이 내면화·상징화되는 것을 의미한다(김현택 외, 2003). 피아제 이론에서 강조하는 것은 "아동이 주체적인 조작(operation) 활동을 통하여 자신의 인지구조(cognitive structure)를 형성"하는 것이다. 아동의 지능이 발달한다는 것은 내적 심리구조, 즉 인지구조가 복잡해지는 것이다. 이 구조는 아동이 발달단계에서 복잡해지는 방향으로 구성되며 재구성된다. 구조 내부에 새로운 것이 생겨나며 구조가 이루어지는 상황이 변화하는 과정을 통하여 점차 정교해진다(김현택 외, 2003). 이 구조는 아동이 초기에는 감각-운동적인 협응 행동이 일차적으로 나타나는 것은 감각-운동이 우리의 사고를 특징짓는 결정적인 구조라고 보았다. 피아제의 통찰은 구조를 지능의 생성·발전에 의한 것으로 보았고, 인간이 자신의 발달을 만들어내는 것이라고 보았다. 인지발달에 관한 피아제의 사고는 유기체와 환경과의 끊임없는 상호작용에 의한 인지발달로 후기 구성주의(constructivism) 이론에도 수용되었다.

(4) 인지발달단계

피아제는 아동의 인지가 감각이나 운동발달에서 시작하여 논리적 사고의 습득과정인 형식적 사고로 이어지는 인지발달단계를 4단계로 설명한다. 즉, 감각운동기-전조작기-구체적 조작기-형식적 조작기를 통하여 적응하는 것으로 본다. 각 단계별로 인지발달은 개인의 지능이나 사회환경에 따라 차이는 있을 수 있으나 발달 순서는 뒤바뀌지 않는다고 설명한다. 각 단계의 사고과정은 서로 다르며 시간이 경과함에 따라 더욱 복잡하고 객관적이며 심리적 구조를 통합한 것으로 나타난다. 피아제의 인지발달단계를 프로이트와 에릭슨의 발달단계와 연관지어 살펴보면 **표 9-1**과 같다.

표 9-1 프로이트와 에릭슨의 발달단계 비교

연령	인지발달단계	특징	프로이트	에릭슨
0~2세	감각운동기	자극에 대한 반응, 직접적인 신체감각과 경험을 통한 환경 이해, 대상영속성 발달, 사회적 애착 확립	구강기 항문기	신뢰감-불신감
2~7세	전조작기	자아중심성, 직관적 사고, 물활론, 상징적 기능, 타율적 도덕성, 중심화(집중성), 비가역적 사고, 대상영속성 획득, 보존개념	항문기 남근기	자율성-수치심 주도성-죄책감
7~11세	구체적 조작기	경험에 기초한 사고, 논리적 사고, 보존개념 획득, 분류화, 서열화, 탈중심화, 가역적 사고, 자율적 도덕성	잠복기	근면성-열등감
12세~	형식적 조작기	추상적 사고, 가설, 연역적 추론, 조합적 사고	생식기	자아정체감-역할 혼미

피아제와 인헬더가 설명하는 인지발달단계별 특징을 구체적으로 살펴보면 다음과 같다(Piaget & Inhelder, 1969).

❶ 감각운동기(sensory motor period, 0~2세)

피아제가 출생부터 약 2세까지를 감각운동기라고 말한 것은 이 단계에서 유아는 반사적이고 감각기능과 운동능력을 통해 세상이나 사물에 대한 탐색을 하기 때문이다. 유아가 사물에 눈을 맞추거나 손가락으로 입에 넣고 빠는 행위나 붙잡는 행위들은 가장 기본적인 지적 발달의 시작으로 본다. 감각운동을 통해 지식이 발달하는 것이다. 유아는 자신의 감각을 이용하고 운동능력을 활용하여 자신의 결과에 민감하게 반응하며 흥미를 느낄 때는 이것을 반복한다. 유아가 행동하고 그 행동의 결과가 또 다른 반복적인 행동을 보이게 하는 '순환적인 행동'이다. 이 시기 유아의 주요 발달과업으로는 ㉠ 주변의 여러 대상으로부터 자신을 분리시키기, ㉡ 빛과 소리에 반응하기, ㉢ 흥미있는 일을 계속하기, ㉣ 조작을 통한 물체의 속성 알기, ㉤ 대상영속성 개념 알기이다.

감각운동기의 세부단계 연령별 인지발달단계는 다음과 같다.

㉠ 반사기(0~1개월)

- 빨기, 파악반사, 웃음, 울음, 미소반사, 움직이는 곳을 보기 등 타고난 반사행동을 통하여 자극에 그대로 반응한다.

- 젖을 찾기 위하여 머리를 움직이는 것, 혀를 조절하는 것이 조절의 시작이다.

㉡ 1차 순환반응기(1~4개월)

- 우연히 어떤 행동을 하여 흥미 있는 결과를 얻었을 때 이러한 행동을 반복한다(예 손가락 빨기).
- 수많은 반복운동으로 다른 동작과 도식을 만든다.
- 반복동작은 어떤 행위나 기술을 익히려는 목적행동이다.

㉢ 2차 순환반응기(4~10개월)

- 외부의 흥미로운 사건을 발견하면 다시 반복하려 한다(예 손을 움직여 딸랑이 흔들기).
- 자신의 행동과 예상되는 결과를 예측하며, 자신의 욕구 충족을 위하여 의도적으로 행동한다.
- 의도적으로 전에 알게 된 행동을 새로운 상황에 이용하려는 것이 특징이다.

㉣ 2차 도식의 협응기(10~12개월)

- 친숙한 행동이나 수단을 통해 새로운 결과를 얻으려 하므로 이 단계의 행동은 의도적이고 목적적이다.
- 장애가 나타날 때 장애물을 치우고 원하는 물건을 잡는 행동을 하는 분리된 도식을 협응시킨다.
- 반복적인 행동은 정신적인 초벌그림으로 도식을 만들어준다. 사고활동의 기초가 된다.

㉤ 3차 순환반응기(12~18개월)

- 친숙한 행동으로 목표에 도달할 수 없을 경우 새로운 행동 유형을 찾아내어 행동한다.
- 도식 자체가 크게 변화하게 되고, 능동적으로 새로운 수단을 발견한다.
- 시행착오적 행동을 하므로 상황에 맞게 변형시킨다.

㉥ 사고의 시작(18~24개월)

- 행동하기 전에 생각을 함으로써 사고를 통하여 해결한다.

- 수단과 목적의 관계에 대한 정신적 조작이 가능해진다.
- 대상영속성 발달은 정신발달의 기초로 물체가 보이지 않아도 존재한다고 믿는 것은 생각기능이다(김동배·권중돈, 2005; 권육상·이명제, 2004).

❷ 전조작기(pre-operational period : 2~7세)

이 단계는 2세부터 7세까지 지속되는데, 조작(operation)이란 정보의 전환을 이해하는 정신능력을 의미한다. 이 단계에서 아동은 보이지 않은 것도 생각할 수 있고 사물을 나타내는 새로운 상징을 만드는 것을 즐거워하기도 한다. 사고는 비논리적이며, 환상이나 놀이를 통한 개념적·상징적 양식으로 수행할 수 있는 사람으로 만든다(권중돈·김동배, 2005). 예를 들어, 아이들은 막대기를 갖고 총으로도 기타로도 변신하여 상징놀이를 한다. 이 시기의 아동은 대상의 특성은 알 수 있지만 대상에 대해 아직 어떤 행동(조작)을 논리적으로 할 수 없다. 공 모양으로 된 진흙 덩어리를 소시지 모양으로 만들어진 것을 보고 내용은 알지만 조작과정은 아직 이해하지 못한다. 똑같은 양이 모양만 바뀌는 과정에 대한 사고를 아직 하지 못하기에 전조작기라고 한다. 아이는 이 단계에서 조작의 변화된 사물에 대하여 많은 호기심과 놀라움을 가지고 즐거워하기도 한다. 이런 반복적인 경험들에 의하여 도식을 만들어가며 다음 단계로 발달할 수 있게 된다.

이 시기의 사고기를 전 개념적 사고기와 직관적 사고기로 나누어 서술하면 다음과 같다.

㉠ 전 개념적 사고기(2~4세)

이 단계에 유아는 발달한 도식이 내적으로 표상되는 전환기로서 다양한 언어발달과 신체활동에 적극적이다. 유아는 자기중심적이며 잘못된 개념과 현실적이지 못한 개념을 가지고 있다. 특성들을 보면 다음과 같다.

- 또래 간의 상호작용은 초기에는 자기중심적이다. 자신의 마음속에 있는 것에 대해서만 말한다.
- 물체를 하나의 준거에 의해 수집할 수 있다(많은 단추 가운데 빨간색

고르기는 가능하나, 빨간색 동그란 것 고르기는 어렵다).

- **수의 보존개념** : 같은 수의 동전을 길이를 달리 배열하였을 때는 긴 줄에 동전이 많다고 생각한다.
- **길이의 보존개념** : 같은 길이의 막대기를 달리 배열하였을 때에 옆으로 나온 것이 더 긴 막대기라고 생각한다.

ⓛ 직관적 사고기(4~7세)

유아의 판단은 언어화되지 않은 모호한 인상이나 직관에 의존하여 잘못 판단하는 경우가 종종 있다. 지각에 의한 직접적 경험으로 사물이나 사건을 이해한다.

- **보존개념** : 같은 양의 물을 다른 모양의 용기에 담았을 때 양이 다르다고 믿는다.
- **유목화(classification)** : 하위개념, 상위개념을 모른다.
- **자아중심성** : 내가 생각하는 대로 남도 그렇다고 본다. 이는 또래들과의 상호작용을 통해 극복되며 또래들은 아동의 자아중심성을 이해하지 못하므로 같이 놀기 위해 그들을 이해시켜야 하고 스스로도 다른 아동의 관점을 이해할 수밖에 없기 때문이다.
- **상징놀이** : 감각운동기 6단계에서 최초로 나타나 전조작기에서 가장 많이 발달한다. 이 시기의 아동은 베개를 아기라 하면서 업고 다니고 손을 문질러 씻는 흉내를 내면서 비누라고 하기도 한다.
- **물활론적(animistic) 사고** : 아동의 자연관을 특징짓는 것으로, 모든 사물에 생명이 있고 생각이 있으며 감정이 있다고 믿는 것이다. 움직이는 것에 생명을 부여하고 움직이지 않는 것에는 부여하지 않는다. 탁자나 꽃은 움직이지 않으므로 죽은 것이고, 구름이나 자동차는 움직이므로 살아 있는 것으로 본다.
- **도덕론** : 아동들의 놀이규칙에 관한 연구로, 규칙은 지키지 않으면 벌을 받기 때문에 절대적으로 지켜야 하는 것으로 본다. 잘못을 하면 벌을 받아야 하는 결과에 더 치중한다.
- **인공론적 사고** : 유아는 모든 세상의 사물이나 자연현상을 사람들이 필요에 의해서 만든 것으로 생각한다. 사람들이 집이나 교회를

짓듯이 해와 달도 우리를 비추기 위해 만든 것이라고 생각한다. 비가 오는 것은 하늘에서 누군가 커다란 스프링클러로 물을 뿌리기 때문이라고 믿는다(송길연 외 역, 2005).

❸ 구체적 조작기(concrete operational period : 7~11세)

이 단계의 아동은 7세에서부터 11세까지 지속되며, 구체적인 상황을 정신적으로 조직화하거나 변화시킬 수 있는 아이의 능력에서 유래한다. 아동의 진정한 논리는 조작에 관해 생각하고 이해할 수 있을 때 시작한다. 조작은 '가역적인 행동(reversible action)'이 가능하므로 새로운 추론 능력이 발달할 수 있게 된다. 아동의 조작적 도식의 능력은 가역성에 있다. 진흙 덩어리로 소시지로 만들었다면 그것을 다시 공모양의 진흙 덩어리로 만들 수 있는 것이 가역성이다. 보존개념에 대한 이해가 발달하게 된다. 아동은 동일성, 보존개념과 가역성이라는 세 가지 개념을 사용하여 사고할 수 있다고 본다. 아동은 더 붓거나 덜지 않았을 때는 액체의 양이 똑같다고 답할 수 있는 동일성과 이 컵은 길지만 저 컵은 넓어서 양이 결국 같다는 것을 볼 수 있는 양의 보존개념과 또 이것을 전에 있던 컵에 다시 부을 수 있기 때문에 두 컵의 양이 동일하다고 말할 수 있는 가역성 개념이 가능하다(Piaget & Inhelder, 1969). 초등학생 시기의 아동은 또래 친구들을 통하여 어느 정도 객관성을 가지고 보며, 자기 생각 외에 여러 생각이 있을 수 있으며, 자기 것이 옳다고 주장하는 자기사고의 한계도 인식하고 배려나 양보도 가능하다. 여전히 아동의 사고와 정신적인 조작은 구체적으로 눈에 보이는 사물이나 현상에만 국한하여 피아제는 이것을 '구체적'이란 단어를 사용하였다.

- **보존(conservation)개념의 획득** : 형태와 위치가 변화하더라도 물질의 양은 동일하게 유지된다는 개념의 논리를 사용할 수 있게 된다.
- **가역성(또는 역조작성)** : 어떤 변형된 상태를 반대 절차를 거쳐서 본래 상태로 되돌릴 수 있다고 상상할 수 있는 힘이다.
- **분류개념** : 전체와 부분과의 관계, 상위 유목과 하위 유목과의 관계를 이해하는 능력이다.
- **탈중심화** : 자아중심성으로부터 벗어나게 된다. 언어에서도 자기 말만 일방적으로 하던 의사소통방식에서 벗어나 타인의 입장, 감정을 생각할

수 있다. '세 산 모형실험'에서 자기와 다른 위치에서 보는 산의 모양을 공간적 시각적으로 추론할 수 있다. 탈중심화는 언어의 발달로 의사소통이 이루어지면서 더 활발해진다.

- **자율적 도덕관** : 또래들의 상호작용을 통해 발달하며 협동을 하기 위해 규칙적으로 변화할 수 있음을 알 수 있게 된다.
- **관계성 이해** : 대상과 대상 간 공통점과 차이점을 이해하는 능력이 가능하다.
  - **서열화** : 사물들을 크기, 무게, 밝기와 같은 여러 특성의 양적 차원에 따라 차례로 나열하는 것이다.
  - **유목화(분류)** : 물체의 속성에 달라 분류하고 한 대상이 하나의 유목에 속하는 것으로 분류할 수 있는 능력이다(정옥분, 2004).

❹ 형식적 조작기(formal operational period : 12세～)

형식적 조작기는 12세부터 지속되는 단계로서, 아동은 세상에 대한 다양한 종류의 개념에 대한 추상적 사고와 사물의 인과관계를 이해할 수 있다.

자신의 지각이나 경험보다는 경험하지 못한 사건에 대한 가설적이고 추상적인 합리화를 통하여 과학적 사고를 할 수 있게 된다. 이 시기의 도식은 실제경험에서는 가역적이지 않던 것을 이론적으로 가능한 것에 대해서는 조작적 사고가 가능하다. 형식적 내용을 지닌 수학이나 이론적인 과학이 이 시기부터 가능하게 된다. 논리적인 가설검증능력이나 추리력 적응력이 발달하여 이 시기에 발달한 인지구조는 대체로 성인기까지 유지된다. 그러나 청소년기는 성인보다 자기중심적이고 논리적으로 행하지 않는 성인세대들을 보면 모순적인 현실을 수용하기가 어려워서 비판과 저항을 한다. 피아제는 청소년기의 자아중심성을 자신의 사고에 무한한 힘을 부여하는 데서 볼 수 있고 현실검증을 거치지 않고 거대한 미래구상이나 관념을 통한 변혁이나 유토피아를 꿈꾸고 자신이 좀 더 성인이 되었을 때는 비로소 자신의 사고에 대한 한계나 문제를 알게 되며 현실적인 수용을 하게 된다(송길연 외 역, 2005). 이 시기의 인지발달의 특성으로는 다음과 같다(Piaget, 1965; 권중돈·김동배, 2005).

- 청소년기는 더 추상적이고 이상적 논리적으로 추론이 가능하다.
- 가설설정과 미래사건의 예측이 가능하며, 제시된 문제가 자신의 이전 경험이나 신념과 어긋난다 할지라도 처리가 가능하다.

- 이 시기 아동은 추상적이고 가설적인 범위까지 확장하여 사고할 수 있다.
- 문제 직면 시 조합적인 사고(combinational thinking)로 적용 가능한 해결책들을 논리적으로 모색하므로 적절한 문제해결방법을 찾아낼 수 있다.

3) 인지 이론의 평가

발달심리학은 어떤 행동과 심리과정에 대한 질문으로 특정행동과 심리과정이 어떻게 출현하며 이것이 어떻게 변화하는가에 더 관심을 둔다. 피아제의 인지 이론은 기억, 학습, 언어, 사회인지 등의 다양한 분야에 특히 아동발달심리학자와 교육심리학자들에게 지대한 영향을 미쳤다. 피아제의 연구는 아동과 성인이 세상을 얼마나 다르게 지각하고 이해하는지를 보여주었다. 아이는 어른의 축소판이 아니라 최적의 발달과정을 이루기 위하여 환경과 상호작용하며 개방적인 활동으로 성장하는 것이다. 피아제 이론의 핵심은 아동이 자신의 행동과 환경세계가 어떤 관계를 맺는지를 이해하려는 지적인 노력, 즉 개인이 스스로 확장된 세계에서 의미 있는 틀을 만들어간다는 데 있다(김현택 외, 2003).

인지 이론은 행동과학분야에 많은 영향을 미쳤으며, 임상적 영역에서도 인지 이론을 활용하는 경향이 높아지고 있다.

첫째, 사회복지사들은 아동대상의 개입에서 아동의 인지발달단계를 잘 이해하고 아동 주도적인 활동이 훨씬 더 직접적인 환경과의 상호작용으로 교육에 효과가 크다는 것을 적용할 수 있어야 한다. 아동의 나이나 발달에 적합한 교육이나 놀이, 치료 프로그램이나 학습방법들을 개발하여 발달장애아동이나 학습지체아동들에게 적절한 개입을 할 수 있어야 한다(엄신자, 2007).

둘째, 아동 초기 발달에서 정상적인 감각·지각발달에 있어서 결정적인 시기가 있는 것으로 추정된다. 적절한 시기에 적절한 경험을 통해 뇌가 정상적으로 발달되는데, 이런 자극의 결핍으로 이 시기를 놓쳐버리면 발달에 장애가 생기므로 부모교육이 절대적으로 필요하다.

셋째, 피아제가 주장하는 감각-운동기가 바로 유아들에게는 지식의 원동력이며 인지도식의 시작이라고 본다. 영유아기의 발달에서 사회복지사는 양육자로서의 역할을 기능적으로 수행할 수 있도록 아동의 반응에 적극적으로 반응하며 자극을 주므로 발달을 촉진할 수 있도록 하여야 한다.

넷째, 아동의 이해를 촉진하기 위해서는 같은 연령대의 아동이라도 발달속도에 차이가 있으므로 아동의 현재 기능수준을 파악하고 개별적인 맞춤식 교육을 강조하는 것은 사회복지사에게 아동에 대한 접근 방안을 제시해준다.

다섯째, 개인 도식은 개인이 스스로 확장된 세계에서 의미 있는 틀을 만들어 간다는 데 있다. 이를 통해 생득적·경험적 마음의 변화라는 관점에서 마음과 현실을 어떻게 상호 협력하느냐에 따라 마음에 대한 관점이 변화할 수 있다. 사회복지사는 클라이언트가 자신의 경험의 의미를 이해하고 재해석하므로 변화를 시도하도록 원조해야 한다. 한편 인간의 문제는 잘못된 비합리적인 사고나 신념에 의해 야기되며 인간의 신념이나 생각들이 정서와 행동에도 크게 영향을 미친다. 엘리스(Ellis)의 합리적·정서적·행동치료(Rational-Emotive-Behavior Therapy : REBT)는 사회복지실천과 연관성이 높은 이론이다. 이 이론은 클라이언트가 비합리적이고 부적절한 자기 신념을 인식하고 보다 합리적이고 긍정적인 사고로 변하도록 돕는 것이다. 엘리스는 다음과 같이 비합리적인 신념이 부적응적인 정서와 행동의 과정을 ABCDE로 설명하였다(홍경자, 1995).

- A – **선행사건**(activating event) : 개인이 당면하는 어떤 사건이 상황으로 정서적인 혼란을 야기하는 것을 의미한다.
- B – **신념체계**(belief system) : 어떤 사건이나 행위 등과 같은 환경적인 자극에 대해 개인이 갖는 태도, 사고방식을 의미한다.
- C – **결과**(consequence) : 사건을 신념에 의거, 해석해서 느끼게 되는 정서적 결과
- D – **논박**(dispute) : 클라이언트가 가지고 있는 비합리적인 신념이나 사고에 도전하고 사리에 맞는지 검토해 보는 것으로 치료자가 촉구하는 과정이다.
- E – **효과**(effect) : 클라이언트의 비합리적인 신념에 대해 논박하여 합리적인 신념으로 바꾼 뒤에 느끼게 되는 수용적이고 긍정적인 감정의 결과를 말한다.

사회복지사는 클라이언트의 비합리적이고 자기패배적인 부정적인 가치나

신념이 변화되도록 원조하며, 클라이언트가 자신의 삶에 대하여 현실적인 가치관을 형성하도록 다음과 같은 치료목표를 달성하도록 한다. ① 자기관심 ② 사회적 관심 ③ 자기지향 ④ 관용 ⑤ 융통성 ⑥ 불확실성의 수용 ⑦ 창조적 추구 ⑧ 과학적 사고 ⑨ 자기수용 ⑩ 모험 시도 ⑪ 장기적 쾌락 ⑫ 반이상주의 ⑬ 정서장애에 대한 자기책임의 수용이다(박경애, 1997).

이 이론이 사회복지실천에 미친 영향은 구체적으로 다음과 같다.

첫째, 사회복지실천에서는 개인과 환경의 상호작용을 중요시한다. 인간의 환경에 대한 도식은 적응과 동화를 거치면서 사회적으로 적절한 기능을 잘 수행하도록 한다. 이는 상황 속의 인간에 대한 개입과 맥락을 같이한다. 사회복지사는 인간과 환경의 상호작용을 이해하고 평가해야 한다. 개인이 환경 속의 다른 사람의 행동이나 사건, 상황에 어떤 의미를 부여하고 있는가에 접근할 수 있는 이론적 틀을 제시하고 있다. 동화·적응은 인간의 욕구에 환경이 적절히 반응하도록 변화될 수 있음을 보여준다.

둘째, 인지적 사고는 현실을 해석하여 정서와 행동에 영향을 주는 요인으로 작용한다. 문제를 클라이언트가 보는 관점으로 이해하고 클라이언트가 구성한 현실에 사회복지사가 개입하여야 한다는 것을 의미한다(Greene & Ephross, 1991).

셋째, 매우 위축되고 박탈된 집단이 모든 문제를 자신의 탓으로 돌리며 사회적 영향을 전혀 고려하지 못할 경우, 인지와 신념을 변화시키는 권한부여(empowerment) 접근의 근거가 되었다는 점에서 사회복지실천에 중요한 함의를 갖는다.

02 콜버그의 도덕성발달 이론

1) 콜버그의 생애

콜버그(Lawrence Kohlberg, 1927~1987)는 1927년 뉴욕주의 브롱스빌(Bronxville)에서 부유한 집안의 아들로 태어나서 성장했으며, 매사추세츠주에 있는 명문

사립 고등학교인 앤도버 아카데미(Andover Academy)를 졸업하였다. 제2차 세계대전이 끝날 무렵, 그는 고등학교를 졸업하였으나 곧바로 대학에 진학하지 않고 이스라엘의 난민들을 돕는 일에 앞장서게 되었다. 그러나 콜버그는 영국 군대에 의해 곧바로 체포되어 사이프러스에서 2년 동안 감금생활을 하면서 자신을 되돌아볼 수 있는 기회를 가졌다(Kohlberg, 1948). 이런 경험이 콜버그에게는 도덕성발달 이론과 도덕적 딜레마를 심리학적으로 연구하는 데 많은 영향을 미쳤다. 콜버그는 1947년 시카고 대학에 아주 좋은 성적으로 입학했기 때문에 대학을 졸업하는 데 몇 과목만 수강하면 되었다. 이로 인해 4년간의 학업과정을 2년 만에 우수하게 마칠 수 있었다. 그는 거기서 심리학 과정을 마치고 임상심리학자가 되려고 하였으나, 곧바로 피아제에게 흥미를 가지게 되고 아동과 청년들을 대상으로 도덕성에 대한 면담을 하였으며, 그 연구 결과로 1958년 12월 박사학위를 받게 되었다. 박사학위 논문 대상자들을 20년 동안 추적 조사하여 장기간에 걸친 도덕성발달의 종단적 연구를 수행한 특별한 논문이었다. 그 후 콜버그는 보스턴에 있는 소아병원에 '러셀 세이지 레지던트(Russsell Sage Resident)'로서 잠시 머무른 후에 1959 ~1961년까지 예일 대학에서 심리학과 조교수로 활동하였고, 1968년 이후부터는 하버드 대학 교수로 교육학과 사회학에서 연구와 후진을 양성하였다. 대학원에서는 1987년 1월까지 1947년에 자신이 설립한 '도덕교육과 발달연구소'를 이끌었다. 그러나 그는 60세에 불치의 열대병을 비관하여 자살함으로써 자신의 생애를 마감하게 되었다(Garz, 1999). 콜버그는 솔직하고 겸손한 사람으로 도덕성을 중심으로 철학의 여러 논제에 대하여 심리학과 연계시켰으며 교육자이자 철학자인 루소, 존 듀이, 볼드윈 등의 선구자들의 사상을 재평가하고, 그들이 이해하기 쉽게 소개하는 데도 큰 도움을 주었다. 그의 주요 저서로는『도덕성발달의 의미와 측정(1979)』,『도덕성발달의 철학(1981)』 등이 있다.

2) 주요 개념 및 이론

(1) 이론의 특성

콜버그는 피아제의 도덕성 판단연구에 관심을 갖고 종단연구와 비교문화 연구로 도덕성발달 이론을 더 세분화하고 체계화하였다. 연구 방법론을 달리하여 '하인즈의 딜레마(Heinz dilemma)' 같은 가상적인 도덕적 딜레마(moral dilemmas)를 아동들에게 제시하고, 연령별로 개인이 그러한 상황에 처했을 때에 어떻게 행동할 것인지 그리고 왜 그러한 판단을 하게 되었는지에 관한 아동의 도덕적·추론적 사고에 중점을 두었다. 그는 도덕적 딜레마를 해결하는 데에 옳고 그른 내용보다는 사고의 틀이나 추리양상에 따라 도덕성발달단계가 결정될 수 있다고 보았다. 아동의 도덕성(morality)발달은 인지발달 수준에 따라 그 단계가 결정되기 때문이다(허혜경·김혜수, 2002; 이근홍, 2006). 예를 들어, 10~11세 전후 아동은 결과에 따라 도덕적 판단(moral judgements)을 내리는 데 반해, 나이든 아동은 행동의 동기를 근거로 잘못을 판단한다. 엄마를 도우려다 접시 다섯 개를 깨뜨린 사람과 과자를 훔치려다 컵을 한 개 깬 아이의 이야기를 통해 누가 더 잘못한 아이인가 질문하였을 때에 어린아이들은 첫 번째 아이라고 말하지만, 나이가 든 아이들은 두 번째 아이라고 말한다. 도덕성발달도 인지발달처럼 낮은 수준에서부터 순차적으로 다음 발달단계로 이어질 수 있다고 보았다. 지적발달은 16세까지 계속 발달하며 도덕적사고(moral reasoning)도 청소년기를 거쳐 계속 발달한다고 보았다. 그래서 콜버그는 아동과 청소년을 대상으로 연구하여 도덕성발달단계를 6단계로 나누어 제시하였다. 전반의 3단계까지는 피아제와 유사한 점이 많다(송길연 외 역, 2005; 엄신자, 2007).

(2) 도덕성발달단계(stages of moral development)

콜버그는 도덕성발달단계를 6단계로 구분하여 제시하고 있으며, 각 단계별 특징은 다음과 같다.

❶ 전인습 수준(preconventional level, 4~10세)

이 시기는 주로 초등학교 아동들에게 나타나는 도덕적 발달 수준이다. 이 수준에서 주로 도덕적 행위 근거는 부모나 교사와 같은 권위자로부터의 보상이나 처벌에 의하여 옳고 그름을 판단한다. 아직까지 타인의 입장을 고려하는 수준이 자신의 이익을 극대화시키려는 목적으로만 이용될 뿐이다. 인습적이라는 것은 그 사회, 권위자의 규칙, 기대, 관습에 따르는 것을 의미하는데, 이 시기에 아동은 아직 인습적 또는 사회적 규칙과 기대를 이해하지 못한다.

㉠ 제1단계 : 처벌과 복종 지향 = 타율적 도덕 or 벌과 복종의 지향

아동의 행동이 도덕적으로 옳고 그른 것은 권위자의 보상과 처벌에 달려 있다. 어떤 행동으로 인하여 벌을 받으면 그것은 옳지 않은 것이고 해서는 안 되는 것으로 안다. 그리고 처벌을 받지 않으면 해도 된다는 것이다. 권위자에게 무조건 복종하는 것을 도덕적으로 가치 있는 것으로 여긴다.

㉡ 제2단계 : 목적과 상호교환 지향 = 개인주의 or 개인적 보상 지향

아동은 이 시기에 보상을 얻기 위하여 다른 사람의 규칙이나 기대에 동조하며 자신과 타인의 욕구를 만족시키기도 한다. 공정성, 동등한 분배, 오는 정이 있어야 가는 정이 있다는 것처럼 물물교환(exchange)으로 이해한다. 자신의 욕구와 쾌락에 따라 도덕적 가치를 판단한다.

❷ 인습 수준(conventional level, 10~13세)

인습적인 도덕발달 수준은 약 10세 이후의 아동기에 주로 나타난다. 이 시기에 아동들은 가족, 집단, 사회의 규범이 존재한다는 것을 알고 그 기준을 따라야 한다는 것도 이해하기 시작한다. 또한 이 단계를 지나 점차적으로 사회적인 질서유지를 위하여 규칙의 필요성을 인식하게 되는 단계에 이르게 된다. 즉, 인습 수준에서 개인의 가족이나 집단, 국가가 지키려 하는 권위를 존중하며 진정한 사회화가 나타나기 시작한다(이효선, 2003).

㉠ 제3단계 : 착한 아이 단계 = 대인 간 기대 or 대인관계 조화 지향

다른 사람을 기쁘게 하거나 다른 사람으로부터 착한 아이라는 인정(승인)과 칭찬을 받는 행동을 도덕적이라고 생각한다. 타인의 반응이 도덕성 판단기준이 되지만 심리적인 인정 여부가 더 중요하다. 이때부터 아동은 사회적 규제를 수용하고 행동의 의도에 따라 옳고 그름을 판단한다.

㉡ 제4단계 : 법과 질서유지 = 사회 시스템 도덕 or 법과 질서 지향

법과 사회적 질서와 규범을 지키고 자신의 의무를 다하는 것을 옳은 행동으로 생각한다. 선한 행동이란 사회적인 규범이나 질서를 따르는 것으로 본다. 도덕적 판단의 근거가 타인 중심에서 사회적 규범으로 바뀐다.

❸ 후인습 수준(post conventional level, 13세 이상)

후인습적 도덕발달 수준에 이르게 된 사람은 도덕적인 의무와 상호 간의 서약을 통하여 행위의 동기화가 이루어진다. 서로 간의 합의된 '공공의 선' 개념은 개인의 행동을 규정하는 도덕적 계약에 근거한 것이다. 여기서 더 도덕적으로 성숙한 단계에 이르게 되면 공평함과 정의의 원리, 모든 사람을 위한 존경에 근거한 윤리적인 규범에 의해 행동하게 된다. 이 수준은 20세 이후 극히 소수 성인들의 도덕 수준으로서 개인의 도덕적 가치나 윤리가 보편성을 갖는다고 할 수 있다.

㉠ 제5단계 : 민주적 법률 = 개인의 권리 및 사회 계약 or 사회 계약정신 지향

도덕적 행동이란 사회적 계약을 의미하는 것에 근거한 권리와 의무를 공유하는 기능에 의해 이루어진다. 개인적인 가치와 견해는 상대적이며 합의점을 찾거나 사회적 유익을 위해서는 법을 바꾸는 절차가 있음을 강조한다.

㉡ 제6단계 : 보편적인 원리 = 보편적 윤리적 원칙 or 보편적 도덕원리 지향

도덕적 판단은 개인의 양심이나 자기 선택에 의한 윤리적 원칙에 따라 정의된다(Schriver, 1995). 이러한 원칙들은 법, 가치, 사회적 계약을 초월하여 인간의 존엄성, 기본적인 인권, 보편성, 공정성 등을 지니고 있다. 이 단계는 최고 수준으로 보통사람들이 지향하는 목표들이다. 콜버그의 도덕성발달의 단계 모델은 과학적이고 객관적인 대전제에 기초한 것이다. 그러나 그의 도덕성발달 이론은 전통적이고 지배적인 패러다임에 일관성을 보이고 있어 인종이나 계층에 근거한 발달적인 실험이 다르게 나타날 수 있다는 인식이 포함되지 않았다(Schriver, 1995).

(3) 도덕적 판단력 검사

콜버그는 도덕을 도덕의 위기 상황에서의 딜레마를 해결하려는 의사결정 또는 도덕적 판단 능력이라고 하였다. 그는 사람들이 어떤 선택을 해서 어떤 행동을 하게 되었으며, 왜 그러한 선택을 하게 되었는지 그 선택의 이유에 관심을 두었다(이효선, 2003). 이에 따라 사람들에게 두 개의 도덕적 규범이 갈등 상황을 일으키는 가설적 딜레마 상황에 놓이게 함으로써 그들의 도덕적 판단 능력을 측정하는 콜버그식 인터뷰를 실시하게 되었다. 이러한 콜버그식 인터뷰는 반구조화된 인터뷰로 그 중심에는 가설적인 도덕적 딜레마가 있으며, 그 딜레마 상황 속에는 두 개의 도덕적 사회규범이 서로 갈등을 일으키는 상황이 묘사되어 있다. 즉, 갈등을 해결하기 위해 각각의 대상이 스스로 판단하고 결정하도록 하는 도덕 판단력 조사 방법이라 할 수 있다. 인터뷰는 적어도 두 개의 도덕적 가치가 대립되어 있는 가설적 딜레마 상황의 제시로부터 시작되며, 질문을 받은 응답자는 서로 상충되는 두 가지 가치 중 하나를 선택해야 하는 갈등에 놓이게 된다. 즉, 진행자는 갈등의 상황을 설명하고 난 뒤 인터뷰를 통해 어떻게 대처하면 좋을지에 대하여 연구 참여자들에게 물어본다. 이때 언급된 대처 방법에 대한 이유도 계속해서 인터뷰가 진행되는 과정을 통해 반영되어야 하며, 일관성 있게 언급해야 한다. 사회적 또는 도덕적 갈등이 주제가 되는 일상생활의 상황과는 달리 인터뷰 상황에서는 반사적으로 결론에 도달하는 과정이 언어를 통해 이루어진다는 점이 다르다. 응답자의 사회적·인지적 능력과 의사소통 능력 여하에 따라 문제 상황은 응답으로 제시한 상황 또는 인터뷰 응답자의 이야기 속에 내포된 응답자의 근거가 다음 질문의 대상이 된다. 여기서 주의할 점은 진행자는 응답자의 표현을 평가하지도, 그 내용에 관해서는 질문하지도 않는다는 방법학적 원칙이 지켜진 가운데 조사가 실시되어야 한다(Suttert, 2005).

3) 도덕성발달 이론의 평가

한때 엄청난 물의를 일으켰던 '가짜 학력파문 사건'들은 사회 전체적으로 허위와 가장이 날조하며 진실보다 더 판을 치는 세상의 한 부분을 단적으로 보여주는 사례다. 사회 전체적으로 만연해 있는 부정부패나 도덕성의 부재는 가정과 교육, 사회적인 책임이 크다고 본다. 사회복지실천에서 사회복지사는 아동의 도덕적 사고와 윤리의식들을 아동의 인지수준에 맞는 수준으로 활발하게 교육해야 한다.

일상생활 속에서 민주적 공동체의식을 함양하기 위하여 기본적인 질서를 지키기, 정직하고 솔직하기, 예의범절과 시간을 잘 지키기, 다른 사람에게 피해를 주기 않기, 폭력을 사용해서는 안 되는 일 등이 실천될 수 있도록 해야 한다. 민주사회의 자율적인 인간이 되기 위해서는 콜버그가 주장하는 후인습 수준인 6단계로 개인의 도덕적인 판단은 양심의 결정에 따른 보편적이고 공명정대의 원칙, 기본적인 인권의 동등성, 개인의 존엄성을 존중해야 한다. 인간발달에서 도덕성과 윤리, 양심의 발달은 사회의 민주적 공동체를 형성하고 책임감 있는 자율적 시민으로 성장하기 위해서 더욱 중요하다.

콜버그는 도덕적 판단의 결과보다는 도덕적 판단의 과정을 중요시하며 상황에 따른 인간의 자유판단을 최대한 고려하였다. 비행청소년의 경우 사회적 규범을 중요시하기보다 또래집단의 소속감이나 공동행위 같은 관계 중심적 태도가 더 우선시되어 감정이나 욕구에 의해 우발적이고 충동적인 행동으로 보는 것이 중요하다. 그래서 청소년들의 자아중심적인 사고보다는 먼저 도덕적인 판단과 윤리의식을 강화해야 하며 개인의 문제행동의 배경과 환경들 간에 상호작용하는 역동성을 통합적으로 다룰 수 있어야 한다. 사회복지사는 개인의 직업윤리나 가치, 정의(justice)는 다양한 클라이언트를 만나면서도 윤리적 딜레마를 보편적이고 클라이언트 중심적인 정의를 실현할 수 있어야 사회복지에 전반적으로 정의로운 문화가 뿌리를 내리고 정착되리라 믿는다. 이런 의미에서 사회복지사를 위한 윤리와 도덕교육은 학교와 현장에서 평생교육처럼 실시되어야 한다.

한편 콜버그의 도덕성발달 이론에 대한 비판으로는 다음과 같다(이광자 외 1999; 엄신자, 2007).

첫째, 콜버그는 남성만을 대상으로 연구하였다. 캐롤 길리건(Carol Gilligan)은 여성은 남성과 다른 도덕적 기준을 가지고 있다고 보며 여아들이 남아들보다 도덕성에서 열등하다고 보는 콜버그의 관점을 비판하였다. 남성은 법을 통한 정의 초점, 여성은 인간복지에 대한 책임이나 배려 초점이 다르고 역할 기대나 사회화의 경험, 성격발달도 연관된다고 보았다. 특히 성별에 따른 차이를 넘어 개인의 상황적 맥락과 특수성을 이해하는 데 초점을 맞추었던 것이 길리건의 이론이다(이효선 & Garz, 2007).

둘째, 콜버그는 도덕성이 한 단계에서 다음 단계로 이행하는 것이 자발적 행동의 결과라고 하였으나 도덕적 태도는 부모와 가정의 환경, 학교나 사회의 문화적 영향도 중요함에도 불구하고 교육과 사회화를 간과하였다는 비판을 받고 있다.

셋째, 콜버그는 도덕적 사고를 지나치게 강조하고 도덕적 감정이나 행동 간의 관계에 대한 연구가 부족하다는 비판이다. 도덕적 추리단계가 어느 정도 도덕적 행동을 예측할 수 있는지 알기 어렵다. 왜냐하면 도덕적 행동은 일반적으로 도덕적 추리 이외에 개인의 다른 특성과 많은 상황적 요인들에 의해 영향을 받기 때문이다.

넷째, 콜버그의 도덕성발달단계는 미국이라는 다양한 문화권에서 성장한 사람들을 대상으로 연구하였지만 모든 문화권에서 보편적인 이론으로 수용하기는 어렵다는 견해이다. 서구사회의 이상적인 정의 실현을 반영하고 있어서 개인의 권리를 높이 평가하지 않는 동양권에서는 불리할 수 있다.

핵심정리

- 인지(cognition)란 인간이 외부세계를 이해하고 파악하는 지각능력이며 인식능력으로 지식, 의식, 학습, 사고 작용, 개념화, 지각 등 모든 정신적 과정을 말한다.
- 인지발달은 개인이 환경과 상호작용에서 이루어지는 적응과정이다. 특정 연령에서 각 개인의 특정 영역의 인지적 유능성은 개인이 기능하는 맥락에 따라 차이가 있다. 인지는 개인이 환경적인 경험에 의하여 습득되고 개인이 이러한 경험의 의미를 능동적으로 구성하여 만들어낸 결과다. 개인은 환경적 사건을 인지적으로 표상하고, 그에 따라 행동한다. 예를 들어 개인이 사건의 어떤 측면에서 선택적으로 주의를 기울이며, 어떤 의미를 부여하는가에 따라 행동이 달라진다. 사고, 감정, 행동 그리고 그 결과는 원인적으로 관련성을 지니고 있다. 개인의 인지적 표상모델은 사회적 기능과 정서적 변화에 영향을 미치며 변화가 가능하다. 인지변화는 정서적 변화와 행동변화에 영향을 미친다.
- 도식(schema)은 개인이 사물이나 사건, 사실에 대한 전체적인 이해의 틀을 말한다. 생리적으로 가지고 태어난 것이 아니라 환경과의 접촉을 통하여 반복되는 행동과 경험에 의하여 만들어진다. 모든 도식이 발전하는 과정은 동화(assimilation)와 조절(accommodation)이 서로 상호보완적이면서 동시적인 정신과정을 통해 일어난다(Piaget & Inhelder, 1969).
- 동화와 조절과정은 유기체의 생물학적인 과정을 말하는데 아동의 인지과정을 인용하여 설명하였다. 인지발달에 관한 피아제의 사고는 유기체와 환경과의 끊임없는 상호작용에 의한 인간발달로 후기 구성주의(constructivism) 이론에도 수용되었다.
- 인지발달단계를 프로이트와 에릭슨을 통해 비교하면 다음과 같다.

연령	인지발달단계	특징	프로이트	에릭슨
0~2세	감각운동기	자극에 대한 반응, 직접적인 신체감각과 경험을 통한 환경 이해, 대상영속성 발달, 사회적 애착 확립	구강기 항문기	신뢰감－불신감
2~7세	전조작기	자아중심성, 직관적 사고, 물활론, 상징적 기능, 타율적 도덕성, 중심화(집중성), 비가역적 사고, 대상영속성 획득, 보존개념	항문기 남근기	자율성－수치심 주도성－죄책감
7~11세	구체적 조작기	경험에 기초한 사고, 논리적 사고, 보존개념 획득, 분류화, 서열화, 탈중심화, 가역적 사고, 자율적 도덕성	잠복기	근면성－열등감
12세~	형식적 조작기	추상적 사고, 가설, 연역적 추론, 조합적 사고	생식기	자아정체감－역할 혼미

- 피아제의 인지 이론은 기억, 학습, 언어, 사회인지 등의 다양한 분야, 특히 아동발달심리학자와 교육심리학자들에게 지대한 영향을 미쳤다. 피아제의 연구는 아동과 성인이 세상을 얼마나 다르게 지각하고 이해하는지를 보여주었다. 아이는 어른의 축소판이 아니라 최적의 발달과정을 이루기 위하여 환경과 상호작용하며 개방적인 활동으로 성장하는 것이다.
- 콜버그의 도덕성발달 이론은 발달 6단계를 구분하여 제시했는데 각 단계별 특징은 다음과 같다.

① 전인습 수준(preconventional level, 4~10세)

이 시기는 주로 초등학교 아동들에게 나타나는 도덕적 발달 수준이다. 이 수준에서 주로 도덕적 행위 근거는 부모나 교사와 같은 권위자로부터의 보상이나 처벌에 의하여 옳고 그름을 판단한다.

- 제1단계 : 처벌과 복종 지향 = 타율적 도덕 or 벌과 복종의 지향
  아동의 행동이 도덕적으로 옳고 그른 것은 권위자의 보상과 처벌에 달려 있다.
- 제2단계 : 목적과 상호교환 지향 = 개인주의 or 개인적 보상 지향
  아동은 이 시기에 보상을 얻기 위하여 다른 사람의 규칙이나 기대에 동조하며 자신과 타인의 욕구를 만족시키기도 한다.

② 인습 수준(conventional level, 10~13세)

인습적인 도덕발달 수준은 약 10세 이후의 아동기에 주로 나타난다.

- 제3단계 : 착한 어린이 단계 = 대인 간 기대 or 대인관계 조화 지향
  다른 사람을 기쁘게 하거나 다른 사람으로부터 착한 아이라는 인정(승인)과 칭찬을 받는 행동을 도덕적이라고 생각한다.
- 제4단계 : 법과 질서유지 = 사회 시스템 도덕 or 법과 질서 지향
  법과 사회적 질서와 규범을 지키고 자신의 의무를 다하는 것을 옳은 행동으로 생각한다.

③ 후인습 수준(post-conventional level, 13세 이상)

후인습적 도덕발달 수준에 이르게 된 사람은 도덕적인 의무와 상호 간의 서약을 통하여 행위의 동기화가 이루어진다.

- 제5단계 : 민주적 법률 = 개인의 권리 및 사회 계약 or 사회 계약정신 지향
  도덕적 행동이란 사회적 계약을 의미하는 것에 근거한 권리와 의무를 공유하는 기능에 의해 이루어진다.
- 제6단계 : 보편적인 원리 = 보편적 윤리적 원칙 or 보편적 도덕원리 지향
  도덕적 판단은 개인의 양심이나 자기 선택에 의한 윤리적 원칙에 따라 정의된다(Schriver, 1995).

- 민주사회의 자율적인 인간이 되기 위해서는 콜버그가 주장하는 후인습 수준인 6단계로 개인의 도덕적인 판단은 양심의 결정에 따른 보편적이고 공명정대의 원칙, 기본적인 인권의 동등성, 개인의 존엄성을 존중해야 한다. 인간발달에서 도덕성과 윤리, 양심의 발달은 사회의 민주적 공동체를 형성하고 책임감 있는 자율적 시민으로 성장하기 위해 더욱 중요하다. 콜버그는 도덕적 판단의 결과보다는 도덕적 판단의 과정을 중요시하며 상황에 따른 인간의 자유판단을 최대한 고려하였다.

09 CHAPTER

연습문제

01 피아제(Piaget)의 인지발달단계 중 가설설정과 검증, 추상적 사고가 가능한 단계는?

① 감각운동기 ② 전조작적기 ③ 전개념적 사고기
④ 형식적 조작기 ⑤ 구체적 조작기

02 인지발달에 관한 피아제(Piaget)의 관점과 거리가 먼 것은?

① 점성적 발달이 이루어진다.
② 충동보다는 사회적 힘의 영향을 중시하였다.
③ 자아(ego)보다는 원초아(id)를 중시하였다.
④ 사회적 관계 범위의 확대가 발달에 영향을 미친다.
⑤ 발달단계상의 위기 해결방법은 문화에 따라 다르다.

03 콜버그(Kolberg)의 도덕성발달에 관한 설명으로 올바른 것은?

① 타율적 도덕성에서 자율적 도덕성으로 전환된다.
② 3단계에서는 자신에게 이익이 되는 정도에 따라 행동을 판단한다.
③ 1단계에서는 보상과 처벌의 기준에 따라 행동을 판단한다.
④ 전인습 수준에서는 권위적 인물의 승인, 법률의 지지 정도에 따라 행동을 판단한다.
⑤ 콜버그는 여성만을 대상으로 연구하였다.

04 청소년기 인지발달 특성에 관한 설명으로 틀린 것은?

① 구체적 조작사고 ② 가설설정과 검증 ③ 미래사건의 예측
④ 변인 간의 인과관계 인식 ⑤ 추상 개념의 사용

05 청소년기에 해당하는 프로이트(Freud)의 성심리 발달단계는?

① 남근기 ② 잠복기 ③ 생식기
④ 구강기 ⑤ 항문기

정답 1. ④ 2. ③ 3. ③ 4. ① 5. ③

CHAPTER

10

인본주의 이론

이 장에서는 인간행동의 발달을 이해하고자 로저스와 매슬로우가 제시한 현상학과 욕구에 관한 이론을 살펴보고자 한다.

학습목표

1. 로저스의 현상학 이론의 개념과 주요 개념을 이해한다.
2. 매슬로우의 욕구위계 이론과 자아실현자들의 특성을 살펴본다.

01 로저스의 현상학 이론

1) 개관

인간중심상담은 1940년대 초기에 지시적이고 치료자 중심적인 정신분석 접근에 대한 반동으로 미국의 심리학자 칼 로저스(Carl Rogers, 1902~1987)가 인본주의 철학에 기초하여 개발한 이론이다. 로저스는 정신분석상담 이론을 위시해서 기존의 상담 이론의 진단적 개념과 치료자 중심의 치료절차를 배제하고 클라이언트 중심의 허용적이고 비간섭적인 상담분위기를 창출해야 한다고 강조하였다. 또한 클라이언트를 정신분석이나 행동주의에서와 같이 치료자가 제시하는 분석과 해석, 행동치료를 수동적으로 받아들이는 사람이 아니라 자신의 문제를 가장 잘 알고 있으며, 문제를 해결할 수 있는 능력도 충분히 갖고 있다고 하였다. 이와 함께 클라이언트를 '환자' 또는 '치료를 받는 사람'이 아니라 본인 스스로 상담실을 내방하는 사람이라는 의미에서 '클라이언트'라고 정의하고, 상담은 클라이언트 중심의 비지시적인 상담(non-directive therapy)을 해야 한다고 주장하였다. 따라서 1960년대에는 로저스의 상담 이론을 클라이언트중심(client-centered)상담이라고 하였으며, 1970년대 이후부터는 인간중심상담(person-centered therapy)이라고 하였다.

로저스는 심리학에 인본주의 철학을 접목해서 발전시킨 학자로서 인간본성의 긍정적인 측면에 초점을 맞추고 상담에서 클라이언트의 잠재력과 성장 가능성을 강조하였다. 따라서 인본주의상담에서는 치료자에 의해 이미 정해진 상담절차나 기술을 적용하기보다는 클라이언트의 고유한 경험과 자아인식에 기초해서 클라이언트가 자신의 잠재능력을 모두 발휘하여 자아실현 할 수 있도록 조력하는 것이다.

로저스는 클라이언트의 변화를 위해 인본주의 치료자가 갖추어야 할 태도로서 무조건적인 수용(unconditional positive regard)과 공감적 이해(empathic understanding), 일치성(congruency)을 제시하고, 이를 상담의 필수조건으로 제시하였다.

심리학의 '제3세력'이라고 하는 인본주의상담은 정신분석상담과 행동주의치료와 함께 심리상담의 주류를 이루고 있으며, 현재 학교, 병원, 일반상담소에서 가장 많이 활용되고 있다.

2) 로저스의 생애

로저스는 미국 시카고시의 오크파크라는 곳에서 기독교 가정의 5남 1녀 중 넷째로 출생하였다. 로저스는 자신의 초년기에 대해 비교적 화목한 가정이었지만 청교도의 집안으로 규범이 매우 엄격했으며, 부모로부터 철저하게 청교도 윤리를 배우면서 성장하였다. 따라서 소년시절은 사회적인 관심보다 학문에만 전력하는 외로운 시절이었다.

대학에서의 전공은 농학이었으나 후에 역사학을 다시 공부했으며, 대학교 2학년 때에는 목사가 되기 위해 뉴욕에 있는 연합신학교(Union Theological Seminary)에서 종교학을 공부하던 중에 북경에서 개최된 세계기독학생연합회의에 참석해서 지적·종교적·문화적으로 다양한 사람을 만나게 되었다. 이는 로저스가 부모의 종교적 사고로부터 탈피해서 자신의 종교관과 인생관을 정립하는 전환점으로 작용하였다.

로저스는 인간을 조금 더 깊게 이해하기 위해서는 심리학을 연구해야 한다고 결정하고 신학교 재학 중에 임상심리학을 공부하였으나 부족함을 느끼고 대학을 콜롬비아 대학으로 옮겨서 그곳에서 임상심리학과 교육심리학을 전공하였다. 1931년에 박사학위를 취득한 후에는 12년 동안 로체스터의 '아동지도센터'에서 상담일을 했으며, 그곳에서 그의 '클라이언트 중심상담'의 이론적 기초가 형성되기 시작하였다. 로저스에게 영향을 미친 학자는 정신분석학자로서 '클라이언트와의 관계성'을 강조하였던 오토 랭크(Otto Rank)였다.

1939년 그의 저서 『문제아의 임상적 치료』가 인정을 받기 시작하면서 1940년에는 『상담과 심리치료』를 출간하였다. 이 책에서 로저스는 상담의 핵심요인으로 관계성, 허용적 분위기, 온화성을 강조하면서 자신의 치료기법을 '비지시적'이라고 하였다.

1968년에는 그의 동료들과 함께 라호이아(La Jolla)에 인간행동연구소를 설립하고 클라이언트에 대한 기존의 이론에서 벗어나서 클라이언트를 긍정적으로 존중하고 수용해서 스스로 변화할수록 돕기 위한 방법으로 심리학에 인본주의를 최초로 접목해서 발전시켰다. 로저스의 이론은 심리학과 관련된 모든 영역에 영향력을 미치게 되었으며, 이로 인해 세계적 명성과 함께 노벨평화상 후보에도 지목되었다.

로저스는 인본주의 심리학의 대변자로서 인간중심상담을 창시하고 반세기 동안 기존의 상담 이론과 차별화된 기본 철학과 개념을 사회, 정치 모든 분야에 적용하기 위해 자신의 이론에 도전하고 인본주의 이론을 발전시키기 위해 활동하다가 1987년에 생을 마감하였다.

3) 인간관

로저스는 인간의 긍정적인 측면을 강조하는 인본주의 철학에 입각해서 인간은 선한 존재로 신뢰할 만한 존재이며, 근본적으로 합리적·사회적·전인적·현실적이라고 하였다. 또한 인간은 어느 순간에 결정되는 존재가 아니라 끊임없이 변화하는 존재이기 때문에 자신을 실현하기 위한 기본적 동기와 함께 자기의 잠재능력을 개발, 자아실현의 의지를 가지고 있다고 하였다.

로저스는 인간에 대해 현상학적인 입장에서 전체적으로 기능하는 유기체로 보고, 인간은 자기 고유의 주관적인 경험으로 이루어진 '현상학적 장(phenomenal field)'을 통해 자신을 가장 잘 이해하고 있기 때문에 자기 문제를 해결할 수 있는 능력을 가지고 있다고 주장하였다. 인간본성에 대한 이러한 관점은 상담에서 중요한 의미를 포함하고 있다. 인본주의 치료자들은 상담에서 일차적 책임은 클라이언트에게 있다고 보고 클라이언트의 인식능력과 결정능력에 기초하는 것이다.

로저스는 인간은 존중받고 자유로울 때 힘을 부여받게 되고 그 힘을 자신과 사회의 변화를 위해 사용할 수 있다고 하였다. 따라서 인간중심상담은 클라이언트를 치료자 위주로 이끌어가기보다는 클라이언트로 하여금 의미 있는 자기탐색을 통해 자신의 문제를 해결할 수 있도록 완전히 수용적인 자세로 조력하는 것이다.

4) 주요 개념

인본주의 이론은 클라이언트의 현실에 대한 경험과 자기인식을 확대해서 성장 가능성을 발전시키기 위한 것이다. 이를 위해 치료자는 클라이언트의 긍정적인 인간성을 개발하고 잠재력과 능력에 초점을 맞추어서 완전히 기능하도록 돕게 된다.

로저스가 주장하는 인간중심 이론의 주요 개념은 현상학적 장과 자기, 자아실현 경향성, 완전히 기능하는 사람 등이 있다.

(1) 현상학적 장(phenomenal field)

로저스의 인간이해에 대한 철학적 사상은 현상학의 영향을 받은 것이다. 현상학의 기본 이론은 “모든 개인은 변화하는 경험의 세계 속에 존재하며, 자연현상의 장을 경험하고 지각하는 대로 반응한다”는 것이다.

로저스는 현상학적으로 인간을 설명하기 위해 ‘유기체’라는 명칭을 사용하였다. 유기체는 바로 모든 경험으로 구성된 전체적인 존재로 보는 것으로 어떤 순간에 개인이 지각하고 경험하는 모든 것은 유기체의 현상학적 장이라고 하였다. 또한 행동이란 자연현상을 경험하고 지각할 때에 발생하는 욕구를 만족하기 위한 개인의 목표지향적인 시도라고 하였다. 따라서 인본주의에서 클라이언트의 현상학적 장은 곧 현실로 ‘지금-여기’에서의 주관적인 경험의 세계를 의미한다. 그러므로 클라이언트를 이해하고 상담하기 위해서는 클라이언트의 경험과 지각의 준거의 틀로 작용하는 현상학적 장에 근거해야 한다.

(2) 자기(self)

로저스는 자기 또는 자기개념(self concept)을 중요하게 생각한다. 자기와 자기개념은 거의 동일한 의미로 사용된다. 자기개념은 현재 자신이 어떠한 인간인가에 대한 스스로의 개념을 말한다. 즉, 자신을 어떻게 생각하고 있는지에 대한 이론적 구성개념이다. 자기개념은 자신이 어떤 또는 어느 정도의 사람인지를 인지하여 그에 따른 행동의 근거가 된다. 예컨대 어떤 사람이 자신은 상식이 풍부한 사람이라고 지각한다면 그와 같은 자기개념을 유지시키기 위해 지속적으로 상식을 학습하고 다른 사람에게 전해 주려 할 것이다.

로저스는 자기를 현실적 자기(actual self)와 이상적 자기(ideal self)의 두 가지로 구분하였다. 현실적 자기는 현재의 자기를 있는 그대로 바라보는 방식을 말하며, 이상적 자기는 자기가 되고 싶어 하는 모습이라고 할 수 있다. 로저스는 현실적 자기와 이상적 자기의 괴리가 큰 개인은 사회에 건강하게 적응할 수 없다고 하였다. 어떤 경우에는 사회적으로 성공한 사람이라고 인정되는 개인도 현실적 자기와 이상적 자기의 차이로 인하여 불만, 고통, 불안을 경험할 수 있다. 개인의 선천적인 잠재력과 자기개념이 밀접하게 조화를 이루게 된다면 자아실현을 하는 충분히 기능하는 사람이 될 수 있다.

(3) 자아실현의 경향성

인본주의가 주장하는 인간은 계속해서 변화하는 존재로 기본적으로 발전하려는 경향성과 함께 추구욕구가 있다고 본다. 따라서 인간의 '자아실현 경향성'은 타고난 것으로 생리적·심리적 욕구와 관련되며, 개인의 성장과 발달을 촉진하고 삶을 유지하는 힘으로 작용한다.

로저스는 인간은 자아를 유지, 향상시키며 자아실현의 경향성에 의해 동기화되어 있다고 강조하였다. 또한 그는 자아실현에서 실현화 개념을 단순한 실체에서 복잡한 실체로, 의존에서 독립으로, 고정성이 유동성으로, 경직이 융통성으로 변화하면서 기본적으로 자신의 욕구와 긴장 해소와 함께 자신을 자유롭게 표현하고자 하는 경향성을 의미한다고 하였다. 그러므로 유기체의 실현화 경향성은 사람과 동물을 포함해서 모든 살아 있는 유기체에서 볼 수 있는 현상으로 긍정적인 변화에서 도출되는 기쁨과 만족을 경험하게 된다.

이와 같이 인간은 진취적인 존재로 자아실현의 경향성이 삶의 기본 원동력으로 작용하지만, 진정한 자아실현은 개인적인 노력이 없으면 이루어질 수 없는 것으로 부단한 노력과 투쟁, 고통을 수반하게 된다.

(4) 완전히 기능하는 사람

로저스는 인본주의 상담의 목표를 모든 경험에 완전하게 개방적이며, 긍정적인 자기존중을 경험하면서 자신의 잠재력과 능력을 충분히 발휘할 수 있는 완전 기능인이 되도록 하는 것이라고 하였다. 완전히 기능하는 사람은 개인적으로 자신의 삶의 목표와 방향을 자유롭게 움직일 수 있는 내적 자유가 있을 때 가능하며, 성격 특징을 다음과 같이 제시하였다.

첫째, 완전히 기능하는 사람은 경험에 대해 개방적이기 때문에 자신의 모든 느낌과 태도에 대해서도 개방적이다.

둘째, 완전히 기능하는 사람은 개인의 자아심상(self picture)과 경험이 일치하는 사람으로 지나간 과거를 회상하고 미래를 예상하면서 불안해하지 않고 현재의 순간을 자각하는 실존적 삶을 산다.

셋째, 완전히 기능하는 사람은 자신에 대한 충분한 신뢰로 타인의 판단에 의해 행동하는 것이 아니라 자신의 경험과 판단에 따라 행동하며, 이성적·합리적인 행동에 도달할 수 있는 능력을 가지고 있다.

넷째, 완전히 기능하는 사람은 자신이 자유롭게 선택한 행동과 그 결과에 책임을 지면서 인생을 충분히 즐기면서 산다.

다섯째, 완전히 기능하는 사람은 사회 규범에 구속되거나 문화적 배경에 억압받지 않는 반면에, 주어진 환경 속에서 건설적이고 창조적인 삶을 산다.

(5) 무조건적인 긍정적 관심

자기가 발달하면서 개인은 사랑과 수용을 원한다. 즉, 타인으로부터의 긍정적인 관심(positive regard)을 받으려는 욕구를 가지는데, 이러한 사랑과 수용의 욕구는 선천적인 것이라고 주장한다. 이들 의미 있는 타인은 사랑과 수용을 제공하거나 철회함으로써 개인에게 심각한 영향을 미치게 되는데, 이들의 영향을 '조건부 가치'라고 한다. 이러한 영향력은 유기체적인 가치화과정의 영향력보다 더 클 수도 있다. 바꾸어 말하면 아동이 사랑과 수용의 욕구를 충족하기 위해서는 부모나 기타 의미 있는 사람들에게 억지로라도 공손하게 행동하며, 자기 자신의 내적 경험을 무시해야 한다. 따라서 아동은 점차적으로 개인(유기체)과는 덜 '교류'하게 되고, 점차 사회적 영향의 산물이 되어간다. '옳고 그름', '선과 악'이 무엇인가를 다른 사람이 결정한다면 개인의 유기체적인 가치화과정은 별 역할을 하지 못하게 된다. 이렇게 결정된 개인의 자기존중감(self-regard)이 이러한 투사된 가치들에 의해 결정된다. 이런 식으로 가치의 조건들이 발달함으로써 자신이 특정 방식으로 사고하고, 느끼고, 행동할 때에만 자기를 존중하게 된다. 이는 어떤 자기경험이 유기체적인 가치화과정에 타당한 것이라도 배제될 수 있음을 의미하고, 결국 이러한 상황은 매우 건전하지 못한 것으로서, 사람이 제한적이고 비효율적인 방식으로 기능하거나 긴장과 불안을 경험하는 부적응의 원인이 된다. 이러한 상황에서 유기체적인 가치화과정을 경험하기 위해서는 무조건적인 긍정적 관심이 필요한데, 이는 개인이 자신의 모든 자기경험이 의미 있는 타인의 긍정적 관심과 동등한 가치를 가진 것으로 지각될 때 수용된다. 즉, 사람들은 자신의 행동이 다른 사람에게 미치는 영향을 위시해서 관련이 있는 모든 내외적 요인들에 대한 자신의 내적 평가에 기초하여 행동할 것인지 아닌지를 선택할 수 있게 된다.

5) 치료기법

인본주의 이론이 발전하면서 상담의 초점은 기법이 아니라 치료자의 인간성과 신념, 태도 그리고 상담관계로 이동하게 되었다. 특히 로저스는 치료자가 클라이언트 중심으로 무조건적 존중과 수용의 자세에서 진실하게 치료를 진행하기 위해서는 치료자의 관여를 제한하고, 클라이언트가 치료에 적극적으로 참여할 수 있도록 해야 한다고 주장하였다. 따라서 인본주의에서는 특별한 치료기법을 제안하거나 강조하지 않으며, 주요 기법으로는 경청과 반영, 수용, 침묵, 요약, 명료화, 반복연습 등이 있다.

(1) 경청

상담에서 경청은 일명 '제3의 귀'라고 하며, 치료자가 말하지 않고 클라이언트의 말을 주의 깊게 들으면서 상담에 적극적으로 참여하는 것을 말한다. 효과적인 경청은 치료자가 온화한 시선과 이완된 자세로 클라이언트 말을 막지 않고 끝까지 관심을 가지고 들어주는 것이다.

치료자의 올바른 경청의 태도는 클라이언트에게 자신이 한 말이나 상담진행에 대해 생각할 여유와 함께 통찰의 기회가 될 수 있기 때문에 상담에 성공적인 요인으로 작용한다. 따라서 치료자는 경청을 적절하게 사용해서 클라이언트가 자신의 생각과 감정을 자유롭게 표현하면서 상담에 참여하는 자신의 모습에 책임감을 느끼고 상담의 긍정적인 효과를 기대할 수 있도록 한다.

(2) 반영

반영은 상담 중에 클라이언트가 표현한 주요 내용과 태도에 대해 치료자가 새로운 용어로 부연해 주는 것을 말한다. 클라이언트의 감정 중에서 외부로 나타나는 감정이 아니라 내면의 감정을 정확하게 파악해서 치료자가 클라이언트를 충분히 이해하고 공감하고 있음을 전달하는 것이다. 반영은 상담 초기단계에서부터 진행되며 치료자가 클라이언트의 감정을 반영해 주기 위해서는 감수성 훈련(sensitivity training)을 통해 준비되어 있어야 한다.

(3) 수용

수용은 치료자가 클라이언트의 모든 생각과 태도, 느낌을 모두 수용하고 주의를 집중해서 듣고 있음을 보여주는 것으로, 언어적 또는 비언어적 반응이 포함된다. 치료자는 클라이언트의 진술에 대해 "음……, 네" 등의 긍정적으로 언어적 표현을 하거나 표정이나 고개를 끄덕이고 시선을 주는 주목행동 등으로 표현한다. 이는 클라이언트가 치료자에 의해 충분하게 수용 받고 이해되고 있음을 나타내는 것이며, 치료자의 관심과 인내가 중요하다.

(4) 침묵

침묵은 치료자가 클라이언트의 말을 계속 듣기를 원하고 있음을 나타내는 것이다. 또한 침묵은 클라이언트가 자신의 생각과 입장을 정리할 수 있도록 치료자가 기다려 주는 태도로 클라이언트는 침묵의 과정을 통해 더 깊은 수준의 사고와 감정을 드러내게 된다. 따라서 치료자는 클라이언트의 침묵에 긴장하지 않아야 하며, 상담의 분위기가 불편해지지 않도록 이완된 자세로 인내심을 가지고 기다리면서 상담이 자연스럽게 다시 진행될 수 있도록 한다.

(5) 요약

요약은 상담 중에 출현했던 클라이언트의 생각과 감정을 매회 상담이 끝날 무렵 하나로 정리하는 것이다. 요약의 주요 목적은 클라이언트가 미처 의식하지 못한 면을 깨닫게 하고 문제해결의 과정을 이해시키며, 자신의 생각과 느낌을 탐색하도록 돕기 위한 것이다.

치료자는 요약에서 자신의 새로운 견해를 절대 추가해서는 안 되며, 클라이언트의 진술 중에서 중요한 내용과 감정에 주의하여 자신이 파악한 내용과 감정을 통합해서 전달한다.

(6) 명료화

명료화는 치료자가 클라이언트의 말 중에서 모호하거나 잘못 이해하고 있는 문제에 대해 클라이언트의 구체적인 설명을 요청해서 클라이언트로 하여금 자신의 문제를 확실하게 이해할 수 있도록 하기 위한 기법이다. 명료화의 과정으로 치료자는 클라이언트의 말이 분명하지 않고 잘 이해되지 않았을 때에는 클라이언트에게 자신이 진술한 말을 다시 반복하게 하거나 구체적인 예를 들어 다시 정확하게 설명해 줄 것을 요청해야 한다.

명료화는 클라이언트의 진술에 대해 치료자가 자신의 반응을 정확하게 나타냄으로써 클라이언트로 하여금 자신의 사고와 감정을 재확인시키는 것이다. 그러나 이때 치료자의 반응이 개인적인 반응이 되지 않도록 주의해야 하며, 명료화의 과정이 직접적으로 클라이언트에게 영향을 미치지 않도록 한다.

(7) 반복연습

반복연습은 클라이언트로 하여금 새롭게 획득한 자신의 생각이나 감정을 반복해서 연습하게 함으로써 클라이언트의 생각을 구체화하고 재확인시키는 것이다.

반복연습을 통해 클라이언트는 현실적 자기를 충분하게 경험하게 되면서 자신의 문제에 대한 통찰과 함께 자기이해 능력이 증가하고, 자신감을 회복해서 자아를 실현하기 위해 노력하게 된다.

6) 로저스 이론의 평가

(1) 공헌점

로저스의 인본주의 이론은 심리치료의 여러 분야에서 지대한 영향을 미쳤다. 그중에서도 가족치료분야에 많은 영향을 미쳐 이 분야에서 가장 영향력 있는 이론가로 인정받고 있으며, 행동주의는 지나치게 냉담하고 정신분석학은 지나치게 비관적이라고 생각하는 수많은 사람들을 매혹시켰다. 심리학에서 행동주의와 정신분석학과 더불어 제3세력인 인본주의 심리학이 존재할 수 있게 된 것은 로저스의 공로가 크다.

(2) 제한점

인본주의 이론이 상담 및 심리치료 분야에 막대한 영향을 미쳤음에도 불구하고, 많은 학자들이 지적하고 있는 문제로 치료자의 인간적인 태도를 강조하는 인본주의 이론은 클라이언트의 특정문제를 해결하는 치료의 접근법으로 이론과 절차가 너무 간단하고 전문기법이 부족하다는 것이다. 또한 상담이 완전히 클라이언트 중심으로 진행하게 되면 치료자들이 자신의 인간적인 특성과 학문적 이론의 전문성을 상실해서 영향력 없는 치료가 될 수 있다고 본다.

02 매슬로우의 자아실현 이론

1) 개관

매슬로우는 자아실현을 체계화한 인본주의 심리학의 창시자이며, 인본주의 이론의 중심적인 역할을 하였다. 매슬로우는 결정론적인 입장을 취하는 정신분석과 기계론적 입장을 취하는 행동주의를 강하게 비판하며, 인간은 병리적인 측면보다 건강한 사람들의 특성을 발견하는 것이 심리학의 과제라고 주장하였다. 매슬로우의 성격 이론은 환자를 대상으로 한 임상적 면담이나 사례연구에서 비롯되지 않았고, 그가 생각하기에 가장 건강한 사람들의 성격에 관한 연구를 바탕으로 형성되었다. 매슬로우는 인간 각자는 자신의 잠재력을 발달·성장시키고, 완성시킬 수 있는 본능적 욕구를 가지고 태어난다고 보았다. 인간이 균형을 유지하거나 좌절을 회피하는 것에만 관심이 있다기보다는 성장에 더 많은 관심이 있다고 생각했으며, 그는 인간을 거의 항상 뭔가를 갈망하는 '소망을 갖는 동물'이라고 묘사하였다. 그리고 매슬로우라고 하면 많은 사람들이 욕구위계를 떠올리는 것처럼 그는 동기의 단계로서 욕구위계를 제안하였다. 실제로 욕구위계에 따라 인간은 하나의 욕구가 충족되면 곧 이어 다른 욕구가 발생하고, 그것을 충족시키려고 한다. 매슬로우의 주요 공헌은 동기가 어떻게 위계적으로 조직되는가에 대한 분석(욕구위계 이론/동기위계 이론)과 건강한 성격에 대한 기술을 바탕으로 인간의 자아실현의 중요성을 강조한 점이다.

2) 매슬로우의 생애

에이브러햄 매슬로우(Abraham H. Maslow, 1908~1970)는 뉴욕의 브루클린에서 태어났다. 그는 러시아에서 이주한 가난한 유대인 부모의 7남매 중 장남으로 태어나 외로움과 불행을 경험하며 어린 시절을 보냈다. 아버지의 권유로 대학에서 법학을 전공하기 시작하였으며, 코넬 대학교 3학년 때 위스콘신 대학교로 전학하여 심리학을 전공하였다. 1930년 학사학위, 1931년 석사학위, 1934년에는 헬로(Hallow) 교수의 지도하에서 『원숭이의 성적 특성과 지배 특성에 관한 관찰연구』로 박사학위를 취득하였다. 그의 관점은 동물연구에서 인간에 대한 연구로 전환되었으며, 특히 동성애에 대한 연구가 인간성을 깊이 이해하는 데 매우 필수적이라고 생각하였다. 그는 기존의 심리학이 염세적이고 부정적이며 인간의 장점보다는 약점에 더 초점을 두고 있으며, 사람의 미덕보다는 약한 부분을 탐색해왔다고 생각하였다. 즉, 인간의 더 밝고 긍정적인 부분에 관심을 가지고 전체적인 인간의 모습을 추구하고자 시도하였다. 그 후 동물의 성과 애정에 대한 초기의 관심에서 인간을 부정적 면을 인정하기는 하였지만, 긍정성을 통해 이를 극복할 수 있다는 확신을 가지고 자아실현 과정을 연구하여 증명하고자 많은 노력을 하였다. 매슬로우는 1940년 6월에 심장마비로 62세에 생을 마감하였다.

3) 인간관

매슬로우의 인간관은 인본주의적 인간관이라고 불린다. 원래 인본주의 이론은 제1세력인 정신분석 이론, 제2세력인 행동주의 심리학에 이어 '제3세력'의 심리학이라 불리며, 실존주의 철학과 현상학에 기초한다. 실존주의 철학이란 19세기 중엽에 유럽에서 키에르케고르, 사르트르, 카뮈 등의 사상가들이 발전시킨 철학적 사조로서 "실존은 본질에 앞선다"는 것이 핵심적 개념이다. 인간은 관념적으로 규정될 수 있는 존재가 아니라 주관적으로 경험되는 실제이며, 정지된 것이 아니라 되어가는(becoming) 존재라고 본다. 즉, 불변성 혹은 결정론적 입장을 거부하고 가변성을 인정하다. 현상학(phenomenology)이란 주관적 관찰자의 입장에서 보이는 사물을 이해하려는 접근방법이다. 인간에 대하여 관념적으로 정확한 자료를 얻고자 하기보다는 실존적으로 진실한 것을 파악하고자 하며, 즉각적 경험의 내적인 특성을 강조한다. 따라서 개인에게 현실로 보이는 것은 그가 인식하는 모든 것을 포함한 인간의 내적 준거체계나 그의 주관적 세계 내에 존재하는 것으로 본다.

매슬로우는 행동주의와 정신분석에 대한 반동으로 탁월한 자아실현자들을 연구한 결과 내적으로 잠재력을 완전히 실현한, 즉 자유롭고 건강하며 두려움 없는 사람이 사회에서 완전히 가능하다는 것을 발견하였다. 성장, 자아실현, 건강에 대한 열망, 정체감과 자율성의 추구, 향상을 향한 노력이 보편적인 인간의 성향으로 간주되었다.

매슬로우는 유전이 성격발달에 중요한 역할을 수행하고 있으며, 유전구조 속에 잠재적인 재능이나 흥미가 결정지어져 있다고 인정하였다. 그러나 이러한 유전적 토대 위에서 자아실현은 환경에 의해 결정된다는 것이다.

또한 인간 각자는 자신의 잠재력을 발달·성장시키고, 완성시킬 수 있는 본능적 욕구를 가지고 태어난다고 보았으며, 인간이 균형을 유지하거나 좌절을 회피하는 것에만 관심이 있다기보다는 성장에 더 많은 관심이 있다고 생각하였으며, 그는 인간을 거의 항상 뭔가를 갈망하는 '소망을 갖는 동물'이라고 묘사하였다.

4) 주요 개념

(1) 욕구위계 이론

매슬로우의 욕구위계 이론은 욕구를 기본적 욕구와 성장의 욕구로 두 가지로 구분하고 있다. 첫 번째 기본적 욕구로는 1단계 생리적 욕구, 2단계 안전과 안정의 욕구, 3단계 사랑과 소속감의 욕구, 4단계 존경의 욕구로 나누며 두 번째 성장욕구로 5단계 자아실현의 욕구는 인간의 동기 중에서 제일 상위의 단계에 위치하고 있지만, 다른 욕구와 함께 계층화하기는 적합하지 않다. 기본적 욕구들은 결핍으로부터 인간을 동기화시키지만 자아실현의 욕구는 성장에 의해 동기화되기 때문이다. 인간의 기본적 욕구 4단계는 결핍에 의해 기능하며 성장욕구는 한 개인의 고유한 자아실현 경향성을 가지고 발전시킨다.

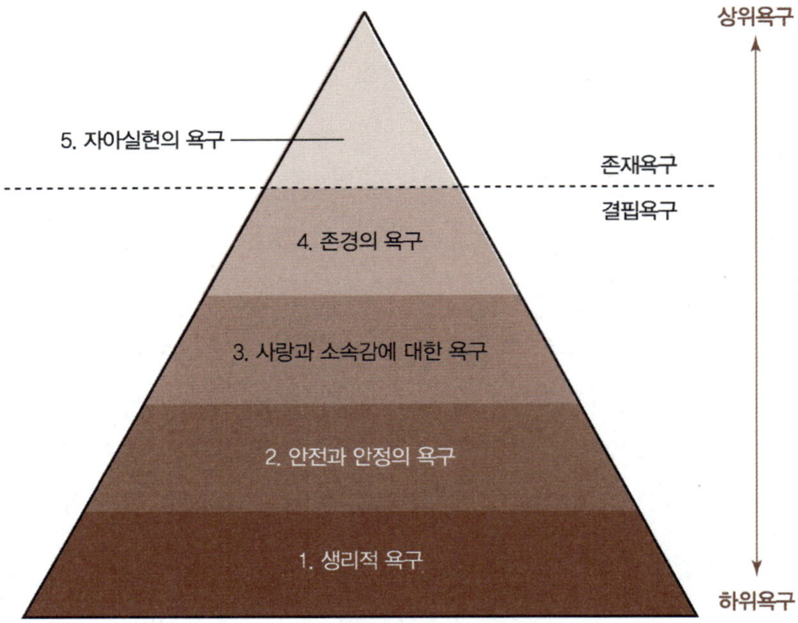

그림 10-1 매슬로우의 욕구단계

❶ 생리적 욕구(physiological needs)

인간의 생존과 삶을 유지하기 위한 가장 기초적이면서도 강력한 욕구이다. 기아를 면하고 생명유지를 위한 욕구로서, 가장 기초적인 의식주에 관한 욕구에서 성적 욕구까지를 포함한다. 배고픔, 갈증, 수면 등이 포함된다. 예를 들어 소속, 존경 등의 상위단계의 욕구가 있다고 하더라도 배고픔의 상태에서는 먹으려는 욕구가 다른 어느 욕구보다 강하다.

인간욕구 중 가장 기본적인 것으로서 음식, 물, 보금자리 등과 같은 가장 본능적인 욕구를 의미한다. 과거에는 사회가 덜 복잡하여 인간은 개인적으로 이런 욕구에 만족하는 것이 가능하였다. 단순한 군집사회에서 농민들 또는 사냥꾼들은 이런 욕구를 충족하기 위해 많은 시간과 정력을 쏟았다. 그러나 현대사회는 기술적으로 발전된 사회이므로 우리가 배고플 때 많은 사람들에게 사냥을 위해 사냥감을, 물을 위해 우물을 파는 것은 불가능하다. 오히려 우리는 임대료를 내고 식료품 가게에서 음식을 구하고 세금을 내는 것과 같은 필수적인 요건을 만족하기 위해 돈을 벌어야 한다는 것이다. 우리는 우리를 고용하는 조직의 구성원이 되는 것뿐만 아니라 정부요원 그리고 우리에게 필수적인 재화와 용역을 제공받기 위해 회사원이 된다. 그래서 인간 욕구의 가장 기본적 수준에서 우리는 조직에 소속되도록 동기화되었고, 조직 속에 남아 그들의 목적에 기여하고 있다. 이와 같이 사람이 조직 속에 있어야 하는 이유는 근본적으로 개개인의 생리적 욕구충족을 위해 그 조직 속에서의 활동이 필수적이기 때문이다.

❷ 안전과 안정의 욕구(safety needs)

생리적 욕구가 어느 정도 충족되면 안전과 안정의 욕구로 분류되는 새로운 욕구들이 나타난다. 안전과 안정의 욕구에는 신체적 안전, 심리적 안정성, 범죄피해로부터의 안전, 위험과 위협으로부터의 보호, 공포로부터의 자유, 불안과 혼돈으로부터의 해방, 구조화 및 질서 등이 포함된다. 조직구성원들은 안전과 안정의 욕구와 관련하여 신분보장, 직업안정성, 생계유지, 의료혜택, 연금보장, 산업재해로부터의 보호, 산업평화 등에 관하여 관심을 가진다.

그러나 인간의 본성 때문에 기본 생리적 욕구들이 적당히 충족되자마자 새로운 수준의 욕구, 즉 욕구계층의 한 단계 높은 요구가 자동적으로 나타난다. 매슬로우에 따르면, 이 욕구는 전 단계의 욕구보다 더 큰 잠재력을 가지고 있기 때문에 개인들은 그것의 만족을 추구한다는 것이다. 물론 안전과 안정의 욕구는 여러 환경에서 각 개인에게 많은 것을 의미한다. 예를 들어, 노후보장과 병고에 있어서 빈궁으로부터 탈피하기 위해 높은 수입을 받으려고 노력한다. 그래서 많은 사람들은 더욱더 열심히 일하게 되는 것이다. 또 안전과 안정의 욕구는 직업의 안전성을 유지한다는 의미를 포함한다는 것이다. 이것은 많은 직장, 공공 근로자들에게 중요하며, 학교교사에게도 중요한 것이다. 그들에게 종신고용제나 연금제도는 그 조직 속에 참여하려고 하는 강한 욕구를 불러일으킬 것이다.

❸ 사랑과 소속감의 욕구(belongingness and love needs)

생리적 욕구와 안전과 안정의 욕구가 충족되면, 인간의 사회적이고 사교적인 동료의식을 조성하기 위한 욕구로서 애정, 귀속, 우정, 사랑, 소속의 욕구들이 나타난다. 사회적 존재로서의 인간은 어느 집단에든 소속되기를 원하고, 집단구성원들에 의해 받아들여지기를 갈구한다. 인간관계를 통해 친교, 교제, 우정, 사랑 등을 나누고 싶어 한다.

새로운 욕구수준은 바로 아래 단계의 욕구가 충족됨으로써 나타난다. 안전에 대한 욕구가 충족되면 개인은 다른 사람과 함께 소속에 대한 욕구를 얻기 위해 노력한다. 즉, 생리적 욕구와 안전에 대한 욕구가 충족되었다면, 개인들은 사회적이고 사교적인 동료의식을 조성하기 위한 욕구가 일어나게 되는 것이다. 개인의 봉급이 그럭저럭 생활하는 데 충분하다면 안전과 안정의 욕구는 충족된 것이다. 그러나 기본적 수준이 달성되자마자 욕구의 계층이 상승함에 따라 여러 집단 속에 소속하고 싶어 하고 수용되고 싶어 하며 우정과 사랑을 나누고 싶어 하며 우정과 사랑을 나누고 싶어 하는 욕구 때문에 자기가 속한 조직적 행위에 대해 중요한 동기부여 조건이라는 것을 느끼기 시작할 것이다. 그래서 사랑과 소속감의 욕구가 일어날 때 다른 사람들과 친밀한 관계를 가지려고 하고 서로의 관계 속에서 즐거움을 찾으려는 경향이 있다.

❹ 존경의 욕구(esteem needs)

사랑과 소속감의 욕구가 어느 정도 충족되면, 인간은 이제 어느 집단이나 조직에서 단순히 구성원의 상태로서 남아 있기를 원하지 않는다. 명목상의 구성원이 아닌 그 이상의 존재가 되기를 원한다. 다시 말하면, 존중에 대한 욕구를 느끼게 된다.

존중의 욕구는 두 가지로 나뉘는데 하나는 자기 자신에 대한 존중이고, 다른 하나는 타인으로부터 인정과 존경을 받고자 하는 것이다.

자기존중은 자신감, 자기가치감, 자기효능감, 자기성취감 등을 포함한다. 한편, 타인으로부터의 존경은 인정, 명성, 명예, 지위, 존엄, 높은 평가 등을 받으려고 하는 욕구가 포함된다. 존경의 욕구가 충족되면 자신감, 권위, 권력, 통제 등이 생겨나게 된다.

매슬로우에 따르면 소속의 욕구가 충족된 개인은 인정과 존중, 지위나 명성을 얻고 싶어 한다는 것이다. 여기서 중요한 것은 자신의 이미지이다. 자신의 이미지란 자신을 나타내는 입장을 뜻한다. 사람은 자신의 만족감과 자신감 사이에 역동적 상관관계가 있다. 각 개인은 남으로부터 평가받기를 원한다. 즉, 한 조직에서 선출될 만한 사람인가? 기관장이 될 만한 인물인가? 옳은 생각을 끌어내는 사람인가? 등의 평가에서 명예를 얻으려고 노력하는 욕구이다.

❺ 자아실현의 욕구(self-actualization needs)

존경의 욕구가 어느 정도 충족되면 다음에는 최상위 욕구인 자아실현의 욕구가 발생한다. 자아실현의 욕구는 자신의 잠재능력을 최대한으로 발휘하여 최상의 인간으로서 자기완성을 이루려는 욕구이다. 자기가 가지고 있는 능력만큼 원하는 바를 반드시 성취하려 하고 전술한 모든 욕구가 충족되어야 이 욕구의 충족이 요구된다. 타고난 능력을 최대한 실현하고자 하는 욕구가 다른 욕구와는 달리 사람에 따라 각기 다르게 나타난다.

예를 들면, 궁극적인 만족을 위해 작곡가는 명곡을 창조해야 하고, 미술가는 걸작을 그려야 하며, 교사는 학생을 잘 가르쳐야 하는 것이다.

이는 되려고 하거나 될 수 있는 것은 무엇이든지 실현하고 싶어 하는 인간 잠재력을 극대화하려는 욕구이다. 자아실현의 욕구를 추구하는 사람은 강한 내적 직관성과 자기성장을 찾는다. 그리고 자비로운 가치, 윤리, 신념 등에 의해 동기화된다.

(2) 자아실현인의 특성

- 세상을 선입관 없이 현실을 있는 그대로 볼 수 있다.
- 자신의 본성과 다른 사람들을 있는 그대로 수용한다.
- 자신의 행동에 꾸밈이 없으며 개방적이고 솔직하다.
- 자신의 인생에 사명감을 갖고 자신과 직접적으로 관계가 없어도 일한다.
- 자율적이고 독립적이기 때문에 자신만의 시간을 충분히 즐길 수 있다.
- 주위의 세상을 마치 처음 본 것처럼 반복적으로 경이로움을 느낀다.
- 인류애를 가지고 다른 사람들과 일치감과 연대감을 갖는다.
- 창의성과 독창성을 가지고 일하며 자율적이고 실수를 두려워하지 않는다.
- 모든 사람을 받아들이고 편견을 가지지 않는 민주적인 성격을 지니고 있다.
- 보통 사람들보다 더 깊은 인간관계를 맺는다.
- 절정경험이라는 신비한 경험을 한다.
- 수단과 목적을 분명하게 하며 선과 악을 확실하게 구별하며 윤리적이다.
- 철학적이고 사려 깊은 유머감각이 있다.

- 다른 사람에게 의존하지 않고 사회적 환경으로부터 비교적 독립적이다.
- 문화에 저항하고 특정문화를 초월한다.

5) 매슬로우 이론의 평가

(1) 공헌점

매슬로우는 인간발달에 대해 정상적이고 건강한 사람들을 대상으로 연구하여 인간의 긍정적인 성장능력을 제시하였다는 점이다. 매슬로우는 자신의 잠재력을 충분히 실현시킨 사람들을 대상으로 연구한 결과 자아실현인의 특성을 기술하였는데, 이들의 특성은 동양심리학에서 말하는 이상적 인간상과 매우 유사한 것이다. 따라서 매슬로우는 동양심리학과 서양심리학의 접근법의 차이를 상당히 좁혔다는 평가를 받는다.

(2) 제한점

매슬로우의 이론은 연구방법에서 자아실현에 관한 정보해석과 전기적 자료의 분석의 방법을 명시하지 않았다는 것과 관찰하거나 검증될 수 없는 부분이 많고, 과학적인 방법론이 취약하다는 것이다. 또한 건전하고 창조적인 인간을 강조하므로 인간행동에서 내적인 측면과 환경에 의한 영향을 무시하고 있다는 비판을 받고 있다.

핵심정리

1. 로저스의 현상학 이론

1) 인간관 : 인간은 심리적 부적응 요인을 자각하는 능력과 부적응 상태에서 벗어난 심리적 적응상태로 향상하는 능력 및 경향성을 가지고 있으며, 인간은 본래 특정한 성격유형을 갖고 태어나는 것이 아니라 다양한 주관적인 경험들을 통해 성격이 형성된다.

2) 주요 개념

- 현상학적 장 : 특정 순간에 개인이 지각하고 경험하는 모든 것
- 자기 : 개인적 현상학적 장이 분화된 부분. 현실자아와 이상적 자아로 구성
- 자아실현 경향 : 선천적으로 자신을 유지·향상시키기 위하여 능력을 개발하는 경향
- 긍정적 지향의 경향 : 인간은 합목적적이며 건설적이고 현실적인 존재
- 긍정적 관심 : 중요한 사람으로부터 따뜻함, 존경, 사랑 그리고 수용을 얻고 싶은 기본적인 욕구
- 무조건적인 긍정적 관심 : 조건 없이 있는 그대로 그 사람을 수용하거나 존경하는 것
- 완전히 기능하는 사람 : 경험에 대해 개방적·실존적 삶을 삼, 유기체적 신뢰, 경험적 자유, 창조성

2. 매슬로우의 욕구위계 이론

1) 인간관 : 인간은 선천적으로 선하며 자신의 잠재력을 최대한 발휘하여 자기의 성격적인 성숙과 함께 자신의 성장과 발전, 즉 자아실현을 위하여 노력하는 존재로 본다.

2) 주요 개념

(1) 욕구위계 이론의 특징

- 하위 욕구가 더 강하고 우선적이다.
- 상위 욕구는 인생의 중년기에 나타난다.
- 상위의 욕구만족은 생리적·심리적으로 생산적이고 유용하다.

(2) 욕구위계 이론

- 생리적 욕구 : 가장 기본적이고 강한 욕구. 물, 수면, 산소, 성에 대한 욕구 등
- 안전과 안정의 욕구 : 안정감, 보호, 질서, 위험으로부터의 자유 등
- 사랑과 소속감의 욕구 : 사랑, 애정, 소속감, 우정 등
- 존경의 욕구 : 자기 자신과 타인으로부터 존경받고 싶은 욕구
- 자아실현의 욕구 : 자신의 잠재력을 성취하고 싶은 욕구

10

CHAPTER

연습문제

01 로저스 이론의 주요 개념이 아닌 것은?

① 지금-여기
② 무조건적인 긍정적 관심
③ 현상학적 장
④ 고전적 조건화
⑤ 완전히 기능하는 사람

02 다음 중 로저스의 인간관이 아닌 것은?

① 인간은 인간의 긍정적인 측면을 강조하는 인본주의 철학에 입각한다고 보았다.
② 인간은 인간에 대해 현상학적인 입장에서 부분적으로 기능하는 유기체로 보았다.
③ 인간은 순간에 결정되는 존재가 아니라 끊임없이 변화하는 존재로 보았다.
④ 인간은 현상학적 장을 통해 자신을 가장 잘 이해하고 자신의 문제를 해결할 수 있는 능력을 가지고 있다고 보았다.
⑤ 인간은 존중받고 자유로울 때 힘을 부여받게 되고 그 힘을 자신과 사회의 변화를 위해 사용할 수 있다고 보았다.

03 매슬로우가 지적한 욕구서열을 순서대로 열거한 것은?

① 자아실현의 욕구-존경의 욕구-소속과 애정의 욕구-생리적 욕구-안전과 안정의 욕구
② 안전과 안정의 욕구-생리적 욕구-자아실현의 욕구-소속과 애정의 욕구-존경의 욕구
③ 존경의 욕구-생리적 욕구-자아실현의 욕구-안전과 안정의 욕구--소속과 애정의 욕구
④ 소속과 애정의 욕구-안전과 안정의 욕구-존경의 욕구-생리적 욕구-자아실현의 욕구
⑤ 생리적 욕구-안전과 안정의 욕구-소속과 애정의 욕구-존경의 욕구-자아실현의 욕구

04 **매슬로우의 성장욕구 중 최상의 욕구는 무엇인가?**

① 생리적 욕구
② 안전과 안정의 욕구
③ 자아실현의 욕구
③ 존경의 욕구
④ 소속과 애정의 욕구

05 **로저스는 완전하게 기능하는 사람의 공통점을 제시한 바 있다. 다음 중 로저스가 논한 특징과 가장 거리가 먼 것은 무엇인가?**

① 창조적으로 살아간다.
② 삶을 충실하게 산다.
③ 타인만 신뢰한다.
④ 개방적으로 체험한다.
⑤ 자신의 느낌과 반응에 따라 자유롭게 산다.

정답 **1.** ④ **2.** ② **3.** ⑤ **4.** ③ **5.** ③

IV PART

사회환경 및 사회적 차별에 관한 이론 및 관점

제11장 생태체계 이론 및 관점
제12장 다문화주의

CHAPTER

11

생태체계 이론 및 관점

이 장에서는 개인을 둘러싼 제반 환경에 초점을 맞춘 이론을 학습함으로써 인간의 행동이 환경과 서로 영향을 주고받는다는 것을 이해하고, 이와 관련된 체계 이론과 생태 이론, 생태체계 관점을 살펴보고자 한다.

학습목표

1. 체계 이론의 정의, 특성, 주요 개념 등을 이해한다.
2. 생태 이론의 정의, 특성, 주요 개념 등을 이해한다.
3. 생태체계 관점이 사회복지실천에 미치는 영향을 이해한다.

01 체계 이론의 이해

1) 정의와 기본 가정

(1) 체계 이론의 정의와 응용

❶ 체계 이론의 정의

체계 이론은 가족, 집단, 조직 등을 포함하는 하나의 체계에서 인간이 관계의 강화 또는 관계 유지를 위해 서로에게 영향을 주는 것을 이해할 수 있도록 돕는다. 체계 이론에서는 인간은 하나의 체계에서 결합을 구성하고 결합이 더 강하게 되도록 노력한다고 한다(Payne, 1997).

체계 이론의 주된 가정은 잘 통합되고 기능이 잘 이루어지는 체계가 가능하며, 또한 바람직(desirable)하다는 것이다. 인간체계(human system)는 환경과의 관련 없이는 존재할 수 없으며, 종결을 위해 끊임없이 나아가는 하나의 열린 체계이다. 즉, 인간체계는 열리고 닫히는 것을 반복하면서 주위환경에 의해 영향을 받는다는 것이다.

❷ 체계 이론의 응용

체계 이론을 활용하면 가족이나 조직체계 같은 작은 체계뿐만 아니라 지역체계도 살펴볼 수 있다. 우리는 지역을 개인과 집단 그리고 조직들을 포함하고 있는 하위체계(subsystem)라는 측면에서 살펴볼 수 있다. 체계 이론에 의하면 지역은 정치, 사회, 경제적 체계의 변화에 영향을 받으며, 체계의 한 구성부분의 어떤 행동은 하위체계의 모든 것을 바꾸기도 한다(Fellin, 1995). 또한 지역의 일차적 목적은 개개인들을 더 큰 사회(the larger society)에 연결시켜주고 안정적인 상태를 유지시킨다. 지역 체계는 다음과 같이 목적 성취, 통합, 환경의 요구에 대한 순응 그리고 형태유지(pattern maintenance)를 증진시킨다고 한다(Parsons, 1961; Chess & Norlin, 1988).

(2) 체계 이론의 특성과 기본 가정

❶ 체계 이론의 특성

체계 이론의 특성은 상호작용, 관계, 시각, 현장 적용성, 개입 유용성 등을 중심으로 살펴보면 다음과 같다(김동배 · 권중돈, 1999).

- 다양한 체계들 간의 상호작용을 강조한다.
- 광범위한 상징의 의미를 포괄하며, 개인, 집단, 조직, 지역사회 간의 관계를 강조한다.
- 세상을 이해하는 데 필요한 폭넓은 시각을 제공하므로, 다양한 현장에 대해 적용성이 가능하다.
- 부적응을 보이는 개인의 문제에 대한 원인은 그를 둘러싸고 있는 사회체계와의 역기능적 상호작용에 있다고 본다.
- 인간행동 문제에 대한 전체적 시각을 제시하여, 문제사정과 개입체계를 명확히 하는 데 유용하다.

❷ 체계 이론의 기본 가정

체계 이론의 기본 가정은 상호관련성, 조직적 한계, 정체감과 초점, 체계환경, 관계망, 상위와 하위 체계, 균형상태, 인간관계 등을 중심으로 살펴보면 다음과 같다.

- 사회체계는 하나의 단위 또는 전체를 형성하는 상호관련된 성원들로 구성되어 있다.
- 사회체계의 조직적 한계는 임시적 또는 정립된 경계나 성원들에 의해 설정된다.
- 경계는 사회체계 중 하나의 체계로서 정체감과 초점을 부여한다.
- 체계환경은 체계 경계선 외부의 것으로 규정되는 것이다.

- 사회체계의 생활은 그 참여자의 활동을 단순히 합산한 것 이상이다. 오히려 사회체계는 독특한 구조와 의사소통 유형을 지닌 상호 관련된 관계망으로 볼 수 있다.
- 사회체계의 성원들 사이에는 고도의 상호 의존성과 내적 조직이 있다.
- 모든 체계는 또 다른 체계의 상위 혹은 하위 체계일 수 있다.
- 사회체계의 한 성원의 변화는 전체 사회체계의 속성에 영향을 미친다.
- 사회체계와 외부 환경과의 상호작용은 사회체계의 기능적 능력과 내적 구성에 영향을 미친다.
- 사회체계 내·외부의 변화로 인하여 체계의 구조적 불균형 상태가 야기될 경우에 체계는 균형 상태를 회복하기 위한 시도를 한다.
- 인간의 행동은 개별적 혹은 정신 내적인 것보다 상호작용하는 인간관계의 체계나 역동과 욕구에 의해 결정되고 유지된다(양정남·최선령, 2011).

2) 주요 개념

체계 이론(System theory)은 다양한 학문영역에서 취급되는 대상을 '상호작용하는 요소의 복합체'라 보고, 그 체계 일반에 적용되는 모델과 원리를 말한다. 체계 이론은 문제를 살펴볼 때 체계를 통해 분석할 수 있다(서진환 외, 2001).

(1) 체계(system)

체계란 독특한 방식 또는 구별되는 방식으로 상호작용하고 지속적으로 또는 일정 시간 동안 존재하는 구성요소들을 포함하는 조직화된 전체이다(권중돈·김동배, 2009). 체계는 체계의 한 부분이 변화하면 그 변화한 부분은 다른 부분들과 상호작용함으로써 다른 부분들도 변화시키는 특성을 지니는데, 이것을 '상호교환'이라고 한다. 또한 각 체계는 전체인 동시에 부분이 된다. 이는 각 체계가 하위체계의 하나이면서 동시에 상위체계의 일부분이라는 것을 의미하며(Anderson & Carter, 1990), 사회체계는 인간과 상호작용하고 인간에게 상호의존하는 구조이다(Green & Ephross, 1991). 인간 역시 하나의 체계로서 바라보는데, 내부의 심리적인 요인들과 외부의 제도적인 구조들로 특성화된 인간체계는 개인, 가족, 사회집단들과 같은 다양한 실재(實在)들을 포함한다. 인간의 외부 환경으로는 가족, 이웃, 학교, 직장, 지역사회와 같은 다양한 사회환경이 있다.

(2) 하위체계

하위체계(subsystem)는 특정 체계 속의 작은 체계이며 다른 하위체계들과 상호작용한다. 가족 내에서 각 개인도 실제로 하위체계이다. 이와 반대로, 사회적 체계를 포함하는 더 큰 규모의 체계는 체계의 환경이다. 환경은 그 안에서 기능하는 체계에 대한 상황에 영향을 미친다. 이웃사회는 가족체계에 있어서 하나의 사회적 환경이고 지역사회는 이웃사회 및 가족에 대한 사회적 환경이다. 따라서 모든 체계는 하위체계와 환경을 가지며 이를 바꾸어 말하면 모든 체계 역시 하위체계이면서 동시에 환경이 된다(Miley et al., 2001).

(3) 개방체계와 폐쇄체계

사회복지실천에서 투과성의 경계를 가지고 있고 체계 내·외부로부터 성장과 발달에 필요한 정보나 에너지를 자유롭게 교환하고 받아들이는 체계를 '개방체계(open system)'라고 하는데, 개방체계는 체계 자체의 기능을 유지·발전시킬 수 있다. 반면에 다른 체계와 상호작용이 없이 고립되어 교환이 이루어지지 않는 체계를 '폐쇄체계(closed system)'라고 한다. 폐쇄체계는 시간이 지날수록 조직 및 효과적인 기능의 상실이 초래된다. 명확한 경계를 지닌 건강한 개방체계는 시너지(synergy)를 얻는 경향이 있다. 왜냐하면 가족구성원들이 외부의 더 넓은 환경과의 상호작용으로부터 새로운 에너지를 얻으려는 의지가 있기 때문이다. 시너지는 체계 내·외부와의 상호작용이 증가함에 따라 체계 내의 에너지양이 증가하는 현상을 의미한다.

(4) 경계

체계는 항상 경계를 지니는데, 경계(boundary)는 체계가 시작하거나 끝나는 지점을 말한다. 체계의 환경은 경계를 넘어선 모든 것이다. 다른 관점으로 보면, 인간의 마음도 프로이트의 원초아(id), 초아(ego), 초자아(superego)의 세 가지 구성요소가 서로 상호작용하고 있는 하나의 체계로 볼 수 있다(Ambrosino et al., 2006). 집의 안과 밖을 구분하는 문은 눈에 보이는 경계이지만, 인간체계와 같이 추상적인 의미의 경계는 이와는 달리 눈에 보이지는 않는다. 이러한 경계는 체계가 어떻게 작동하는지를 관찰함으로써 경계선의 위치와 특징을 추론할 수 있다(Anderson & Carter, 1990).

(5) 엔트로피와 역엔트로피

체계가 폐쇄적일수록 다른 체계들로부터 긍정적인 에너지를 유인하기 어렵다. 시간이 지날수록 폐쇄체계는 자신만의 에너지를 사용하고 엔트로피(entropy)를 발전시키는 경향이 있다. 엔트로피는 체계의 구성요소들 간의 상호작용이 감소함에 따라 자신을 유지하고자 자신의 에너지를 소모하게 되어 유용한 에너지가 감소하고 비조직화되어 가는 상태를 말한다. 체계가 폐쇄적이면 시간이 지나면서 모든 요소가 비슷해지기 시작하고 결과적으로 조직과 효과적인 기능의 상실이 초래되는 엔트로피 속성이 나타난다. 그러나 역엔트로피(negative entropy)는 엔트로피의 반대현상으로 체계 내의 질서, 형태, 분화가 있는 상태를 말한다. 일종의 안정 상태로서 체계 외부로부터 에너지를 유입함으로써 에너지를 보존하고 축적해가는 과정을 통해 체계 내부의 유용하지 않은 에너지가 감소되는 것이다.

(6) 투입, 전환, 산출, 환류

투입(input)은 체계가 환경으로부터 에너지, 정보 등을 받아들이는 것을 말하며, 전환(conversion)은 투입을 산출로 변환시키기 위해 체계가 가지고 있는 구조적 배열을 말한다. 그리고 산출(output)은 체계 내에서 과정을 거쳐 변형되어 방출되는 것을 말한다. 환류(feedback)는 체계가 수행했던 정보를 다시 그 체계가 받는 것으로 투입의 특수한 형태라고 할 수 있으며, 정적 환류와 부적 환류가 있다. 정적 환류(positive feedback)는 현재의 상황이 지속되도록 하는 것이고, 부적 환류(negative feedback)는 지금까지의 행동을 중단하도록 하는 환류이다(엄명용 외, 2005). 다시 말하면 부적 환류는 체계가 목표를 성취하기 어려운 방식으로 행동하고 있다는 정보를 주어서 목표와 조화를 이루도록 행동을 수정하게 한다. 반면에 정적 환류는 체계가 목표와 관련하여 적절하게 행동하고 있으며 그런 행동을 계속하기를 바라는 의미를 전달하는 것이다.

(7) 안정상태와 평형상태

안정상태(steady state)는 체계가 고정되어 있는 것이 아니라 지속적으로 움직이고 있는 상태를 의미한다. 안정상태의 개념은 평형상태(equilibrium)를 유지하기 위해 적절한 양의 에너지를 주고받으면서 어느 정도의 질서와 부동성(stability)을 유지한 채로 체계가 목적(goal)을 향해 지속적으로 움직이고 있는 것을 의미한다. 건강한 체계는 대변혁이 아니라 부동성과 성장을 동시에 성취하기 위해 왔다 갔다 하는 것처럼 보인다. 평형상태는 다양한 방식으로 성취될 수 있다. 주어진 상황을 설명하는 많은 방법들이 있기 때문에 항상 이것을 다루기 위한 많은 선택들이 존재한다.

(8) 항상성과 호혜성

환경과 지속적인 상호작용을 하면서 역동적인 균형을 이룬 상태를 의미하는 항상성(homeostasis)은 체계가 비교적 지속적이고 안정적인 균형을 유지하는 것으로, 체계가 위협을 받았을 때 이를 회복하려는 경향을 말한다. 항상성은 체계의 구조를 유지한 상태에서 체계의 일관성을 유지하기 위해 일정한 범위 내에서만 변화를 모색한다. 그래서 일시적으로 체계의 균형을 깨뜨리는 사건이 일어나면 체계는 무질서한 상황을 벗어나 이전 상태를 되찾으려고 하거나 새로운 균형 상태를 빠르게 구축하게 된다(Miley et al., 2001).

호혜성(reciprocity)은 한 체계의 모든 부분이 다른 부분과 서로 연관되어 있어서 한 부분의 변화가 다른 부분의 변화를 야기하게 된다는 개념이다(Miley et al., 2001). 호혜성의 원리는 어떤 문제나 현상에 대해 한 가지 원인에 따라 결과가 분명한 단선적 인과성(linear casuality)이 아닌 관련된 부분요소들 간의 쌍방적 교류과정에서 원인과 결과를 해석하려는 순환인과성(circular casuality)을 의미한다(최옥채 외, 2007).

(9) 동귀결성과 다중종결성[1)]

호혜성에 따르면 체계의 어떤 한 지점에서 개입하면 그 개입은 전체 체계의 변화를 가져올 수 있다. 따라서 체계 단위별로 또는 동일한 체계라도 변화를 초래할 수 있는 사회복지사의 개입방법은 다양할 수 있다. 이와 관련된 개념이 동귀결성과 다중종결성이다. 이 두 가지 개념은 주변의 체계들과 상호작용하는 체계들이기 때문에 나타나는 특성이다.

동귀결성(equifinality)이란 각 체계들의 초기상황이 서로 다르지만 그 체계들이 개방되어 있어 주변의 체계들과 목적지향적 교류를 하면 결국에는 동일한 상태를 이끌 수 있다는 것이다. 즉, 체계들이 개방되어 있을 경우 서로 다른 조건일지라도 동일한 결과에 도달할 수 있다는 의미이다. 반면에 다중종결성(multifinality)이란 유사한 조건일지라도 다른 체계와의 상호작용 양상과 특성에 따라 상이한 결과가 초래될 수 있다는 것이다(엄명용 외, 2005).

(10) 미시체계, 중간체계, 외체계, 거시체계

브론펜브레너(Bronfenbrenner, 1979)와 가바리노(Garbarino, 1983)는 위기와 기회를 환경의 모든 단계에서 발견할 수 있다고 주장하였다. 개인을 둘러싼 환경은 크게 4가지 수준의 체계들, 즉 미시체계, 중간체계, 외체계, 거시체계로 나뉘며 각 체계들 간에는 위계를 지닌다고 보았다. 이와 같은 환경체계에 대한 개념과 특징을 살펴보면 다음과 같다(Ambrosino et al., 2006; 우혜선, 2007).

첫째, 미시체계(micro system)는 개인의 매일매일의 일상생활의 환경을 통합하는 개인, 모든 사람, 집단을 포함한다. 이 수준에서 초점은 개인 수준에서 기능, 지적인 능력과 감정적 능력, 동기, 일상생활의 영향력, 직접적인 환경 내에서 이루어지는 개인과 다른 이들 간의 상호작용과 연계를 통합하는 것이다.

둘째, 중간체계(meso system)는 발달하는 개인이 적극적으로 참여하여 상호작용(interaction)이 일어나고 있는 두 개 이상의 미시체계로 구성된다. 아동을 중심으로 부모와 교사와의 관계, 형제관계, 교사와 또래친구들과의 관계 등을 말하며 중간체계는 개인이 새로운 환경으로 이동할 때마다 형성되거나 확대된다.

---

1) 동귀결성과 동등종결성은 같은 의미를 갖는다.

셋째, 외체계(exo system)는 개인이 직접 참여하지는 않으나 개인 발달에 영향을 주는 사건들이 일어나는 두 가지 이상의 환경을 말한다. 이것은 지역사회 수준의 요인을 포함하며, 이러한 요인들은 직접적으로 개인과 관련된 것이 아니라 개인이 기능하는 방식에 영향을 준다.

넷째, 거시체계(macro system)는 큰 체계로서 문제의 원인이 되거나 삶에 여러 가지 기회를 제공하는 제반조건에 영향을 주는 문화, 사회, 정치, 제도, 역사, 경제, 환경 등을 말한다. 거시체계는 개인의 삶에 직접적인 영향보다는 신념, 태도 등을 통해 인간에게 간접적으로 영향을 주며, 다른 체계보다는 더 안정적이고 강력한 영향력을 행사한다.

02 생태 이론의 이해

1) 정의와 기본 가정

(1) 생태 이론의 정의와 응용

생태 이론(ecological theory)은 유기체와 환경의 관계에 대해 연구하는 이론으로 교육학에서는 인간행동의 학습과 변화를 생태 이론을 적용하여 연구하는 이론을 뜻하기도 한다(권중돈·김동배, 2009).

❶ 생태 이론의 정의

생태 이론은 다윈(Darwin)의 생물학적 결정주의인 '적자생존(survival of the fittest)'에 기초한다. 생태 이론에 따르면 사회구조는 개인과 집단 그리고 주변에 있는 물질적인 환경 간의 상호작용을 통해 발전한다고 본다(Norlin & Chess, 1997). 바커(R. G. Barker)는 인간행동이 생활환경에서 주어진 행동무대에 의해 결정된다고 하였다. 또한, 생태 이론은 체계의 원리뿐 아니라 체계를 둘러싼 환경에 대해 관심을 갖고 살펴봄으로써 다양한 구성물에 의해 존재하고 그 구성물에 의해 영향을 받는다는 점을 설명해 주었다.

❷ 생태 이론의 응용

생태 이론은 인간의 행동이 인간에게 주어진 생활환경에 의해 만들어진다고 설명함으로써 어떠한 환경 속에 인간이 처해 있는가를 살펴보게 된다면 인간의 행동을 이해하게 된다는 점이다. 예를 들어, 인간은 자신을 둘러싼 환경을 변화시키기 위해 노력한다. 하지만 그 안에는 인간이 환경에 의해 순응 혹은 적응되기도 한다.

(2) 생태 이론의 기본 가정과 의의

❶ 생태 이론의 기본 가정

생태 이론의 기본 가정은 환경과의 상호작용, 환경과의 관계, 단일체계, 적합성, 목적지향적, 사람에 대한 이해, 성격, 긍정적 변화, 전체 생활공간 등을 중심으로 살펴보면 다음과 같다(김동배 · 권중돈, 1999).

- 환경과 상호작용하고 다른 사람들과 관계를 맺는 인간의 능력은 타고난다.
- 유전적 및 생물학적 요소들은 환경과의 관계에 의한 결과로서 다양한 방식으로 나타난다.
- 개인과 환경은 상호영향을 미치는 단일체계를 형성한다.
- 적합성은 호혜적인 개인-환경 과정이다.
- 인간은 목적지향적이고 유목적적이다. 인간은 유능성을 획득하기 위해 노력한다. 환경에 대한 개인의 주관적 의미는 발달에 매우 중요하다.
- 사람은 자연스러운 환경과 상황 속에서 이해되어야 한다.
- 성격은 개인과 환경 간의 오랜 관계의 산물이다.
- 긍정적 변화는 생활경험으로부터 야기될 수 있다.
- 생활상의 문제는 전체 생활공간 내에서 이해하여야 한다.
- 클라이언트를 원조하기 위하여 사회복지사는 클라이언트의 생활공간에 개입할 준비가 되어 있어야 한다.

❷ 생태 이론의 의의

생태 이론의 의의는 '환경 속의 인간'이라는 기본관점을 중심으로 살펴보면 다음과 같다.

- '환경 속의 인간(person in environment : PIE) 관점'이라는 사회복지실천의 기본관점을 반영한다.
- 단순한 인간관계를 규명하는 것이 아니라, 인간과 환경 간의 복잡한 상호 보완성을 설명하는 데 관심을 둔다.
- 기본적으로 생태적 모델은 체계 이론에서 비롯된 것으로, 사회복지실천의 관점에서 볼 때 생태적 접근이 보다 구체적인 세계관을 제공한다.
- 체계 이론이 좀 더 포괄적인 시각을 갖는 반면, 생태 이론은 개인과 가족체계를 보다 강조하는 경향이 있다.

2) 주요 개념

생태 이론의 주요 개념으로 적합성과 적응, 스트레스와 대처, 관계, 역할 및 유능성, 환경에 대해 살펴보면 다음과 같다.

(1) 적합성과 적응

적합성(goodness of fit)은 개인의 적응적 욕구와 환경의 질이 부합되는 정도를 의미한다. 적합성은 다른 종(種)의 경우 진화에 의하여, 인간의 경우 일생을 통하여 성취된다(Germain & Gitterman, 1980). 인간과 환경 사이의 상호교류가 성공적이고 적응적일 때 적합성이 이루어진다.

적응(adaptation)은 개인과 환경 사이의 활발한 상호교환을 포함한 '개인과 환경'이라는 하나의 단위로 이루어지며, 인간의 내적 영향력과 생태적 환경의 영향력에 의해 이루어지는 상호의존적 과정이다(Meyer, 1983). 생태 이론에서 적응이란 개인 대 환경의 적절한 결합을 의미한다. 이 적합(fit)이라는 것은 개인 또는 집단의 욕구, 권리, 목적, 능력 등과 개인이나 집단이 속한 문화, 역사적 맥락 속에 존재하는 물리적·사회적 환경의 성질 및 그 운영 상황 사이의 맞물림 상태, 즉 개인적 욕구와 사회적 요구 사이의 조화와 균형 정도를 의미한다. 인간은 새로운 환경에 처할 경우 그 상황의 요구에 적응하고, 상황은 그 인간의 존재로 인하여 구조적 변화를 겪게 된다. 따라서 양자 사이의 적합도가 비교적 양호할 경우 그것을 '적응이 잘된 상태(adaptedness)(Dubos, 1978)'라고 한다(이선영, 2004).

(2) 스트레스와 대처

스트레스(stress)는 개인이 지각한 요구와 이러한 요구를 충족시킬 수 있는 자원을 활용할 수 있는 능력 사이에 불균형이 일어난 것(Germain & Gitterman, 1980) 또는 개인과 환경 사이의 상호교류에서 나타나는 불균형에 의해 야기된 생리적·심리적·사회적 현상(Lazarus, 1980; Searles, 1960; Seyle, 1956)을 의미한다. 스트레스는 개인의 성장과 발전을 위한 동기로 작용할 수 있고, 생활문제를 발생시킬 수도 있다.

대처(coping)는 스트레스를 경험하게 될 때 정서적 고통을 통제하기 위해 개인이 수행하는 행동을 말하며, 이것은 자연적으로 발생하고, 대처능력 향상을 위해 내적 자원(자존감과 문제해결기술)과 외적 자원(가족, 사회적 관계망, 조직의 지원)이 필요하다(최옥채 외, 2007).

(3) 관계, 역할 및 유능성

관계(relatedness)는 인간관계를 형성하거나 타인과 연결될 수 있는 능력을 말하며, 어머니와 유아가 초기 양육과정에서 관계가 시작되고 일생을 통하여 상호적 보호행동의 유형을 결정한다(Ainsworth & Bell, 1974; Germain, 1987).

역할(role)은 특정 사회적 지위를 갖고 있는 개인이 타인에게 어떻게 행동해야 하는지에 대한 기대와 그에 대한 타인의 기대를 포함한다. 역할은 내적 과정과 사회적 참여 사이에 가교(架橋)의 기능을 수행하며, 역할수행은 개인의 자아존중감과 밀접한 연관성을 지닌다.

유능성(competence)은 개인이 환경과 효과적으로 상호작용할 수 있는 능력(자아심리 이론) 또는 어떤 과업을 수행하고 상호작용으로 인해 발생한 결과를 통제할 수 있는 능력(상징적 상호작용 이론)을 말한다. 생태 이론에서는 타인과 관계를 맺고 긍정적인 자아정체감과 자존감을 형성할 수 있는 인간의 능력을 말하며, 일생에 걸쳐 확대된다고 제시하였다.

(4) 환경

사회적 환경은 인간의 관계에서부터 시작하여 사회 내에 존재하는 다양한 수준의 조직 내의 인간관계망까지 포함한다. 인간과 관련된 문제를 발생시키거나 문제를 해결하는 데 원조가 될 수 있다.

물리적 환경은 인간에 의해 만들어진 인위적 세계(건축물, 대중매체, 교통체계 등)와 자연적 세계(색상, 온도, 후각적 단서, 기후적 특성, 밤과 낮 등)로 구성되며 대처와 적응에 영향을 준다. 예를 들어, 장애인의 경우 교통수단 이용의 어려운 정도에 따라 사회복지서비스 이용에 영향을 받는다는 연구 결과가 있다(오봉욱, 2012).

공간은 건축 양식, 또래집단과 같은 관계영역, 거리감이나 정서적 공간과 같은 개인적 지각까지 포함하며, 속도·기간과 같은 시간적 리듬과 더불어 적응과 밀접한 관련성을 맺는다. 생활영역(niche)과 거주환경(habitat)은 인간의 문화적 환경을 설명하기 위하여 생태학에서 가져온 것이며, 생활영역은 지역사회 성원들이 차지하고 있는 직접적인 환경이나 지위들을 말한다. 거주환경은 개인의 문화적 맥락 내에 존재하는 물리적 및 사회적 환경이고, 예를 들어 장애인의 경우 사회복지서비스 이용에 있어서 공간적 접근성이 좋을수록 서비스 이용 여부와 유의미한 정적관계가 있었고 서비스를 이용할 가능성이 높게 나타났다(오봉욱, 2012).

그러나 생태학적 생활영역은 사람을 범주화하거나 개인을 사회적 계층으로 분류하는 것이 아니라 '개인과 환경'의 단위 내에서 일어나는 과정을 이해하기 위한 수단(Bronfenbrenner, 1989)이다.

03 생태체계 이론 및 관점의 이해

생태체계 이론은 사회복지실천 분야의 근간이며 포괄적인 시각을 사회복지 전문가에게 제공해 줌으로써 인간의 행동을 이해하는 데 널리 사용되고 있으며, 인간이 어떻게 환경과 상호작용하는지를 통합적으로 살펴볼 수 있도록 해 준다(김동배·이희현, 2003).

생태체계 이론은 인간이 인간을 둘러싼 환경 속에서 어떻게 평형상태를 유지하고 변화되어 가는지를 설명해 준다. 이때 평형상태는 주변의 환경에 적응할 수 있도록 인간이 능동적 혹은 수동적으로 변화함으로써 유지하게 된다.

즉, 사회복지는 인간과 그를 둘러싼 환경과의 상호작용을 중요시하는 '환경 속의 인간(person in environment)'이라는 관점을 중요시한다. 생태 이론은 인간의 행동을 단선적이고 인과론적 시각으로 이해하던 것에서 벗어나 환경을 고려하면서 인간과 환경 간의 순환적인 관계에 초점을 두고 이해할 수 있도록 하였다.

1) 개념과 응용

(1) 생태체계 이론의 개념

생태체계(ecosystem)는 생태학과 일반체계 이론을 포함한 개념으로, 생태학의 상호적응의 개념과 일반체계의 상호작용을 하는 요소와 인간, 환경 등의 변수 간의 체계적인 상호 관련을 기술한다는 점에서 이 두 이론의 개념을 종합한 의미이다. 즉, 생태체계 이론은 인간과 다른 체계 간의 교류를 설명하고 각 체계 간의 영향에 의한 상호작용 등이 인간행동에 영향을 미친다고 설명하였다. 따라서 생태체계 관점은 인간의 행동이 그들의 사회체계에 대한 설명 없이는 이해할 수 없다.

(2) 생태체계 이론의 응용

인간이 어떤 환경 속에 존재하고 있는가에 따라 인간의 행동은 변화될 수 있으며, 그에 따른 삶은 정해진 것이 아니라 변화될 수 있다. 그리고 인간의 발달을 설명하기 위해서는 인간의 발달 과정, 발달이 일어나는 환경, 모든 인간이 처해 있는 다차원적인 환경들 간의 상호작용과 상호연계성을 규명하는 것이 중요하다(홍정미, 2008). 이런 점에서 사회복지실천현장에서는 생태체계 이론을 활용한 인간에 대한 상황을 이해하려고 한다. 예를 들어, 노인의 정신건강을 이해하기 위해서는 노인 개인과 노인을 둘러싼 다양한 환경체계와의 상호작용을 통해 노인의 정신건강을 파악할 수 있는 틀을 제공해 주거나(손덕순, 2004 재인용) 생활시설에서 거주하는 아동의 학교적응에 영향을 미치는 요인을 찾고자 아동 개인관련 요인, 가족관련 요인, 시설관련 요인, 지역사회관련 요인 등을 찾는 연구(이지영, 2011) 등 사회복지 실천가·연구자에게 폭넓게 응용되고 있다.

즉, 생태체계 관점(perspective)은 사정(assessment)에 특히 유용하며(Grief, 1986) 시각적인 도구로서 가계도와 생태도(ecomap)를 사용하면서 가족의 관계망과 환경적 지지를 사정하는 데 초점을 둔다(Malcolm Payne 저, 서진환 외 역, 2001). 즉, 개별 유기체를 둘러싼 미시체계, 중간체계, 외체계, 거시체계 등 사례의 중요한 요소들을 포함하고 그 요소들을 둘러싸고 있는 경계를 보여준다. 이를 통해 사회복지사는 자신과 함께하고 있는 클라이언트의 개인적인 부분에서 전체적인 상황을 파악하고 다양한 상호관계를 파악할 수 있도록 기회를 제공해 준다.

2) 생태체계 이론의 특성

생태체계 이론의 특성은 첫째, 상황 속에서 인간의 다양한 변화 가능성을 제시한다. 둘째, 클라이언트체계의 강점을 강조한다. 셋째, 현재 행동을 '상황 속의 개인'의 편안한 적합성으로 설명한다. 넷째, 역기능을 상황 속에서 적응적이거나 합리적인 것으로 개념화한다. 다섯째, 개인의 사회집단 및 사회적·물리적 환경 안에서 변화를 위한 여러 가지 대안을 탐색한다(전재일 외, 2004; 이종복·전남련, 2011).

또한, 생태체계 이론에서의 '체계적 사고'는 개인의 존재에 대한 초점을 유지하면서, 개인에게 환경의 관계 상황을 인식, 이해, 개입하도록 만들어준다. 체계적 사고는 사물이 어떠한가에 초점을 두는 존재론적인 것이 아니라, 요소들이 서로 상호작용하는 방법에 관한 것이다. 체계적 사고는 사례에서 여러 가능한 개입지점을 볼 수 있게 한다. 사물의 성질에 관심을 두는 것이 아니라 현실의 구성, 인간과 사건을 함께 묶는 과정에 관심을 기울이기 때문이다. 그러나 '단선적 사고'는 "x가 발생하면, y가 따른다"와 같은 단순한 인과관계의 확실성을 제시하지만, 이것은 개인의 중요한 차원을 간과할 수 있다는 단점이 있다는 점에서 인간을 바라보는 관점에서도 단선적 사고가 아닌, 체계적 사고를 필요로 한다(이선영, 2004 재인용).

3) 생태체계 이론의 관점의 사회복지실천 간의 관계

생태체계 이론이 사회복지실천에 주는 가장 큰 시사점은 개인을 개인 혼자의 문제가 아닌, 환경과 상황을 그것 자체의 독립 변수로 취급하지 않는다는 것이다. 인간은 환경과의 상호교류와 작용을 통해 자아를 형성하고 삶의 문제에 대처하며, 환경 또한 다양한 체계 간의 복잡한 관계 속에서 파악되어야 하는 대상으로 간주된다. 각각의 체계는 유기적으로 연결되어 서로 영향을 주고받으면서 변화와 안정 속에서 발달과 성장의 과정이 끊임없이 연속된다 (이효선·정푸름, 2012 재인용).

사회복지사는 다른 휴먼서비스 전문가와는 다르게 개인뿐만 아니라 환경 양자 모두에게 관심을 갖고 있어야 한다. 사회복지는 개인의 사회적 기능 향상을 통해 스스로 자신의 문제에 대해 살펴보고, 그 원인을 찾아 해결하거나 자신의 강점과 자원을 활용하여 삶의 질을 개선할 수 있도록 변화시키는 것이다.

또한 사회복지사는 개인문제와 사회문제에 연관된 다양하고 복잡한 모든 요인들을 찾아내고 이 요인들이 문제를 발생시키는 데 어떻게 상호작용하는 가를 이해해야 한다. 이것은 결국 개인에 대한 개입부터 전 사회 차원으로까지 이르는 개입과정과 전략을 결정할 수 있도록 전문화되어야 하는데, 이를 위해서는 이론적 틀이 필요하다.

많은 사회복지사들은 생태체계 접근을 통해 인간과 인간을 둘러싸고 있는 물리적·사회적 환경 간의 교환을 개념화함으로써 유용한 방법들을 설명할 수 있게 되었다(Germain, 1987; Germain & Gitterman, 1980). 생태 이론에서 문제는 병리적 상태로서의 반영이 아니라 주위 사람, 사물, 장소, 조직 등을 포함하는 생태체계의 여러 요인들 간의 상호작용 결과로 발생하는 생활상의 문제로 정의된다(강흥구, 2004). 개인과 개인에게 영향을 주는 사회적·물리적 환경 간의 역기능적 교류를 개념화하고 사회복지사는 개인과 환경 사이의 역기능적 교류에 개입해야 한다고 주장하였다(엄명용 외, 2005).

생태체계 이론은 어느 하나의 개입기법을 가진 모델이 아니며, 문제를 가진 개인과 그를 둘러싼 환경에 대한 개입에 있어 다양한 기술과 기법을 필요로 하는 사회복지사에게 통합적 접근을 가능하게 만들어주었다.

따라서 예비 사회복지사가 전문 사회복지사가 되고자 할 때, 인간에 대한 행동과 그에 따른 결과를 분석하는 경우에는 개인에 대한 초점뿐만 아니라 개인을 둘러싼 가정(가족지지 및 구성원의 관계 등), 학교(또래·교사와의 관계 등), 직장(직장 상사 및 동료와의 관계 등), 지역사회 등의 환경에 대해 체계적이고도 통합적인 시각을 가져야 한다.

4) 생태체계 이론의 관점에 대한 평가

(1) 공헌점

생태체계 이론은 전통적인 사회복지실천모델을 활용하여 개입하기 전에 문제 상황에 대한 분석을 통해 어떤 실천모델이 가장 적절한지 판단 및 선택할 수 있도록 해 주었으며, 보다 넓은 관점과 포괄적인 영역으로 총체적인 이해가 가능하도록 해 주었다. 그리고 사회복지실천의 문제에 대한 사정을 용이하게 해 주었고, 개입시 일정 부분만 개입하는 것이 아니라 전체 흐름에 맞는 개입으로 체계적인 변화를 일으켜준다. 또한 개인, 집단과 지역사회 등 그 대상의 크기와 종류에 관계없이 모두 적용할 수 있다는 점에서 매우 긍정적인 평가를 받는다(양정남·최선령, 2011; 장인협 외, 1989).

(2) 제한점

생태체계 이론은 문제의 원인에 대해 설명이 어려워 실증적 검증이 어렵고 사정과 평가를 위한 관점과 이론적 틀은 제공했지만, 사회복지실천현장에 적용할 수 있는 개입방법이나 실천기술은 제시하지 못했다는 평가를 받고 있다(Mattaini et al., 1998). 이처럼 명확하게 제시된 개입기법은 아니지만 인간을 둘러싼 환경에 의해 인간의 행동이 변화될 수 있다는 점을 사회복지사에게 보다 넓은 시각을 제시했다는 점에서 의의가 있다.

핵심정리

- 체계 이론은 다양한 체계들 간의 상호작용을 강조하는 개념이며, 한 영역의 변화가 다른 부분에 영향을 미칠 수 있다는 관점이다.
- 경계는 외부환경으로부터 대상체계를 구분해 주는 일종의 테두리로, 에너지의 흐름을 규제한다.
- 체계는 항상 일정 부분 자신을 변화시켜 유지하고자 하는 속성이 있는데, 이것이 진화적 속성이다.
- 체계는 미시체계, 중간체계, 외체계, 거시체계로 나뉜다. 미시체계는 개인을 의미하고, 중범위체계는 가족, 학교, 직장, 여러 사교집단 등 소집단을 의미한다. 거시체계는 소집단보다 큰 체계로서 개인에게 영향을 미치는 환경요소이다.
- 균형은 주로 폐쇄체계에서 나타나며, 체계의 구조 변화가 거의 없는 고정된 평형상태를 말한다.
- 항상성은 주로 개방체계에서 나타나며, 환경과 지속적으로 상호작용하면서 역동적인 균형을 이루고 있는 상태를 말한다.
- 안정상태는 환경과의 교류뿐 아니라 환경에 적응하기 위해 체계의 구조를 변화시키는 상태로서 개방체계에서 존재한다.
- 생태 이론은 인간이 환경의 제 요소들과 끊임없이 상호교류를 하면서 적응하고 진화한다는 것을 바탕으로 인간이 그들의 다양한 환경을 변화시키며, 환경과의 지속적인 상호적응 과정을 통하여 환경에 의해 변화된다는 이론이다.
- 생태체계의 구성으로 미시체계, 중간체계, 외체계, 거시체계가 있다.
- 생태 이론은 생태학에서 강조하는 자연환경의 영향과 체계 이론에서 강조하는 환경의 체계 수준이 통합적으로 고려된 관점이다.
- '환경 속의 인간' 관점은 인간과 환경을 따로 이해하기보다는 인간과 환경 혹은 그를 둘러싼 상황까지도 함께 고려해야 한다는 관점으로 사회복지실천에 있어 중요한 기본적 관점이다.
- 체계 이론은 다양한 체계 간의 상호작용을 강조하는 개념이다.
- 생태체계 관점은 인간과 환경 사이의 상호 보완성을 설명하면서 환경과 인간을 하나의 총체로 간주한다. 이 관점은 체계 이론과 생태 이론을 통합한 관점이다.

11 CHAPTER

연습문제

01 다음 개념에 대한 설명으로 옳지 않은 것은?

① 부적 엔트로피 : 체계 외부로부터 에너지를 유입함으로써 체계 내부에 유용하지 않은 에너지가 감소되는 것
② 시너지 : 체계 내에 유용한 에너지가 증가하는 것을 말하며, 체계 구성요소들 사이에 상호작용이 증가하면서 나타나는 것
③ 동귀결성 : 두 개의 각각 다른 체계들이 초기에는 같은 상태였다가 에너지의 투입으로 인해 서로 다른 안정상태에 도달하는 것
④ 하위체계 : 자체가 하나의 체계이면서 어떤 체계의 구성요소가 되는 것
⑤ 경계 : 체계의 외부와 내부를 구분지어주는 것

02 다음 〈보기〉에서 설명하고 있는 것은 어떤 이론인가?

〈보기〉

㉠ 인간과 환경적 힘 사이의 상호작용에 초점을 둔 이론
㉡ 클라이언트를 둘러싼 환경의 맥락에서 클라이언트의 행동을 이해하려고 하는 것
㉢ 인간발달단계에 대해 거시적인 접근을 한 이론
㉣ 문제를 총체성 속에서 이해하도록 하며, 개입을 할 때에도 어느 한 부분에 치중하지 않고 전체 체계를 변화시키는 전략을 세우도록 하는 이론

① 정신분석 이론
② 심리사회 이론
③ 행동주의 이론
④ 사회학습 이론
⑤ 생태 이론

03 다음 인간이 환경 속의 다른 사람과 의사소통하고 관계를 맺는 것을 의미하는 생태체계 관점의 개념은?

① 상호작용
② 적합성
③ 적응
④ 공유영역
⑤ 에너지

04 다음 생태학적 관점의 기본 가정 중 옳지 않은 것은?

① 사람은 자연스러운 환경과 상황 속에서 이해되어야 한다.
② 생활문제는 전체적인 생활공간 속에서 이해되어야 한다.
③ 성격은 개인과 환경 간의 오랜 관계의 산물이다.
④ 긍정적 변화는 생활경험으로부터 야기될 수 있다.
⑤ 환경과 상호작용하고 다른 사람들과 관계를 맺는 인간의 능력은 타고난 것이 아니다.

05 다음 인간과 환경이 특정 문화와 역사적 맥락 속에서 서로 끊임없이 영향을 미치는 점을 감안해 인간과 환경을 바라보는 관점은?

① 인본주의적 관점　② 인지 이론적 관점
③ 생태학적 관점　④ 정신분석적 관점
⑤ 사회학습적 관점

정답 1. ③ 2. ⑤ 3. ① 4. ⑤ 5. ③

CHAPTER

12

다문화주의

이 장에서는 전통적으로 사회복지가 불평등의 문제에 관심을 가져왔다는 점에서 사회적 불평등과 관련하여 인종이나 민족, 문화 등을 포함한 다문화주의에 대해 학습하고자 한다.

학습목표

1. 다문화주의 개념과 주요 개념을 설명한다.
2. 다문화사회복지실천에서의 인간과 사회를 바라보는 관점을 이해한다.
3. 다문화주의와 사회복지실천과의 연관성에 대해 설명한다.

01 주요 개념 및 이론 소개

1) 다문화주의 개념

다문화주의는 다인종 또는 다민족 국가를 형성해온 북미를 중심으로 한 서구 국가들이 다인종·다종교·다문화의 사회로 발전되는 과정에 사회적·정치적·경제적 갈등을 해소하려는 목적에서 비롯되었다(구견서, 2003).

킴리카(Kymlicka, 1995)는 다문화주의를 "자유민주주의에 대한 광범위한 합의와 지지가 선결된 조건에서 다양한 문화적 주체들의 특수한 삶의 권리(politics of difference)에 대한 제도적 보장"(Kymlicka, 1995)으로 설명한다(오경석 외, 2008). 킴리카(2012)에 의하면 다문화주의는 다양한 문화 간의 경계 긋기를 하는 것이 아니라 다양한 문화의 공존을 통해 개인의 인권과 자유를 보장하는 데 기여한다고 주장한다(조희원, 2014). 다문화주의란 용어는 크게 세 가지 내용을 구성요소로 담고 있다(박동열, 2012). 첫째는 민족적·문화적 이질성을 특징으로 하는 다문화사회 자체이며, 둘째로 이질적 집단 간의 평등을 지향하는 하나의 다문화 이상이다. 마지막으로 공공 영역에서 사회적 소수의 정체성을 보호하기 위한 정부정책의 시행 및 제도적 보장을 그 구성요소로 한다.

다문화주의는 다문화 현상이 만들어지는 사회적 현실에 따라 지향하는 가치의 강조점과 정책 구현의 실천적 과제가 다를 수밖에 없다. 다문화주의를 표방하거나 실질적으로 적용하는 국가들도 인종관계, 식민지배의 유산, 구이민과 신이민의 상이한 이민자 구성 등에 따라 쟁점으로 부각되는 사회적 갈등이 다르기 때문에 각 사회가 구현하는 정책 방향이 판이한 경우가 많다(유네스코아시아·태평양 국제이해교육원, 2008).

특히 정부가 다문화주의를 공공정책이념으로 채택한 국가는 '다문화국가' 또는 '다문화사회'로 통칭된다. 이러한 사회에서는 민족적·문화적 다양성을 사회를 이루는 기본적인 원리로 받아들이고 이를 증진해가는 것이 사회발전에 긍정적인 것으로 받아들여지며 나아가 특정 사회를 구성하는 집단들이 서로 다른 문화와 이를 기초로 한 정체성을 유지, 발전시켜 가려는 움직임이 어느 정도 인정된다는 특징을 지니고 있다(한국여성정책연구원, 2007).

다문화주의는 정책의 지향점과 결과에 있어서 양면성과 다중성을 지니고 있어서 그것이 일방적으로 좋은 것이라거나 위험한 것이라고 규정하기보다는 다양한 역사적, 정치, 경제적 맥락에서 그 의미를 해석해야 한다는 점이다. 다문화주의는 국가와 시장의 경제적 필요성에서뿐 아니라 차이의 인정과 소통을 통해 시민사회가 타자와 자신을 성찰하도록 하고, 인권을 문화권 영역까지 확대시키고 공동체를 보다 평등하고 조화롭고 다양하고 역동적으로 만드는 것이기 때문에 국가, 시장, 시민사회가 모두 지향해야 하는 정책 이념이 되는 것이다(한국여성정책연구원·한국문화인류학회, 2007).

점차적으로 다문화와 다양성은 인종이나 민족뿐만 아니라 성별, 연령별 집단, 장애, 문화, 성적 지향 등을 포괄하는 개념으로 확대되고 있다. 다문화주의란 이질적인 문화로서 주변화되어 있는 여성 문화, 소수 문화, 비서양 문화 등과 같은 여러 유형의 소수민족 집단을 주류 문화의 제도권 안으로 수용하자는 입장을 의미한다(이경희, 2015).

2) 다문화주의와 관련된 주요 개념

(1) 다문화사회 모형

다문화사회의 모형은 외국인들과 이민자들을 받아들이거나 혹은 배제함에 있어서 국가가 어떠한 정책과 제도를 채택하고 있으며, 그 근저에 일반 국민들이 외국인과 이민자들에 대해 어떠한 태도를 견지하는지에 따라 분류하는 것이다(설동훈, 2005). 다문화의 3가지 모형은 다음과 같다(설동훈, 2005).

첫 번째 차별배제모형은 경제특구나 수출자유지역과 같은 특정지역이나 특정직업에 한하여 일부 영역 외에는 외국인이나 이민자의 유입을 배제하는 배타적인 외국인 이민정책이다.

두 번째 모형은 동화모형으로 외국인(이민자)들이 언어 문화 등 모든 면에서 주류사회와 똑같아져야 한다는 모형으로 1960년대 미국의 '용광로 정책'으로 대변된다. 이 모형은 외국인들이나 소수민족의 정체성을 무시하였다는 비난과 함께 소수민족에 대한 경제적·정치적 불이익과 편견을 간과했다는 비난을 면치 못하였다.

세 번째 모형은 다문화모형이며 앞서 두 모형과는 달리 다른 인종과 민족에 대해 포용적인 모형이다. 다문화 모형은 다시 문화다원주의(Cultural Pluralism)과 다문화주의(Multiculturalism)로 나뉘는데, 문화다원주의는 주류사회중심의 소수민족정책이나 이민자 정책을 포함하는 모형이고, 다문화주의는 외국인과 이민자들을 존중하면서 주류사회와 외국인(이민자)들 간의 보다 대등한 관계와 사회 전체의 소통과 교류에 초점을 두는 방식이다.

(2) 문화적응

문화적응은 문화적 배경이 다른 두 집단 혹은 개인의 지속적인 접촉으로 한 집단(개인) 또는 양 집단(개인) 모두의 고유의 문화적 양식이 변화되는 현상을 의미한다(김혜온, 2012). 문화적 배경이 다른 두 개 이상의 집단이 접촉함으로써 이루어지는 변화는 사회적 구조, 제도 생활의 변화뿐 아니라 개인적 행동양식에 이르기까지 다양한 영역에 이른다. 개인적 차원에서의 심리적 적응은 문화적응을 경험하는 집단에 소속된 개인의 행동, 태도, 가치, 정체성의 변화를 의미한다(김혜온, 2012).

코엘료(Coelho)는 이주민이 입국 후 보편적으로 다음과 같은 '문화적응 4단계'를 경험한다고 설명하였다(조영달 외, 2006).

① 도착과 새로운 인상 형성 시기 : 이주민은 새로운 세계에서 삶에 대한 기대와 더불어 약간의 불안을 경험한다. 정책초기에 가족은 현실적인 문제를 해결하기 위해 바쁘다. 살 집과 일자리를 구해야 하고, 자녀를

학교에 입학시켜야 한다. 이 시기에 청소년은 학교에서 벌어지는 일들에 대해 일종의 관찰자로 머문다.

② **문화충격을 경험하는 시기** : 이주민은 이제 어수선한 정착기를 거친 후 새로운 환경이 자신이 원래 속했던 문화와 다르다는 사실을 점점 느끼게 된다. 이주민 가정의 청소년은 정체성에 위협을 느끼며, 같은 문화권 출신의 사람에게 더욱 친밀감을 느낀다. 이 시기에 자신에 대한 주류사회의 편견을 경험하게 되면 긍정적 자기정체성을 형성하는 데 방해가 될 수 있다. 또한 이 시기에 이주민 가정의 자녀는 집단따돌림을 경험하기도 한다.

③ **문화충격의 극복과 낙관의 시기** : 문화충격을 경험하는 시기가 일종의 위기라면 적절한 사회적 지원으로 이 위기를 극복하게 될 경우 자신이 본래 지니고 있던 문화적 정체성을 부정하지 않으면서, 새로운 사회에 잘 적응할 수 있다는 낙관적 전망을 갖게 된다. 문화충격을 경험하는 시기에 다소 소극적이었던 이주민은 주류사회의 언어를 배우거나 문화를 배우는 데 좀 더 적극적으로 참여한다.

④ **문화적응기** : 문화적응기에 이르러 이주민은 새로운 문화적 정체성을 형성하고 내부적 갈등을 어느 정도 해결할 수 있게 된다. 이때 앞서 제시한 문화적응의 네 가지 형태, 즉 모국의 문화를 버리고 새로운 문화를 완전히 받아들이는 동화, 자신이 지니고 있던 문화를 버리지 않고 주류 문화를 주체적으로 수용하는 통합, 자신의 문화적 정체성을 고집하며 주류 문화에 소극적으로 참여하는 분리, 그리고 자신의 문화적 정체성도 잃어버리고 또 주류 문화와의 접촉을 피하는 것과 같은 이른바 주변화의 적응양식을 보인다.

긍정적으로 문화적응을 한 사람은 문화적 정체성을 갖고 있고, 정신건강이 양호하며 사회적 참여를 통한 성취를 이룬다. 반면에 부정적 문화적응의 결과는 불안, 우울, 사회적 아노미, 신경성 질환, 정체성의 혼란 등으로 나타날 수 있다(김혜온, 2012).

(3) 문화적 역량

슈(Sue, 2010)가 정의한 문화적 역량은 다음과 같다. "문화적 역량은 내담자와 내담자 체계의 발달을 최대화할 수 있는 조건을 만들어 내거나 행동을 취할 수 있는 능력이다. 문화적으로 역량 있는 사회복지실천이란 서비스 제공자가 모든 집단에게 좀 더 반응적인 새로운 이론과 실천, 정책, 조직구조의 발전을 효과적으로 촉진하면서 다원주의적 민주사회와 조직적/사회적 수준에서 효율적으로 기능하는 데 요구되는 기술과 지식 및 인식(다양한 배경을 가진 내담자의 입장에서 의사소통하고 상호작용하며 협상하고 개입할 수 있는 능력)을 습득하는 것으로 정의할 수 있다."

NASW 전미사회복지사협회는 문화적 역량(cultural competency)을 "개인과 가족과 지역단체의 가치를 인정하고 지지하며 중요시하고 각각의 존엄성을 보호하고 간직하는 태도로 모든 문화나 언어, 계층, 인종, 민족적 배경, 종교 또는 다른 다양한 요소를 가진 사람에게 개인이나 체계가 정중하고 효과적으로 반응하는 방식"으로 정의한다(이은주 역, 다문화사회복지실천, 학지사).

02 인간과 사회를 바라보는 관점

다문화사회복지실천에 있어서 인간을 바라보는 관점은 슈(Sue, 2010)의 세 가지 차원의 정체성에 대한 설명을 통해 확인해 볼 수 있다. 모든 사람은 개인, 집단, 보편적 수준의 정체성을 내포하고 있다. 개인의 정체성을 이해하기 위한 총체적 접근은 세 가지 모든 수준, 즉 개인(독특성), 집단(공유된 문화적 가치와 신념), 보편적(인간의 공통된 특징) 수준을 인식하는 것이다.

슈(Sue, 2001)의 세 가지 차원의 정체성에 대한 주요 내용을 요약하면 다음과 같다(이은주 역, 2010).

① **개인수준** : 모든 사람은 어떤 면에서 다른 사람과 전혀 다르다.
그 어떤 사람도 서로 같지 않다는 것을 보면 알 수 있다. 인간의 유전은 단 두 사람도 동일한 유전적 특징을 공유하지 않는다. 우리 중의 단 한

사람도 우리 사회에서 똑같은 사회적 경험을 공유하지 않는다. 심지어 일란성 쌍둥이도 이론적으로 같은 유전 풀(pool)과 같은 가정에서 양육되었을지라도 서로 공유된 또는 공유되지 않은 경험을 가지고 있다. 학교와 또래를 통한 다른 경험과 부모의 다른 양육 수준으로 개별적인 독특성을 형성할 수 있다.

② **집단수준** : 모든 사람은 어떤 면에서 다른 사람과 유사하다.
사람들은 우리 사회에서 만들어진 사회적·문화적·정치적 차원의 영향력에 따라 집단구성원은 사회가 사회인구학적 집단을 어떻게 바라보고 각 구성원이 자신과 다른 사람을 어떻게 바라보는지 영향을 받게 된다. 같은 집단에 속한 구성원은 같은 경험과 특성을 공유하게 된다. 사람들은 하나 이상의 문화적 집단(예 장애를 가진 아시아계 미국인 여성)에 속해 있으며, 어떤 집단의 정체성은 다른 것보다 더 두드러지게 나타난다(종교적 성향보다 인종).

③ **보편적 수준** : 모든 사람은 어떤 면에서 다른 모든 사람과 같다.
우리의 보편적 공통점은 생물학적·신체적 유사성, 공통적인 개인경험(탄생, 죽음, 사랑, 슬픔 등), 자의식, 언어와 같은 상징을 사용할 수 있는 능력이다. 모든 인간은 보편적인 특성을 지닌다.

다문화사회복지실천에서 사회복지사는 개인적 수준, 집단적 수준, 보편적 수준에 따른 정체성의 특성을 고려하고, 다양한 문화권의 클라이언트 및 가족과 함께 일할 때 각 상황이나 개입단계에 따라 민감하게 대처해야 할 것이다.

03 사회복지실천과 연관성

다문화주의에 입각한 사회복지는 다른 세계관도 정당하다는 것을 이해하고 인정해야 한다. 특정집단의 세계관만을 반영한 사정과 개입은 문화적 차별과 억압을 가져올 수 있고, 문화적으로 다른 이용자나 지역사회에 오히려

해를 미칠 수 있음을 인지해야 한다. 다문화사회복지실천에서 사회복지사는 클라이언트와 그 가족과 협력할 때, 성별, 인종 및 민족, 문화, 종교, 사회경제적 지위 등이 그 사람의 가치관과 행동에 미칠 수 있다는 중요성을 인식하고 실천을 수행하는 것이 필요하다.

다문화사회복지실천에 있어서 사회복지사들은 자신들의 태도, 지식, 기술에 대한 점검이 필요하다. 문화적 역량의 세 가지 주요 영역은 다음과 같다(이은주 역, 2010). 첫째, 태도/신념 요소로 문화적으로 다양한 사람에 대한 개인적 신념과 가치와 태도에 영향을 미치는 자기 자신의 문화적 조건화를 이해하는 것이다. 둘째, 지식 요소로 문화적으로 다양한 개인과 집단의 세계관에 대한 이해와 지식이다. 셋째, 기술 요소로 사회의 개별 집단에게 서비스를 제공할 때 문화적으로 적절한 개입 전략을 결정하고 사용할 수 있는 능력이다. 이러한 문화적 역량을 갖춘 사회복지사는 다양한 문화적 배경의 클라이언트 및 가족을 원조할 때 더 효과적으로 개입할 수 있다. 문화적 역량은 클라이언트의 문화적 맥락에서 더 효과적인 서비스를 제공하려고 노력하는 지속적인 과정이라고 할 수 있다.

사회복지실천을 위한 윤리강령에서도 다양한 문화이해에 따른 존중과 개입지침이 제시되어 있다.

한국 사회복지사의 윤리강령에서 1. 전문가로서의 자세 2항에 따르면 "사회복지사는 클라이언트의 종교·인종·성·연령·국적·결혼상태·성 취향·경제적 지위·정치적 신념·정신·신체적 장애·기타 개인적 선호, 특징, 조건, 지위를 이유로 차별 대우를 하지 않는다."라고 규정되어 있다.

NASW 윤리강령의 원칙의 '문화적 역량과 사회적 다양성'에는 다음과 같이 규정되어 있다.

① 사회복지사는 인간의 행동과 사회의 문화와 그 기능을 이해해야만 하고 모든 문화에 존재하는 강점을 인지해야만 한다.

② 사회복지사는 내담자의 문화에 대한 기본 지식을 가지고 있어야만 하고 제공되는 서비스에서 그 역량을 보여 줄 수 있어야 하는데, 그러한 서비스는 내담자의 문화에 민감하고 사람 사이 및 문화집단 사이의 차이에 민감해야 한다.

③ 사회복지사는 인종, 민족, 출신국, 피부색, 성별, 성적지향, 연령, 결혼 여부, 정치적 신념, 종교, 정신적 또는 신체적 장애의 관점에서 사회적 다양성과 차별의 본질에 대한 교육을 받아야 하며, 그에 대해 이해하고자 힘써야 한다.

문화적 역량을 갖춘 사회복지사의 실천원리는 다음과 같다(최명민 외, 2015).

첫째, 인종과 문화가 어떻게 개인, 가족, 지역사회의 독특성에 영향을 주었는지를 이해하고, 그 집단 간의 차이점을 인식하고 존중한다.

둘째, 문화적 자기 사정을 통해 실천가 자신의 문화를 인식하고 그것이 어떻게 자신의 개인적·전문적 신념 및 행동을 형성해 왔는지를 이해한다.

셋째, 클라이언트와 실천가의 기대, 상호작용, 자기노출의 정도, 클라이언트의 집합적 오리엔테이션(가족 및 지역사회), 인종주의 이슈, 관계, 신뢰, 수준의 맥락 속에서 다양성의 역동을 인식하고 이해한다.

넷째, 클라이언트의 배경(사회경제적 지위, 교육, 가족력, 민족 집단, 이민 등)과 지역사회(비공식적 사회지지, 원조를 주고받는 기준, 기관에 대한 인식 등)에 대한 문화적 지식을 획득한다.

다섯째, 클라이언트 문화의 욕구와 유형(문제 사정 및 지체된 개입 등)에 대한 개입 기술을 적용한다.

핵심정리

- 다문화주의는 다양한 문화적 주체들의 특수한 삶의 권리에 대한 제도적 보장이며, 다양한 문화의 공존을 통해 개인의 인권과 자유를 보장하는 데 기여한다.
- 다문화주의는 정책의 지향점과 결과에 있어서 다양한 역사적, 정치, 경제적 맥락에서 그 의미를 해석해야 한다.
- 점차적으로 다문화와 다양성의 의미 안에서 다문화와 다양성은 인종이나 민족뿐만 아니라 성별, 연령별 집단, 장애, 문화, 성적 지향, 성별 등을 포괄하는 개념으로 확대되고 있다.
- 문화적응은 문화적 배경이 다른 두 집단 혹은 개인의 지속적인 접촉으로 한 집단(개인) 또는 양 집단(개인) 모두의 고유의 문화적 양식이 변화되는 현상을 의미한다.
- 문화적 역량이란 모든 문화나 언어, 계층, 인종, 민족적 배경, 종교 또는 다른 다양한 요소를 가진 사람에게 개인이나 체계가 정중하고 효과적으로 반응하는 방식이다.
- 다문화사회복지실천에 있어서 사회복지사들은 자신들의 태도, 지식, 기술에 대한 점검이 필요하다.

12
CHAPTER

연습문제

01 다문화주의와 관련된 설명으로 거리가 먼 것은?

① 다문화주의는 다양한 문화의 공존을 통해 개인의 인권과 자유를 보장하는 데 기여한다.
② 다문화의 범주 안에 성별, 연령, 장애 여부 등은 포함되지 않는다.
③ 다문화주의는 다인종 다민족 국가에서 사회적·정치적 갈등을 해결하고자 하는 목적에서 비롯되었다.
④ 다문화 현상이 만들어지는 사회적 현실에 따라 각 국가나 사회의 정책이나 실천적 과제는 다를 수 있다.
⑤ 다문화주의를 공공정책이념으로 채택한 국가는 다문화국가나 다문화사회로 통칭된다.

02 다음 〈보기〉의 내용과 관련이 있는 용어는 무엇인가?

〈보기〉

- 내담자와 내담자 체계의 발달을 최대화할 수 있는 조건을 만들어 내거나 행동을 취할 수 있는 능력
- 개인과 가족과 지역단체의 가치를 인정하고 지지하며 중요시하고 각각의 존엄성을 보호하고 간직하는 태도로 모든 문화나 언어, 계층, 인종, 민족적 배경, 종교 또는 다른 다양한 요소를 가진 사람에게 개인이나 체계가 정중하고 효과적으로 반응하는 방식

① 문화적응　② 동화모형
③ 문화적 충격　④ 문화적 역량
⑤ 문화다원주의

03 다문화 사회복지실천에서 사회복지사의 자세와 거리가 먼 것은?

① 문화적으로 다양한 개인과 집단의 세계관에 대한 이해와 지식이 필요하다.
② 사회복지사는 클라이언트의 인종, 국적, 종교 등에 따라 차별하지 않는다.
③ 다양한 문화에 대한 자신의 태도, 지식, 기술에 대한 점검이 필요하다.
④ 다양한 사람에게 영향을 미치는 자기 자신의 문화적 조건화를 이해한다.
⑤ 타문화권 클라이언트의 주류 사회의 적응을 높이기 위해서는 동화모형을 강조한다.

04 다음 〈보기〉의 내용과 관련이 있는 용어는 무엇인가?

〈보기〉

가. 문화적 배경이 다른 두 집단 혹은 개인의 지속적인 접촉으로 한 집단(개인) 또는 양 집단(개인) 모두의 고유의 문화적 양식이 변화되는 현상
나. 긍정적인 결과는 문화적 정체성을 갖고 있고 정신건강이 양호하며 사회적 참여를 통한 성취가 나타남
다. 부정적 결과로는 불안, 우울, 사회적 아노미, 신경성 질환, 정체성의 혼란 등이 나타남

① 문화충격
② 문화적 역량
③ 문화적응
④ 동화모형
⑤ 차별배제모형

05 다문화사회복지실천에 있어서 바람직하지 않은 것은?

① 사회복지사는 인간을 둘러싼 환경의 문화와 그 기능을 이해해야 한다.
② 사회복지사는 사회적 다양성과 차별의 본질에 대한 교육을 받아야 한다.
③ 사회복지사는 다양한 문화에 존재하는 강점을 인지해야만 한다.
④ 자신의 문화적 자기 사정을 통해 자신의 문화에 대해서 인식한다.
⑤ 클라이언트에 대한 편견을 배제하기 위해서 사회경제적 지위나 교육수준 등의 배경은 파악하지 않는다.

정답 1. ② 2. ④ 3. ⑤ 4. ③ 5. ⑤

V PART

사회체계의 이해

제13장 가족과 집단
제14장 조직과 지역사회

CHAPTER

13

가족과 집단

가족은 사회에서 가장 기본적인 사회제도로 인식해왔지만, 가족의 구조는 다양한 형태로 존재한다. 횡단적인 관점에서는 그 사회가 핵가족에 초점을 두는지 아니면 확대가족에 초점을 두는지의 가족의 형태에 관심을 갖기도 하지만, 그보다는 가족이 어떻게 구조화되며 가족구성원들이 사회경제적인 측면과 같은 환경적인 조건과 어떻게 관련을 맺는지 그리고 어떻게 가족체계 형성되는지에 대해 구체적으로 살펴보고자 한다. 집단은 구성원들의 행동을 일정한 방식으로 취하도록 함으로써 제재를 가하는 사회통제 기능을 수행하며, 이를 통해 집단 내·외부에서 발생하는 구성원들의 갈등이 어떻게 조절되는지를 살펴보고자 한다.

학습목표

1. 가족이 어떻게 구조화되며 가족구성원들이 사회경제적인 측면과 같은 환경적인 조건과 어떻게 관련을 맺는지 그리고 어떻게 가족체계가 형성되는지에 대해 구체적으로 살펴본다.
2. 집단은 구성원들의 행동을 일정한 방식으로 취하도록 함으로써 제재를 가하는 사회통제 기능을 수행하며, 이를 통해 집단 내·외부에서 발생하는 구성원들의 갈등이 어떻게 조절되는지를 살펴본다.

01 가족의 이해

1) 가족의 개념

사회환경의 수준은 미시체계를 해결하기 위한 사회적 산물이며, 정서적으로 얽혀 있는 공동체적 성격을 갖는다(김유숙, 2002). 가족은 사회에서 가장 기본적인 사회제도로 인식해왔지만, 가족의 구조는 다양한 형태로 존재한다. 횡단적인 관점에서는 그 사회가 핵가족에 초점을 두는지 아니면 확대가족에 초점을 두는지에 가족의 형태에 관심을 갖기도 하지만 그보다는 가족체계가 어떻게 구조화되며 가족구성원들이 사회경제적인 측면과 같은 환경적인 조건과 어떻게 관련을 맺는지 그리고 어떻게 가족체계가 형성되는지에 관심을 기울일 필요가 있다. 가족은 기본적으로 가족을 둘러싼 문화적 이상에 의해 영향을 받으며, 새로운 상황을 충족시키기 위한 관습적인 계약을 수정하고 적응해 가면서 진화한, 즉 가족은 사회제도 가운데 가장 적응적인 기제라고 할 수 있다. 다른 한편, 가족 형태의 다양성과 급속한 변화로 가족에 대한 불안감과 위기감이 팽배하고 가족에 대한 다양한, 때로는 상반되기까지 한 시각과 평가가 등장하기도 한다.

르 플레(Le Play)는 가족을 제도로서보다는 도덕체계로 보아 도덕적 가치는 진공상태에서 키워지는 것이 아니며 매우 교묘하게 사회구조와 연관되어 있는데, 가족은 바로 이 양자의 중요한 고리라고 해석하고 있다. 마르크스와 엥겔스는 가족이 신성한 제도가 아니며, 사회문화적 산물로서 끊임없이 변화하는 역동적 제도로서 사회적 맥락 속에서 이해할 필요가 있음을 강조한다. 더욱이 포스트모던 가족론의 출발은 현대사회에서 가족이 더 이상 합의되거나 기정사실로 고정화된, 하나의 정형화된 형태가 존재하지 않음을 인정하는 데서 비롯된다. 이는 곧 사회과학적 담론에서 가족을 총체적인 사회적 실체(reality)로 정의하는 것은 무의미하며, 현대 가족관계의 다양성과 휘발성 그리고 사회제도와 맺고 있는 헐거운 연관성과 관련 있음을 의미한다. 가족에 대한 다양한 논의의 이면에는 가족이 지속적으로 변화하며, 가족의 정형성과 정전성(canon)이 위협받고 있음을 시사한다.

로즈(Rhodes, 1980)는 체계로서의 가족의 특성을 네 가지로 제시하고 있다. 첫째, 가족구성원이 가족 내에서 상호의존적 상태에 있는 다양한 위치를 점유하며 한 가족구성원의 위치, 지위, 행동, 역할의 변화는 다른 구성원들의 행동상의 변화를 유도한다. 둘째, 외부체계와 구별되는 가족의 경계는 그 엄격함과 침성의 정도에 따라 다양하며, 셋째, 가족은 시간이 경과하면서 반복되는 상호작용 패턴을 나타내는 적응과 균형을 추구하고, 넷째, 가족보다 더 큰 외부체계의 요구나 가족구성원들의 내적 욕구와 요구를 모두 충족시킬 책임을 갖는 과업수행 단위라는 것이다. 이에 견주어볼 때 현대사회에서 한국의 가족이 갖는 특징은 부계 중심으로 운영되며, 가족의 가치가 개인보다 우선시되고, 가족 내 부녀자의 지위가 상대적으로 낮으며, 부자관계가 부부관계보다 우위에 있고, 가족을 대표하고 가족구성원을 통제하는 가족이 있으며(최재석, 1982), 전통적 가치관인 가족주의의 잔재가 남아 있고, 서구식 개인주의와 핵가족화가 확산되는 과도기적 상황에 처해 있는 것으로 축약할 수 있다.

2) 가족의 변화에 따른 가족의 특성

가족은 사회의 흐름에 따라 변화한다. 이러한 가족의 변화는 구조적인 측면과 기능상의 측면에서 살펴볼 수 있다. 구조적인 변화는 외양상의 두드러진 변화 외에도 가족규모의 축소 및 단순화, 출산 및 양육기간의 단축과 노년기의 증가로 대별되는 가족생활주기의 변화, 친족범위의 축소와 친족 간 유대가 약화되는 친족관계의 변화 그리고 부부간 성역할 분업구조와 변화를 지적할 수 있다. 반면, 기능적인 변화에서 두드러지게 나타나는 특성은 가족의 생산기능의 강화 혹은 상실, 소비기능 강화, 출산 및 성행위의 규제기능 약화, 자녀양육 및 사회화의 기능 강화, 가족의 정서적 유대와 여가기능의 강조 그리고 가족의 사회보장기능의 약화 등을 지적할 수 있다. 가족의 형태 또한 핵가족, 확대가족, 노인가족, 한부모가족, 재혼가족 등 사회의 변화에 따라 다양한 양상을 보인다.

첫째, 부부와 미혼인 직계자녀로 구성되는 핵가족은 가장 보편적인 가족형태로서 현대 산업사회의 사회경제적 구조에 가장 적합한 가족제도로 간주된다. 핵가족은 가족구성원에게 내적으로 가족기능의 축소, 가족결합의 약화, 가족구성원 생활태도의 개성화, 가족구성원 상호 간 사회적 관심과 생활태도상의 차이로 인한 갈등 증가 등의 문제에 직면해 있으며, 외적으로 사회문화적 배경이 다른 배우자의 선택으로 인한 가족성립 조건의 불안정, 친족관계의 약화로 인한 위기관리 능력 저하(최재율, 1983), 그리고 가족원에 대한 보호 및 부양기능의 약화를 지적할 수 있다.

둘째, 확대가족은 한 집에서 여러 세대가 함께 생활하는 가족을 말하며(Goode, 1982), 자녀가 결혼 후에도 부모와 동거하는 가족형태이다. 우리나라의 경우 과거에 비해 확대가족의 규모가 상당히 감소하였으나 구조상으로는 핵가족의 형태라 하더라도 장남가족의 경우 가계계승의 직계가족 의식이 남아 있어 정서적으로는 여전히 3세대 확대가족에 속하는 가족도 적지 않다고 할 것이다. 이와 유사한 가족의 형태로 수정 확대가족이 있다. 수정 확대가족은 결혼한 자녀들이 부모와 같은 장소에서 생활하지 않고 부모와 인접한 지역에서 가정을 이루며 생활하는 형태를 가리킨다.

셋째, 노인가족은 산업화에 따른 사회구조와 가치관의 변화로 인하여 핵가족화, 사회적으로 노인인구의 증가와 부모에 대한 부양의식의 감소로 인하여 최근 들어 급속한 증가 추세를 보이는 새로운 형태의 가족구조이다. 노인가족은 자녀와의 동거를 원치 않는 노인의 등장으로 말미암아 그 규모가 더욱 증가할 것으로 예측되는 가운데 자녀들과의 유대관계를 상실하게 되면서 노인의 소외와 정서적 고립이 가장 큰 문제로 대두되고 있다.

넷째, 한부모가족은 부모 가운데 한 명 또는 그 이상의 아동으로 구성된 가족형태이다. 특히 우리 사회에서는 한부모가족은 1998년 이후의 IMF로 인한 사회구조적 변동, 이혼이나 배우자의 사망, 유기, 경제활동 연령대의 남성 사망률의 증가 등으로 인해 형성되는 가족형태로서 꾸준히 증가하고 있다. 한부모가족에서 야기될 수 있는 문제는 구조적이기보다는 기능적인 측면이 강하다. 달리 말하면, 한부모가족의 적응은 사회적 자원을 얼마나 보유하고 있는지에 의해 좌우된다는 것이다. 흔히 한부모가족의 문제로 제기되는 양육과 경제적 빈곤 문제는 제도를 통하여 해결하는 것이 가장 바람직하지만, 지역사회 차원에서 비공식적 자원을 얼마나 확보할 수 있는가도 문제해결에 중요한 영향을 미칠 수 있다. 이밖에 한부모가족은 가사부담, 과다한 역할수행으로 인한 갈등, 대인관계 문제, 정서적 고립 등의 문제를 제기하고 있으며, 자녀의 관점에서는 낮은 학업성취도, 성역할 혼란, 비행과의 연관성 등이 지적되고 있다.

다섯째, 재혼가족은 혼합가족 또는 계부모가족(step family)이라고도 하며 이전 결혼관계에서 생긴 최소 한 명 이상의 자녀와 함께 생활하는 가족형태이다. 가장 복잡한 가족형태를 이루며, 이혼율의 증가에 영향을 받는 바가 크다. 성별과 관계없이 이혼자의 90% 이상이 재혼을 원하고 있어 재혼가족의 규모는 앞으로도 증가할 것으로 예측된다(윤영효, 1993). 재혼가족의 부부는 계부모로서의 기능, 자녀양육 그리고 재정관리에 도움을 필요로 하는 것으로 보고하고 있어(Messinger, 1984) 이에 대한 사회복지실천적 개입이 요구된다.

3) 가족과 사회복지실천

(1) 가족체계의 역동성

가족은 인간의 성장발달에 근원적인 환경이며, 인간행동과 성격형성에 결정적인 영향을 미친다. 현대사회에서는 산업화와 도시화가 급속히 전개되어 매스컴, 의료기관, 육아기관 등의 다양한 제도가 도입되면서 가족의 기능, 역할, 가족구성원 사이의 인간관계에 변화를 가져왔다. 많은 학자들은 현대사회의 특징으로 가족범위의 축소, 개인 중시의 가치관으로의 변화, 종적 관계에서 횡적 관계로의 변화 등을 지적한다. 지금까지 1차 집단인 가족 내부에서 친근감이나 정서적 지지를 통하여 여러 가지 갈등을 해결해 왔던 가족은 기존의 방법과는 다른 새로운 시도로 자신들의 갈등을 해결해야 하는 상황에 처하게 되었다. 건강한 가족은 가족구성원들이 신체적·심리적·도덕적으로 건강을 유지하게 하는 하나의 사회체계로서 잘 기능하며, 이러한 가족구성원들은 외부의 자극이나 변화에 능동적이고 성공적으로 대처한다. 사회체계적 관점에서 가족의 중요한 과업은 가족구성원으로 하여금 그들이 속해 있는 사회가 바람직한 것으로 규정하고 사회구성원들이 공유하고 있는 가치관이나 신념을 내면화하는 사회화와 사회통제라고 할 수 있다. 이러한 과업을 수행함으로써 가족은 개인의 발달에 중요한 영향을 미치는 사회환경이 되는 것이다.

미누친(Minuchin, 1974)은 사회체계적 관점에서 가족 내 구조의 변화는 가족구성원들의 지위, 역할, 기능의 변화를 야기하므로 결과적으로 가족구성원 개인의 행동도 변한다고 하였다. 가족구성원들 상호 간에 반복적으로 이루어지는 생활상의 경험이 행동을 결정하는데, 행동은 가족구성원들과의 상호작용과정에서 일정기간에 걸쳐 지속적으로 형성된 독특한 양식(pattern)이 있다는 것이다. 미누친(1974)은 가족체계 내부에서 체계와 체계를 구별 짓는 경계에 대해 어느 정도 다른 체계가 투과될 수 있는지의 경계의 침투성 정도가 가족구성원의 성격과 행동에 중요한 영향을 미치는 것으로 보았다. 예컨대, 상호 간에 부적절한 경계를 드러내는 부부 하위체계는 각자 결혼하기 전에 관계를 맺었던 원가족 또는 출생가족과 명확하게 독립되어 있으며, 출생가족의 간섭을 배제한다. 반면, 부부 상호 간에 독립적인 영역이 존중되어 각각의 개별 경계가 확립되어 있는 부부는 설사 완벽하게 상대방이 지지하거나 인정해주지 않더라도 부부 하위체계의 경계 내에서 각자가 지배할 수 있는 영역을 갖게 된다. 이러한 유형의 부부는 자아정체감을 갖게 되며 개별 행동에 대하여 책임질 줄 안다. 한편, 예기치 못한 자녀의 출생으로 인한 가족구성원의 갑작스런 증가는 가족 내 상호작용 구조에 변화를 일으켜 기존의 부부 중심의 체계에서 새로운 형태의 하위체계인 부모 하위체계를 등장시킨다. 자녀 출산 이전의 부부체계의 균형이 붕괴되는 대신 부모와 자녀라는 새로운 경계가 수립되며, 자녀가 성장하여 자신의 정체성과 개별성을 추구하게 되면 부모 하위체계의 안정성은 위협을 받게 되고 부모의 역할은 점차 복잡하고 어려워진다.

이 시기 부모 하위체계는 자녀의 관점에서는 상위체계로서 자녀가 성숙하여 개별성을 습득하게 되기 전까지 자녀에 대한 일체의 통제와 허용의 기능을 수행하게 된다. 부모가 자녀의 발달과정에 필요한 통제와 자율성을 적절하게 지원하면서 이와 동시에 부모 하위체계로서의 역동적 평형상태를 유지하기란 쉽지 않다. 자녀의 경우 부모 이외에도 형제 하위체계를 통해 협상하고 타협하는 대인관계 기술을 습득하게 된다. 부모-자녀 하위체계에서 일반적으로 부와 자녀 또는 모와 자녀가 경계 내에서 기능적 단위로 상호작용을 하며, 서로 다른 세대로 구성된 하위체계가 기능하는 과정에서 때로 역기능적 양상이 나타날 수도 있다. 하위체계의 경계가 부적절하게 경직되어 있지 않고 다른 가족구성원의 개입을 허용한다면 병리적이라고 할 수 없으나 어머니와 자녀가 지나치게 밀착된 관계를 형성하여 이들 두 사람이 연합하거나 제휴하여 아버지를 배제하는 방식으로 결속하게 된다면 이 체계는 역기능적 가족구조를 형성하게 되는 것이다.

미누친은 개인의 문제가 그 가족체계에 원인이 있다는 관점에서 가족 내 하위체계 간 경계의 기능을 사정하여 가족의 문제를 진단하고자 하는 구조적 가족치료(structural family therapy)를 제시하였다. 미누친이 문제시하는 것은 가족의 하위체제의 유형, 바람직하지 않은 하위체제 간의 경계, 가족체계와 이를 둘러싼 생태체계적 맥락과의 경계이다. 치료자는 가족에 대한 구조적·기능적 사정을 토대로 클라이언트와의 합류를 이끌어냄으로써 역기능 증상이나 문제행동이 가족기능이나 구조와 어떤 관계를 가지고 있는지를 검토하고 그것이 가족의 구조와 밀접한 관계가 있다면 가족의 구조를 변화시키는 개입을 시도할 수 있다. 개입의 전략은 가족 내부에 존재하는 체계와 하위체제 간의 경계를 수정하거나 재구성하여 가족 내 연합의 유형을 변화시키는 것이다. 구조적 시각에서 경계의 기능을 중심으로 가족 문제를 사정하고 개입하고자 한 미누친과는 달리 보웬(Bowen)은 다세대에 걸친 삼각관계에 초점을 두어 가족문제는 가족구성원이 자신의 원가족에서 심리적으로 분리하지 못하는 데 기인한다고 보았다.

보웬은 의미 있는 변화가 반드시 전체 가족에게서 나타나는 것은 아니라는 포괄적인 관점을 지향하였으며, 가족구성원에게 영향을 미칠 수 있는 한 사람의 변화에 의해 가족 전체의 변화가 시작될 수도 있다고 보았다. 보웬의 가족치료(Bowenian family therapy)는 가족구성원을 원가족과 같은 자아집합체로부터 분리시켜 개인이 독립적이고 자율적으로 기능할 수 있도록 하여 다세대에 걸친 삼각관계에 놓여 있는 개인을 해방시키는 탈삼각화를 도모하는 것이다. 이러한 개입전략은 개인의 불안을 감소시키고 자아분화를 증가시키는 것과 관련이 있다. 보웬의 가족치료에서는 증상은 덜 강조하며 문제는 개인이 아니라 체계에 내재하는 것으로 보아 개인의 변화는 다른 삶과의 관계변화를 통하여 이루어질 수 있는 것으로 간주한다. 여기에서 치료자는 원가족과 같은 미쳐 분화되지 않은 가족자아집합체에서 개인을 분리 또는 독립시켜 개인으로 하여금 정체감을 형성하고 자기 충동적인 정서적 사고와 행동으로부터 탈피하여 자유를 획득해나갈 수 있도록 돕는다. 그러므로 가족체계의 역동성은 다음과 같이 요약할 수 있다.

- 가족구성원 개인과 전체로서의 가족은 가족을 둘러싸고 있는 보다 더 큰 사회환경에 의해 영향을 받는다.
- 가족구성원과 가족구성원, 가족과 외부체계를 구별 짓는 경계는 엄격함과 침투성의 정도에 따라 다양하며, 경계는 가족의 구조적인 변화를 반영한다.
- 가족은 시간의 경과에 따라 가족구성원들과의 반복적인 경험을 공유하는 과정을 통하여 일정하고 지속 가능한 행동상의 상호작용 패턴을 보인다.
- 가족은 개별적인 가족구성원의 욕구와 가족의 외부에서 가족에게 영향을 미치는 보다 큰 사회체계의 욕구를 모두 충족하는 과업을 수행해야 한다.
- 가족은 과업을 수행하는 과정에서 적응상의 문제, 즉 스트레스가 발생하며, 스트레스의 강도는 개인적인 욕구와 사회적 자원의 충족의 정도인 적합도에 따라 다르다.
- 가족치료는 가족구성원 간의 의사소통과 상호작용을 향상 또는 변화시키기 위하여 가족에게 개입하는 전문적인 원조기술로서 가족이 하나의 체계라는 관점을 지향한다.

(2) 가족과 사회복지실천과의 관계

체계 이론(system theory)은 기계론적 생물학을 초월하여 전체 체계를 구성하는 부분들의 상호기능을 포괄하는 이론으로 개발된 이래, 임시적인 삶의 질과 어디에서나 나타나는 변화를 설명하는 정적 개념을 넘어선다. 가족은 체계론적 관점에서 볼 때, 전체로서의 가족은 각 가족구성원의 개인적인 특성의 합 이상이며, 끊임없이 변화하려는 동시에 안정성의 균형을 유지하는 속성을 갖고, 한 가족구성원의 변화는 가족 전체에 영향을 미치며, 가족구성원 개인의 행동은 상호 호혜적이고 순환적 인과관계에서 이해해야 하며, 가족은 내부에 하위체계를 보유하는 동시에 더 큰 사회체계인 상위체계의 영향을 받고, 가족구성원은 고유하게 형성된 규칙에 의해 행동하는 속성을 갖는다.

가족체계(family system)는 체계 이론의 개념들 가운데 전체성, 환류, 동귀결성, 순환적 인과성(Wazlawick, Beavin, & Jackson, 1967) 등과 관련되므로 체계론적 관점에서 가족을 이해하는 것은 사회복지실천에 매우 유용하다.

첫째, 가족은 전체성(wholeness)의 측면에서 이해하여야 한다. 체계 이론에 의하면, 체계는 전체를 단위로 움직이기 때문에 어느 한 부분에서 나타난 변화는 다른 부분들의 변화를 초래하고, 결국 전체체계의 변화를 야기한다. 동일한 맥락에서 가족은 단지 구성원들의 집합이 아니라 구성원들이 분리할 수 없는 하나의 단위로 행동하는 응집력 있는 복합체를 의미한다. 따라서 가족체계에서 각 구성원들의 행동은 다른 구성원들 모두의 행동과 관련되어 있으며, 그에 좌우된다. 이러한 이유로 한 구성원의 향상이나 퇴보는 그에 대한 다른 가족구성원들의 긍정적 또는 부정적 반응을 초래한다(Goldenberg & Goldenberg, 1991; Nichols & Schwartz, 1991; Watzlawick et al., 1967).

둘째, 가족구성원 상호 간에 이루어지는 환류(feedback)에 관심을 기울여야 한다. 체계 이론에 따르면 개방체계는 환류 고리나 가족구성원들과 환경으로부터의 투입에 의하여 조절되는데, 이러한 투입은 가족체계에 의하여 작용되고 수정된다. 환류는 정적일 수도 있고, 부적일 수도 있다. 부적 환류는 자기강화 과정을 통하여 항상성 유지에 기여하고, 관계의 안정성 유지에 중요한 역할을 수행하며, 가족규범으로부터의 일탈경향을 감소시킨다. 반면, 가족체계가 특정 패턴을 확대하기 위해 정적 환류를 사용할 경우, 이러한 정적 환류에 의하여 변화가 초래된다. 가족의 학습과 성장을 위해서는 정적 환류를 사용하지 않을 수 없다. 그러므로 발달적·환경적 스트레스에 직면하여 평형을 유지하면서 동시에 적응하기 위해서는 모든 가족구성원이 함께 두 가지 형태의 환류 모두를 어느 정도 사용해야 한다(Goldenberg & Goldenberg, 1991; Simon, Stierlin, & Wynne, 1985; Watzlawick et al., 1967).

셋째, 가족을 이해하는 데 필요한 또 다른 원칙은 동귀결성(equifinality)이다. 동귀결성이란 시작은 달라도 동일한 결과에 도달할 수 있다는 의미이다(Von Bertalanffy, 1968). 개방된 체계에서 초기의 조건이 달라도 동일한 결과가 나타날 수 있으며, 서로 다른 결과들이 동일한 원인에서 비롯되었을 수도 있다. 가족을 이해하기 위해서는 무엇보다 가족구성원들 간 상호작용의 근원이나 결과 그 자체보다 상호작용을 지속적으로 조직하는 것이 훨씬 중요하다는 것이다(Simon et al., 1985; Watzlawick et al., 1967).

넷째, 순환적 인과성(circular casuality)의 측면에서 가족을 이해할 필요가 있다. 순환적 인과성이란 체계 안팎의 다양한 출처로부터 반복적인 순환적 환류에 의하여 체계가 끊임없이 수정되는 것을 뜻한다. 단순한 선형적 인과관계는 존재하지 않으며, 일정 기간에 걸쳐 상호작용하는 사건과 행동들이 특정 결과를 야기한다(Nichols & Schwartz, 1991). 가족의 사건들은 일련의 환류고리나 일정하게 반복되는 주기를 통하여 서로 관련되어 있다.

가족사정 및 개입과정에서는 위와 같은 네 가지 수준에 영향을 미치는 상호작용이 고려되어야 하며, 그렇게 함으로써 가족이 처한 특정한 문제 상황의 원인을 이해하고 문제해결에 필요한 서비스를 제공하는 데 도움을 받을 수 있다.

사회복지실천의 초점은 '환경 속의 인간(person in environment)'이라는 관점이다. 사회복지실천은 인간과 환경이 상호 영향을 주고받으며, 인간과 환경 간의 상호작용이 인간행동에 영향을 미친다는 생태 이론을 가족에 적용시킴으로써 사회복지실천과정에서 포괄적인 개입이 가능하게 되었다. 이를 위하여 사회복지실천에서는 다음과 같은 원리들을 이해할 필요가 있다.

첫째, 생태체계 관점은 사회복지사가 자신이 선호하는 단 하나의 치료적 측면에서 모든 가족의 욕구를 다루기보다 특정 가족의 욕구에 부합하는 방식으로 개입하게 한다.

둘째, 이 관점은 가족을 대상으로 하는 사회복지사의 내적·외적 변화의 근거, 입법상의 지지, 정책과 계획, 프로그램 개발, 주요 예방 활동, 연구 및 행정의 기초 등 다양한 역할과 과업을 지지한다.

셋째, 가족을 대상으로 하는 사회복지사는 인간의 성장과 개발, 그리고 사회적 기능이 이루어질 수 있는 생활전이(life transition)[1], 대인과정(interpersonal process), 환경적 특성(environmental properties)이라는 세 가지 상호의존적인 영역 또는 맥락에 관심을 기울여야 한다. 가족생활에서의 전이는 사춘기, 노화, 역할의 상실, 변화 그리고 가족이 직면해 있는 위기(crisis)는 발달적 변화를 포함하며, 대인과정은 1 : 1의 대면관계, 가족, 집단, 사회적 관계망, 지역사회, 이웃, 단체 등과의 관계 그리고 의사소통이 포함된다. 환경적 특성은 가족에게 영향을 주는 공식적·비공식적 자원과 결핍 등의 사회적·물리적 환경을 포함한다(Germain & Germain, 1987). 가계도(genogram)와 생태도(ecomap)(Hartman & Laird, 1983; Mattaini, 1997)의 활용은 유용하다.

넷째, 생태체계 관점의 초점은 결손이 아닌 강점, 문제가 아닌 해결에 있으며, 지속적인 가족과 구성원 개인의 성장 그리고 필요한 사회적 변호를 위한 잠재력에 초점을 둔다.

다섯째, 사회복지실천에서 생태체계 관점으로 가족을 사정하고 개입하기 위해서는 인간과 환경 간의 상호작용에 관련된 다양한 체계에 대한 지식이 필요하다(Hefferman et al., 1988). 상이한 체계들은 특정 문제상황을 둘러싼 과정의 사정에 유용하다.

사회복지사는 사회복지실천과정에서 위와 같은 생태체계 관점의 모든 수준에 관한 지식을 적극 활용함으로써 제시된 가족문제와 가족이 지니고 있는 현재의 욕구 수준에 부합하는 가족사정 및 서비스를 보다 잘 수행할 수 있다. 더불어 생태체계 관점을 적용하는 데 있어서 사회복지사의 융통성과 창의성

---

1) 생활의 전환, 즉 생활의 측면이 이전과 달라지는 변환과정이 있는 것을 의미한다.

그리고 기관 외부로 나가 가족과 지역사회로 찾아가는 자발성과 이동성이 요구된다. 그린과 이프로스(Green & Ephross, 1991)가 제안한 사회복지사의 실행방법을 요약하면 다음과 같다.

생태체계 관점에 따른 사회복지사의 역할수행 지침은 다음과 같다.

- 개인, 가족, 환경을 불가분의 관계로 본다.
- 가족의 적응에 영향을 미치는 모든 수준의 체계를 사정하여 개인, 가족, 환경 간의 상호작용을 진단한다.
- 가족구성원들에게 어떠한 생활 상황과 전이가 강도 높은 스트레스를 초래하는지를 사정한다.
- 긍정적 관계와 생활 경험을 통해 가족구성원 개인이나 가족의 개인적·관계적 능력 향상을 도모한다.
- 개인, 가족, 환경 간의 '적합도'를 모든 체계의 수준에서 확장시킬 수 있는 개입전략을 모색한다.
- 가족의 적응에 영향을 미치는 모든 수준의 체계를 사정한 결과 제시된 해결방안과 개인, 가족의 역량강화에 초점을 둔다.

생태체계 관점에서 사회복지사는 가족의 긴장을 초래하는 원인을 사정하고, 평형을 되찾으려는 가족원들의 적응방법을 모색하는 데에서 전문가로서의 역할을 수행하게 된다. 이러한 관점에서 가족을 이해하려는 노력은 자칫 사회복지사로 하여금 기존의 사회규범 내에서 개인이 성공적으로 적응하는 것을 최상의 선으로 삼으며, 진정한 변화를 회피하고 현상유지에 가치를 두는 보수적 입장에서 클라이언트의 개성, 창의성, 자율성은 하위 가치로 평가하는 잘못을 범할 수 있다는 점에 유의해야 한다.

02 집단의 이해

1) 집단의 개념 및 유형

(1) 집단의 개념

체스와 노린(Chess & Norlin, 1988)에 의하면, 집단이란 표현적 행동이 지배적인 2인 이상의 사회적 조직체로서 한 개인으로 서로 인식하고 상호작용하며, 사회적 실체로서 집단의식이 있고, 집단과 관련된 행동에 의해 영향을 받는다. 하트포드(Hartford, 1972)는 집단이 2인 이상이 공동의 목적이나 관심사를 가지고 모여서 서로 인지하고, 감정을 공유하며, 집단기능을 위해 규범을 만들고, 행동을 위한 목표를 수립하며, 응집력을 발전시키므로 타 집단과 구별된다고 하였다. 집단은 서로 동일한 집단에 소속되어 있다는 집단의식이 있고, 공동의 목적과 관심사가 있으며, 이를 성취하기 위하여 집단구성원들은 의사소통, 인지, 반응을 통하여 상호작용하는 상호의존적인 관계에 놓이게 된다. 인간은 집단경험을 통하여 다른 사람과 협력하고 타협하며 자신의 욕구를 통제할 수 있는 능력을 습득하게 되는데, 그 과정에서 성격이 발달되기도 한다.

(2) 집단의 유형

개인적인 차원에서 사회환경이 되는 집단유형에 따라 개인은 상이한 경험을 하게 된다. 집단은 사회적 관계, 사회복지사가 개입하는 수준에 따라 다양한 유형으로 분류할 수 있다. 사회적 관계에 기초하여 퇴니스는 집단의 유형을 친구 관계와 같은 공동사회(Gemainschaft)와 판매자와 구매자의 관계와 같은 이익사회(Gesellschaft)로 구분하였다(Tönnies, 1957). 공동사회는 실재적이며 자연적인 감정이나 충동 그리고 인간의지와 같은 본질에 따라 형성되지만 이익사회는 이념, 인위적 감정 그리고 인간의 선택의지에 의해 형성된다. 쿨리는 이를 혈연과 지연을 바탕으로 자연발생적으로 형성되는 1차 집단(primary group)과 목적을 달성하기 위해 인위적인 계약에 의해 형성되는 2차 집단(secondary group)으로 분류하였다(Cooley, 1909). 특히 1차 집단은 인간 본질의 원천으로서 가정이나 어린 시절 또래집단과 같은 범주이며, 자연적으로 형성된 집단을 의미하고, 소규모이며, 대면적 관계에 의해 유지되고, 개인적 성격형성에 절대적인 영향을 미치는 집단이다(김영모 외, 2000).

집단 구성의 동기에 따라 자연적 집단(natural group)과 형성된 집단으로 구분할 수 있다(김종옥·권중돈, 1993). 자연적 집단은 1차 집단과 유사한 특성을 가지며, 또래집단이나 갱집단처럼 자연발생적으로 만들어진 집단을 말한다. 반면 형성된 집단은 2차 집단과 유사하며, 특정한 목적달성을 위해 만들어진 집단으로 집단구성원이 지켜야 할 규칙과 달성해야 할 과업이 있는 것이 보통이다. 형성된 집단은 추구하는 목적에 따라 치료집단과 과업집단으로 세분하기도 하는데, 치료집단이 구성원의 교육, 성장, 행동변화, 사회화의 욕구 충족이 목적인 데 비해 과업집단은 과업의 성취를 목적으로 구성된다(Toseland & Rivas, 1984).

치료집단은 집단구성원이 사회정서적 욕구에 대한 만족을 증가시키고자 하는 광범위한 목표가 있으며, 의사소통이 공개적으로 이루어지고 집단구성원들이 적극적으로 상호작용할 수 있도록 격려한다. 치료집단에서의 역할은 상호작용의 결과에 의해 영향을 받기 때문에 원하는 결과를 얻을 수도 있고, 그렇지 않을 수도 있다. 치료집단의 과정은 집단에 따라 유연하거나 다소 형식적일 수 있으며, 비슷한 경험을 공유하는 것이 대부분이므로 집단구성원의 공개 정도는 매우 높으나 진행과정은 집단 내에서만 이루어지는 폐쇄적인 속성을 갖는다. 궁극적으로 집단과정의 성공 여부는 치료목표의 성공과 불가분의 관계에 있으며, 집단과정의 성공은 치료목표가 성공적으로 달성되었음을 시사하는 것이 보통이다.

치료집단은 일반적으로 지지집단, 교육집단, 성장집단, 치료집단, 사회화집단으로 세분화된다. 지지집단은 집단구성원들이 삶의 사건에 보다 효과적으로 대처하도록 돕는 집단으로서 한부모가족의 가장모임, 배우자를 사별한 남편들의 모임, 이혼을 경험한 여성들의 모임 등이 이에 해당한다. 교육집단은 집단구성원 자신과 사회에 대해 일정한 지식을 습득하는 것이 주목적인 집단으로, 사춘기의 성별집단이나 성별 노인집단 등이 여기에 속한다. 성장집단은 문제를 해결하거나 사회적인 병리를 치료하기보다는 사회 정서적인 건강을 증진시키는 데 중점을 두는 집단으로 집단구성원 개인의 잠재적인 능력과 자의식을 확대시키고 개인적인 변화들을 이끌어낼 수 있는 기회를 제공하면서 자기향상을 강조하는 집단이다. 부부를 위한 결혼생활 향상집단 등이 이에 속한다. 치료집단은 마약이나 알코올, 흡연 등과 같이 집단구성원들 스스로 자신의 특정 행동을 수정하고 개인적 문제를 완화하거나 적절하게 대처하고 사회적 외상이나 건강상의 외상 이후에 스스로 회복될 수 있도록 돕는 집단이다. 사회화집단은 사회복지시설에 수용된 경험이 있는 사람들을 위한 모임 등과 같이 발달단계에 따라 어떤 역할이나 환경에서부터 다른 것으로 전환하는 향상된 대인관계나 사회기술의 습득을 통해 촉진시키고자 하는 집단을 말한다. 치료집단과 달리 과업집단(task group)은 성과물이나 과업을 달성하기 위해 구성되므로 일정한 규칙과 각 집단구성원들이 수행해야 할 과업이 있다. 대부분의 의사소통은 특정 과업에 관한 논의에 초점을 맞추며, 치료집단에 비해 자기공개성이 낮지만 필요한 경우 대중에게 공개적일 수도 있고, 진행과정은 은밀할 수도 있고 공개적일 수도 있다. 과업집단의 성공 여부는 집단구성원들이 과업을 달성했는지 또는 성과물을 산출하였는지의 여부에 좌우된다.

가족 기능의 약화, 친밀한 대인관계의 부재, 소외와 적응문제 등을 야기하는 현대사회의 제 속성은 개인적인 능력이나 힘으로는 대처하기 어려운 사회적 곤란이나 생애 사건에 맞서 이에 대처하도록 개인의 적응을 돕는 자조집단(self-help group)의 출현을 가져왔다. 자조집단은 공통적인 이슈에 대해 개인 또는 환경에 바람직한 변화를 가져오기 위해 뜻을 같이하는 사람들로 구성되며, 이들은 유사한 환경에 놓여 있으면서 공통의 이익을 도모하기 위해 서로 돕거나 공통의 문제를 해결하고자 한다. 치료집단이나 과업집단과는 달리 집단이 목적을 달성할 수 있도록 진행하거나 이끌어갈 외부 전문가가 집단 과정에 투입되지 않는다는 점에서 가장 큰 차이가 있다. 자조집단에서 다루는 이슈는 생활문제들로서 개인들이 상호 지원하고 역할모방 등을 통해 이를 해결하는 방향으로 진행된다. 자조집단도 마약이나 암, 비만, 알코올, 흡연 등과 같은 핵심적인 공동의 관심사가 있다는 점에서 치료집단과 과업집단으로 구분될 수 있다.

사회복지사는 자조집단의 형성과정에 도움을 줄 수 있으나 대체적으로 집단 자체는 사회복지사보다는 집단구성원으로서 공통의 이슈를 논의하는 비전문가들이 이끌어간다. 자조집단은 인간 상호 간의 지지를 토대로 개개인이 다시 한번 자신의 삶을 책임질 수 있는 능력을 회복하고 그러한 환경의 조성을 강조한다.

이 밖에 집단은 새로운 집단구성원을 무제한으로 계속해서 받아들이는 개방집단과 일단 집단이 형성된 후에는 어떠한 성원도 받아들이지 않는 폐쇄집단으로 구분할 수도 있다. 대체로 폐쇄집단에서는 집단의 인원이 제한되는 경우가 많다. 개방집단은 새로운 성원을 추가함으로써 시너지 효과를 얻기도 하지만, 그때마다 새로운 성원에 대한 오리엔테이션이 필요하다. 폐쇄집단은 같은 성원끼리 활동하므로 효과적으로 기능할 수 있으므로 결속력이 높아 협동심의 증가, 안정적인 역할수행 등이 장점일 수 있지만 성원의 이탈이 있을 수 있다.

2) 집단과 사회복지실천과의 관계

집단은 구성원들의 행동을 일정한 방식으로 취하도록 함으로써 제재를 가하는 사회통제 기능을 수행하며, 이를 통해 집단 내외부에서 발생하는 구성원들의 갈등이 조절된다. 집단이 인간에게 미치는 영향은 집단의 역동성으로 드러난다. 노든(Northen, 1988)은 집단의 역동성을 사회적 상호작용, 집단목적, 집단감정, 집단구조, 집단규정, 긴장 및 응집력 등으로 설명하였다(이인정·최해경, 2004).

첫째, 사회적 상호작용은 집단 내에서 이루어지는 힘의 역동적인 교환행동이다. 집단과정에 참여한 사람들은 상호 간에 구성원들과의 접촉을 통하여 참여자의 사고, 감정, 행동 그리고 태도를 변화시키는 데 영향을 미친다. 이러한 상호작용의 유형은 지도자가 중심적 위치를 점유하고 성원과 지도자 양자 간의 의사소통이 활발히 이루어지는 기둥형, 성원들이 돌아가면서 번갈아 일정하게 이야기를 하는 순번형, 다른 성원들이 지켜보는 가운데에서 지도자와 한 성원만이 의사소통을 하는 뜨거운 자리형 그리고 성원들이 순번을 정하지 않고 자유롭게 이야기할 수 있는 자유부동형이 있다. 사회적 상호작용은 집단구성원들 간의 대면적 접촉이 태도나 행동에 변화를 초래할 수 있음을 시사한다. 사회적 상호작용의 핵심은 의사소통으로서 여기에 느낌·정보·태도 등을 전달하고 받으며, 의미를 해석하고 반응하는 복잡한 사회적 과정이다. 생각은 대체로 언어를 통해 교환되며, 정서의 내용은 표정·몸짓·침묵 같은 비언어적인 수단을 통해 전달된다. 개방적인 의사소통 체계는 구성원들이 자신의 문제와 집단의 문제에 대처하고 기회를 증가시킨다.

둘째, 집단목적은 그 집단에 관련된 모든 구성원들의 기대가 융합된 총체로서 집단이 존립해야 하는 이유, 집단에 기대와 희망 등을 포함하여 하나일 수도 있고 복합적일 수도 있으며, 어떤 경우에는 여러 개의 하위목표를 추구하기도 한다.

전체 집단의 목적은 구성원의 개인적 목적, 기관의 서비스 제공 목적, 그리고 사회복지사의 목적이 종합적으로 응집되어 전체 집단이 공동으로 추구할 때 나타나는 바람직한 결과를 의미한다. 집단에 소속되어 있는 개별 구성원들이 집단에 대해 갖는 소망과 욕구가 사회적 상호작용을 통해 집단목적으로 발전하게 된다. 집단의 구성원은 명확하고 의식적인 개인적 목적뿐만 아니라 미처 자신도 의식하지 못하는 개인적 목적을 가질 수도 있다.

셋째, 집단에서는 의사소통을 통해 구성원들이 갖는 감정의 긍정적이거나 부정적인 표현은 언어적 또는 비언어적으로 전달된다. 인간의 태도에는 양가감정이 존재하기 때문이다. 긍정적인 태도는 상대방으로부터 긍정적인 호응을 얻게 되지만 반드시 그런 것은 아니다. 개인마다 친근감이나 거리감에 대한 태도에 차이가 있을 수 있다.

넷째, 집단구조는 구성원들이 시간이 지남에 따라 자연스럽게 알게 되고 상호작용하는 과정에서 상호 간에 주고받는 긍정적·부정적 감정을 통하여 발달하게 된다. 구성원들은 일정한 지위와 역할을 부여받게 되며, 집단 내에는 하위체계가 형성되기도 한다. 하위집단은 집단 내부에서 구성원들이 서로 공통점을 발견하면서 생긴다. 하위집단은 때로 전체 집단의 흐름이나 목적에 부합하지 않는 방향으로 행동하여 집단의 효율성과 응집력을 저해하기도 하지만 대부분은 집단의 발달과 구성원 개인의 발달에 기여한다. 지위란 집단에서 구성원이 다른 구성원에 대하여 갖게 되는 서열상의 위계적인 위치를 의미한다. 지위에 따라 역할이 주어지는데, 집단에는 제도적인 역할뿐만 아니라 희생양, 경쟁자, 공격자, 방해꾼, 지배자와 같은 개인적인 역할이 나타나기도 한다.

다섯째, 집단규범은 집단이 구성원들에 대해 기대하는 행동의 기준으로서 집단이 무엇에 가치를 부여하고 수용하는가에 대한 집단구성원들 간의 합의와 동일시에서 출발한다. 집단규범은 일종의 사회적 상호작용의 산물이다. 집단규범이 반드시 집단의 목표달성에 기여하는 것은 아니다.

여섯째, 응집력은 집단에서 중추적인 기능을 수행하는 것으로 집단구성원들이 상호 간에 결속되어 있는 정도를 의미한다. 집단에는 집단 내에 남도록 하는 구심력과 집단으로부터 벗어나도록 영향을 미치는 원심력이 존재하며, 이 모든 힘의 결과를 '집단응집력'이라고 한다. 다시 말하면 응집력은 집단구성원들이 자신이 속해 있는 집단에 대해 이끌리는 정도 또는 집단구성원과 구성원들 상호 간에 이끌리는 정도를 가리킨다. 집단에 이끌리는 매력의 정도는 집단이 구성원들의 욕구를 어느 정도 충족시키는가에 따라 좌우된다. 응집력이 강하다고 해서 집단에 긍정적인 영향을 미치는 것만은 아니다. 강한 응집력은 오히려 집단은 물론 집단구성원들에게 부정적인 결과를 초래할 수 있으며, 외부환경으로부터 새로운 정보투입이 상대적으로 늦어질 수 있다.

일곱째, 인간발달의 본질적인 요소인 긴장은 대체로 갈등에 의해 야기되는데, 갈등을 통해 집단발달의 건설적인 힘이 형성되거나 상호작용을 자극하는 토대가 마련될 수 있기 때문이다. 긴장을 통해 집단구성원들은 상호 간의 차이점을 표출하므로 그 과정에서 개인이나 집단의 가치와 관심사가 명료해지기도 한다. 반대로 긴장은 집단 내부에서 제대로 수용되지 않을 경우 개인이나 집단 자체는 물론 사회에 이르기까지 부정적이고 파괴적인 영향력을 행사할 위험이 있는 것 또한 간과할 수 없다.

집단의 역동성은 다음과 같다.

- 사회적 상호작용은 집단 내에서 이루어지는 힘의 역동적인 교환행동이다.
- 집단목적은 그 집단에 관련된 모든 구성원들의 기대가 융합된 총체이다.

- 집단에는 언어적·비언어적 의사소통을 통해 전달되는 집단감정이 있다.
- 집단구조는 구성원들이 시간이 지남에 따라 상호작용하는 과정에서 발달하며, 일정한 패턴이 있다.
- 집단규범은 집단이 구성원들에 대해 기대하는 행동의 기준으로서 집단의 가치에 대한 구성원의 합의와 동일시에 의해 발달한다.
- 응집력은 집단구성원들이 자신이 속해 있는 집단에 대해 이끌리는 정도 또는 집단구성원과 구성원들 상호 간에 이끌리는 정도를 말한다.
- 긴장은 인간발달의 본질적인 요소이며 갈등에 의해 야기되는데, 긴장을 통해 집단발달의 건설적인 힘이 형성되고 상호작용을 자극하는 토대가 마련될 수 있다.

핵심정리

- 가족은 사회에서 가장 기본적인 사회제도로 인식해왔지만, 가족의 구조는 다양한 형태로 존재한다. 횡단적인 관점에서는 그 사회가 핵가족에 초점을 두는지 아니면 확대가족에 초점을 두는지에 가족의 형태에 관심을 갖기도 하지만, 그보다는 가족체계가 어떻게 구조화되며 가족구성원들이 사회경제적인 측면과 같은 환경적인 조건과 어떻게 관련을 맺는지 그리고 어떻게 가족체계가 형성되는지에 관심을 기울일 필요가 있다. 현대사회에서 한국의 가족이 갖는 특징은 부계 중심으로 운영되며, 가족의 가치가 개인보다 우선시되고, 가족 내 부녀자의 지위가 상대적으로 낮으며, 부자관계가 부부관계보다 우위에 있고, 가족을 대표하고 가족구성원을 통제하는 가족이 있으며(최재석, 1982), 전통적 가치관인 가족주의의 잔재가 남아 있고, 서구식 개인주의와 핵가족화가 확산되는 과도기적 상황에 처해 있는 것으로 축약할 수 있다.
- 가족은 사회의 흐름에 따라 변화한다. 이러한 가족의 변화는 구조적인 측면과 기능상의 측면에서 살펴볼 수 있다. 구조적인 변화는 외양상의 두드러진 변화 외에도 가족규모의 축소 및 단순화, 출산 및 양육기간의 단축과 노년기의 증가로 대별되는 가족생활주기의 변화, 친족범위의 축소와 친족 간 유대가 약화되는 친족관계의 변화 그리고 부부간 성역할 분업구조와 변화를 지적할 수 있다. 반면, 기능적인 변화에서 두드러지게 나타나는 특성은 가족의 생산기능의 강화 혹은 상실, 소비기능 강화, 출산 및 성행위의 규제기능 약화, 자녀양육 및 사회화의 기능 강화, 가족의 정서적 유대와 여가기능의 강조 그리고 가족의 사회보장기능의 약화 등을 지적할 수 있다. 가족의 형태 또한 핵가족, 확대가족, 노인가족, 한부모가족, 재혼가족 등 사회의 변화에 따라 다양한 양상을 보인다.
- 가족과 사회복지실천에서 가족은 인간의 성장발달에 근원적인 환경이며, 인간행동과 성격형성에 결정적인 영향을 미친다. 현대 사회에서는 산업화와 도시화가 급속히 전개되어 매스컴, 의료기관, 육아기관 등의 다양한 제도가 도입되면서 가족의 기능, 역할, 가족구성원 사이의 인간관계에 변화를 가져왔다.
- 가족과 사회복지실천과의 관계에서 체계 이론(system theory)은 기계론적 생물학을 초월하여 전체 체계를 구성하는 부분들의 상호기능을 포괄하는 이론으로 개발된 이래, 임시적인 삶의 질과 어디에서나 나타나는 변화를 설명하는 정적 개념을 넘어선다. 가족은 체계 이론에서 볼 때, 전체로서의 가족은 각 가족구성원의 개인적인 특성의 합 이상이며, 끊임없이 변화하려는 동시에 안정성의 균형을 유지하는 속성을 갖고, 한 가족구성원의 변화는 가족 전체에 영향을 미치며, 가족구성원 개인의 행동은 상호 호혜적이고 순환적 인과관계에서 이해해야 하며, 가족은 내부에 하위체계를 보유하는 동시에 더 큰 사회체계인 상위체계의 영향을 받고, 가족구성원은 고유하게 형성된 규칙에 의해 행동하는 속성을 갖는다.
- 가족체계(family system)는 체계 이론의 개념들 가운데 전체성, 환류, 동귀결성, 순환적 인과성(Wazlawick, Beavin, & Jackson, 1967) 등과 관련되므로 체계론적 관점에서 가족을 이해하는 것은 사회복지실천에 매우 유용하다.
- 집단은 2인 이상이 공동의 목적이나 관심사를 가지고 모여서 서로 인지하고, 감정을 공유하며, 집단기능을 위해 규범을 만들고, 행동을 위한 목표를 수립하며, 응집력을 발전시키므로 타 집단과 구별된다고 하였다. 집단은 서로 동일한 집단에 소속되어 있다는 집단의식이 있

고, 공동의 목적과 관심사가 있으며, 이를 성취하기 위하여 집단구성원들은 의사소통, 인지, 반응을 통하여 상호작용하는 상호의존적인 관계에 놓이게 된다. 인간은 집단경험을 통하여 다른 사람과 협력하고 타협하며 자신의 욕구를 통제할 수 있는 능력을 습득하게 되는데, 그 과정에서 성격이 발달되기도 한다.

- 집단의 유형은 개인적인 차원에서 사회환경이 되는 집단유형에 따라 개인은 상이한 경험을 하게 된다. 집단은 사회적 관계, 사회복지사가 개입하는 수준에 따라 다양한 유형으로 분류할 수 있다. 사회적 관계에 기초하여 퇴니스는 집단의 유형을 친구 관계와 같은 공동사회(Gemainschaft)와 판매자와 구매자의 관계와 같은 이익사회(Gesellschaft)로 구분하였다(Tönnies, 1957). 공동사회는 실재적이며 자연적인 감정이나 충동 그리고 인간의지와 같은 본질에 따라 형성되지만 이익사회는 이념, 인위적 감정 그리고 인간의 선택의지에 의해 형성된다. 쿨리는 혈연과 지연을 바탕으로 자연발생적으로 형성되는 1차 집단(primary group)과 목적을 달성하기 위해 인위적인 계약에 의해 형성되는 2차 집단(secondary group)으로 분류하였다(Cooley, 1909). 특히 1차 집단은 인간본질의 원천으로서 가정이나 어린 시절 또래집단과 같은 범주이며, 자연적으로 형성된 집단을 의미하고, 소규모이며, 대면적 관계에 의해 유지되고, 개인적 성격형성에 절대적인 영향을 미치는 집단이다.
- 집단 구성의 동기에 따라 자연적 집단(natural group)과 형성된 집단으로 구분할 수 있다. 자연적 집단은 1차 집단과 유사한 특성을 가지며, 또래집단이나 갱집단처럼 자연발생적으로 만들어진 집단을 말한다. 반면 형성된 집단은 2차 집단과 유사하며, 특정한 목적달성을 위해 만들어진 집단으로 집단구성원이 지켜야 할 규칙과 달성해야 할 과업이 있는 것이 보통이다. 형성된 집단은 추구하는 목적에 따라 치료집단과 과업집단으로 세분하기도 하는데, 치료집단이 구성원의 교육, 성장, 행동변화, 사회화의 욕구 충족이 목적인 데 비해 과업집단은 과업의 성취를 목적으로 구성된다.
- 집단과 사회복지실천에서 집단은 구성원들의 행동을 일정한 방식으로 취하도록 함으로써 제재를 가하는 사회통제 기능을 수행하며, 이를 통해 집단 내·외부에서 발생하는 구성원들의 갈등이 조절된다. 집단이 인간에게 미치는 영향은 집단의 역동성으로 드러난다. 노든(Northen, 1988)은 집단의 역동성을 사회적 상호작용, 집단목적, 집단감정, 집단구조, 집단규정, 긴장 및 응집력 등으로 설명하였다.
- 사회적 상호작용은 집단 내에서 이루어지는 힘의 역동적인 교환행동이다.
- 집단목적은 그 집단에 관련된 모든 구성원들의 기대가 융합된 총체이다.
- 집단에는 언어적·비언어적 의사소통을 통해 전달되는 집단감정이 있다.
- 집단구조는 구성원들이 시간이 지남에 따라 상호작용하는 과정에서 발달하며, 일정한 패턴이 있다.
- 집단규범은 집단이 구성원들에 대해 기대하는 행동의 기준으로서 집단의 가치에 대한 구성원의 합의와 동일시에 의해 발달한다.
- 응집력은 집단구성원들이 자신이 속해 있는 집단에 대해 이끌리는 정도 또는 집단구성원과 구성원들 상호 간에 이끌리는 정도를 말한다.
- 긴장은 인간발달의 본질적인 요소이며 갈등에 의해 야기되는데, 긴장을 통해 집단발달의 건설적인 힘이 형성되고 상호작용을 자극하는 토대가 마련될 수 있다.

13

CHAPTER

연습문제

01 전통적 농촌공동체의 특성에 해당하지 않는 것은?

① 동질성　　② 이동성　　③ 안정성
④ 유대감　　⑤ 협력성

02 집단구조상 특정 지위를 점유한 사람이 집단의 목적달성을 위한 활동에 행사하는 사회적 영향력이나 힘을 무엇이라 하는가?

① 집단지도력　　② 의사소통　　③ 집단문화
④ 집단규범　　⑤ 집단목적

03 우리나라의 사회집단의 특성에 대한 설명으로 맞는 것은?

① 이익사회의 특성이 강화되고 있다.
② 2차 집단의 광역화가 나타나고 있다.
③ 지역집단의 광역화가 나타나고 있다.
④ 핵가족 집단으로 변화하고 있다.
⑤ 관료주의적 경향이 약화되고 있다.

04 구성원 상호 간 또는 전체 집단에 끌리는 감정을 무엇이라 하는가?

① 응집력　　② 규범　　③ 지도력
④ 사회적 통제　　⑤ 사회적 상호작용

05 모든 집단은 모호하든 명확하든 간에 존재 이유를 갖고 있는데, 이를 무엇이라고 하는가?

① 집단지도력　　② 의사소통　　③ 집단문화
④ 집단규범　　⑤ 집단목적

정답 1. ② 2. ① 3. ⑤ 4. ① 5. ⑤

CHAPTER

14

조직과 지역사회

이 장에서는 사회체계로서 조직과 지역사회의 정의와 주요 개념, 특성과 유형을 살펴보고, 그에 따른 사회복지실천과의 관계를 살펴보면서 사회체계로서 조직과 지역사회를 이해하고자 한다.

학습목표

1. 조직의 정의, 주요 개념, 특성과 유형, 사회복지실천과의 관계를 이해한다.
2. 지역사회의 정의, 주요 개념, 특성과 유형, 사회복지실천과의 관계를 이해한다.

01 조직의 이해

인간은 다양한 사회체계 속에 존재하고 있다. 즉, 인간이 개인으로서 존재하지만 그 개인이 유일적(唯一的)으로 존재하는 것이 아니라, 끊임없이 타인과의 관계하에 존재하고 있다는 점이다. 이를 아리스토텔레스(Aristoteles)는 "인간은 사회적 동물이다"라고 하면서 개인은 사회 없이는 존재할 수 없다고 언급하였다. 이처럼 인간은 자신도 모른 채 자연스럽게 조직의 구성원으로 만들어지게 되고, 그 구성원으로서의 역할을 수행하게 되면서 어려움과 적응 등을 경험하게 된다.

1) 정의와 주요 개념

조직(組織)은 생물학적 조직(tissue)과 사회과학에서의 조직(organization)으로 나눠 살펴볼 수 있다. 생물학적 조직은 장기 내에 존재하는 같은 종류의 세포 덩어리를 말하고, 사회과학적 조직은 여러 사람들이 특정한 목적을 달성하기 위한 모임단체, 동아리체계 등을 말한다.

조직은 계획화된 방향으로 진행될 수 있도록 조직구성원들이 상호의존적인 활동을 수행함으로써 유지 및 발전될 수 있다. 조직은 조직을 포함한 환경 속에서 다양한 체계와 지속적으로 상호작용하며 목표를 향해 구조화된 계획과 활동으로 이루어진다. 이처럼 학자들마다 조직에 대한 정의는 다양하다.

(1) 조직의 정의

조직은 "특정 목적을 가지고 있으며 그 목적을 달성하기 위해 조직구성원 간에 합법적 상호작용을 하는 인간들의 협동집단"(Weber, 1947) 또는 "특정한 목표를 추구하기 위한 사회적 단위 또는 집단"을 말한다. 회사, 군대, 학교, 병원, 교회, 교도소 등이 조직에 포함되며 부족, 계급, 인종집단, 친목집단, 가족은 조직에서 제외된다. 조직의 특징은 "분업, 권력, 의사소통의 책임 그리고 조직의 협동노력을 통제해서 목표로 지향시키는 권력의 집중, 구성원의 교체"이다(Parsons, 1960).

조직은 "조정과 권위체계를 통해 특정 목적을 추구하기 위해 의도적으로 설립된 사회적 단위 혹은 집합체"(안계춘 외, 1990), "일정한 형태를 갖고, 구성원들의 분업적인 업무를 통해 특정한 목적을 수행한다. 그리고 개인적인 노력으로 해결할 수 없는 기능수행이나 문제해결을 할 수 있도록 사람들을 결합시킨 사회체계"(Norlin & Chess, 1997), "두 명 이상의 인간이 모여 같은 목표를 달성하고자 어떤 일을 하여금 성과나 업적을 이루는 것"(장석출, 1997), "어떤 목적을 얻기 위해 발전되었거나 설립된, 확인할 수 있는 경계선을 가진 사회적 단위로 의식적으로 조정된 인간의 활동이나 여러 힘의 체계"(권순종 외, 2008), "특정한 목표달성을 위하여 의식적으로 구성된 인간들의 집합체이자 하나의 사회적 단위이며 이러한 조직은 경계를 갖고 있고 경계 밖의 환경과 상호작용을 하는 체계이며, 어느 정도 공식화된 분화와 통합의 구조 및 과정 그리고 규범을 내포하는 것"(손병덕 외, 2008), "일정한 크기와 형태를 갖고, 구성원들이 업무를 통해 상호 관련되어 있는 사회적 단위로서, 계획적인 활동을 통해 특정한 목적을 달성하기 위해 의도적으로 설립한 사회체계"(이근홍, 2010) 등으로 다양하게 정의되고 있다.

(2) 조직의 주요 개념

조직에 대한 이해를 토대로 활발한 이용을 위해서는 조직의 주요 개념을 살펴보는 것은 매우 의미가 있다(최옥채 외, 2007; 신종우 외, 2012).

❶ 조직체계

조직체계(organization system)는 조직구성원에 의해 목적을 명확히 하여 그것에 대해 고유한 기능과 역할을 수행함으로써 각 구성요소가 상호 관계를 갖고 하나의 목적에 공헌할 수 있도록 체계화되고, 시스템화(systematization)하여 이를 효율적으로 관리·운영한다. 따라서 조직체계는 조직을 구성하는 구성원에게 각자의 역할을 부여하여 조직이 운영될 수 있도록 기틀을 만들게 된다. 그뿐만 아니라 조직체계는 외부에서 기관을 분석하는 데 중요한 부분을 차지한다.

❷ 조직규율

조직규율(organization rule)은 조직의 목적을 성취하고 조직을 발전 및 유지, 운영하기 위해 조직구성원이 지켜야 할 규칙을 의미한다. 조직구성원은 조직이 운영되는 데 있어 조직의 규율을 수용하고 이해하는 것은 매우 중요하다. 나아가 조직구성원은 자신의 역할과 의무, 권리, 운영방식 등에 동의함으로써 조직구성원으로서 활동하게 되며 이는 조직이 추구하는 목적을 성취하고 발전하는 데 중요한 기본이 된다. 조직의 구성원이 되기 위해 중요한 것은 조직의 규율에 대한 동의이며, 이에 대한 의견이 일치되지 않을 때는 조직구성원 간의 합의를 이끌어가는 것은 매우 중요하다.

❸ 조직문화

조직문화(organization culture)는 각 조직마다 조직의 운영 목적과 구성원에 의해 다양화된다. 이는 조직문화가 조직을 구성하는 구성원의 공통된 문화를 기반으로 조성되고 이같이 조성된 문화는 외부 조직과의 차별화되는 특성을 갖게 된다. 즉, 조직마다 독특하고 보편화된 생활양식을 통해 신념, 가치관, 행동양식 등을 갖게 된다. 따라서 조직문화를 이해하는 것은 신입 조직구성원에게는 매우 중요하다. 또한 조직구성원의 조직문화에 대한 적응 여부에 따라 조직의 유지에도 중요한 영향을 미친다.

❹ 조직화

조직화(organizing)는 클라이언트의 문제를 해결하기 위해 필요한 인력이나 서비스를 규합하고, 조직의 목표를 성취하도록 합당하게 운영해나가는 과정을 말한다(최옥채, 2006). 한편 조직화는 지역사회복지실천에서 가장 기본적인 기술로서 지역사회의 문제를 해결하기 위해 지역주민의 역량을 결집시켜 문제해결능력을 향상시킴으로써 사회변화를 추구하는 것이다. 즉, 지역사회 조직화는 지역주민을 세력화하고 주민조직을 만들어 지역사회 발전에 지속적으로 함께 일할 수 있도록 하는 것이라고 정의하였다(남진열 외, 2010).

김종일(2004)은 효과적인 조직화를 위해 사적 이익에 대한 관심을 조직화에 활용하고, 조직화는 동적인 과정이며, 갈등과 대결에 익숙해지는 법을 배워야 한다고 하였다. 그리고 이슈는 명확해야 한다는 등의 원칙들에 유의할 필요가 있다고 하였다. 그리고 조직화의 주요 내용으로 사람과 자원을 모을 수 있는 동원, 모인 사람이 조직의 목표와 방법을 논의하는 회의, 조직을 이끌어 나갈 사람들을 찾아내는 리더십 개발 등으로 제시하였다.

❺ 조직구조

조직구조(organization structure)는 조직구성원들의 상호관계, 즉 조직 내에서의 지위와 권력관계, 역할 배분과 조정의 양태 등의 활동에 관한 관리체계 등을 말한다. 이는 조직의 운영이나 형태를 통해서만 그 존재를 인식할 수 있으며 이를 이해하기 위해서는 조직을 형성하고 있는 여러 요소의 역할을 이해함으로써 존재를 생각해 볼 수 있다.

❻ 집합행동

집합행동(collective behavior)은 대유행이나 여론형성과 민중봉기 등과 같은 적대적인 분출행동, 사회 각 분야의 조직운동, 시민혁명 등 조직적인 운동현상을 뜻하는 사회학적 개념으로 조직구성원의 결집을 강화하여 조직의 대외적인 영향을 발휘하는 데 중요한 영향을 미친다. 조직의 집합행동이 원활하게 이루어지기 위해서는 조직구성원의 일치된 의견이 만들어졌을 때 더욱 큰 힘을 갖게 되며, 이를 통해 조직의 목적을 성취하는 경우도 있다.

2) 특성과 유형

(1) 조직의 특성

조직은 특정한 목적을 달성하기 위해 모인 집합체이므로 일정한 구조를 갖고 조직의 유지 및 발전을 위해 조직구성원들은 목적을 갖고 활동하게 되며,

이를 통해 조직의 특성이 만들어진다.

조직의 특성을 살펴보면 다음과 같다.

첫째, 조직은 특정 목적을 갖는다. 이는 조직의 정관과 규정에 제시되어 있으며 목적을 수행하기 위해 조직이 구성된다. 둘째, 조직은 그 조직의 특성에 맞는 일정한 규범을 갖고 운영된다. 셋째, 조직의 운영과 유지를 위해 조직 외부로부터 다양한 것이 투입되고 권력 배분과 적응, 변화, 결속 등의 기능도 수행한다. 넷째, 권위 수준이 다양한 조직은 반드시 권위 수준을 계급화한다. 이처럼 조직구성원의 계급화를 통해 조직이 지시와 통제를 받고 역할과 의무를 갖고 수행하게 된다. 다섯째, 조직 간 위계가 있는 독립조직은 상위 및 하위 조직에 상호 영향을 미치면서 의존하게 된다. 여섯째, 조직은 조직만의 독특한 문화를 갖는다(최옥채 외, 2011).

또한, 조직은 특정 목적을 달성하기 위해 노력하며, 조직의 질서를 유지하기 위해 권력과 통제를 하게 된다. 그리고 구성원 간의 업무가 적절하게 분배되어 효율적인 수행이 가능하도록 영역별로 나눠 분화(differentiation)된다. 또한 구성원들을 조정 및 활동하게 하는 기술 등의 지도력을 갖는다. 조직은 체계적인 구조를 가지며 구성원들에게 일정한 업무에 따른 책임감을 갖도록 하는 특성을 갖는다(이근홍, 2010).

(2) 조직의 유형

조직의 유형으로 블라우(Blau)는 조직의 수혜자가 조직의 구성원, 조직의 소유권자나 경영자, 조직의 이용자, 일반 대중이 될 수 있다고 보고 호혜조직, 사업조직, 봉사조직, 공익조직으로 분류하였으며, 이를 공공조직, 영리조직, 사회봉사조직, 상조조직, 비공식조직 등으로 나눠 구분하기도 하였다(최옥채 외, 2011).

첫째, 공공조직은 모든 국민의 포괄적 복지를 위해 존재하는 것으로 조직 간 위계를 형성하여 상·하위 조직이 존재하며, 이들 조직 간 그리고 조직 내의 구성원 간 위계질서가 분명한 중앙 및 지방정부의 업무를 수행하는 조직을 말한다. 둘째, 영리조직은 영리를 목적으로 생산 활동을 하는 기업 관련 조직으로 최소의 투입으로 최대의 산출을 얻으려는 기업주의 욕구를 반영한다. 셋째, 사회봉사조직은 조직과 관련하는 구성원에게 이익이나 도움을 주고자 하는 조직이다. 이때 이 조직의 중요한 목표는 정부의 불합리한 정책을 개선하는 데 있다. 넷째, 상조조직은 조직구성원들의 이익을 위한 조직이다. 또한 시대의 흐름을 반영하고 자발적 참여를 강조하나 실제로는 회원제 원리를 지키기 때문에 조직구성원에 대한 통제규범을 가진 조직으로 정당, 노동조합, 전문가단체 등을 말한다. 다섯째, 비공식조직은 정규구조 밖에 있는 조직으로 법적으로 인정받는 조직이 아니며, 조직구성원의 욕구를 반영하여 형성된 조직이다.

또한, 조직의 유형에 대해 퍼슨스(Parsons, 1960)의 사회적 기능과 에치오니(Etzioni, 1961)의 통제형식에 따른 유형으로 나눠 살펴볼 수 있다(이근홍, 2010).

❶ 사회적 기능에 따른 유형

퍼슨스(Parsons, 1960)는 조직이 조직의 형태를 유지하고자 하는 사회적 필요성을 충족시키기 위해 어떠한 기능을 수행하는가에 따라 경제, 정치, 통제, 사회 등의 기능에 따른 조직으로 다음과 같이 구분하였다.

㉠ 경제조직(economic organization)

경제조직은 경제사회가 정당운영을 위해 필요한 협력관계를 성립시킨 사회적 조직으로 이윤을 창출하기 위한 생산 활동을 중심으로 하는 기업체를 말한다. 경제생활은 소비자의 요구와 생산물에 대한 만족(욕망) 그리고 생산자의 공급과 이윤창출 등이 이루어진다. 오늘날 주된 경제조직은 국민경제이며, 이는 국가를 중심으로 하여 국민이란 정치단체를 기반으로 형성된 경제조직이다.

㉡ 정치조직(political organization)

정치조직은 정치적 목적을 달성하기 위해 의식적으로 결집하여 조직된 단체를 말한다. 그 예로 정당, 국회, 행정기관 등이 있다.

㉢ 통제조직(control organization)

통제조직은 조직의 안정과 유지를 위해 운영되며, 조직의 목표달성을 위해 구성원들의 활동이 일정한 기준에 부합하는지 검토하여 차이가 있을 경우 이를 시정하는 관리활동이나 지시와 구속이 포함되는 것을 말한다. 그 예로 사법기관, 경찰, 군대 등이 있다.

㉣ 사회조직(social organization)

사회조직은 사회구조가 하나의 사회에 소속해 있는 구성원들이 지위와 역할에 따라 서로 관련하는 사회관계의 통일적 전체를 의미하는 데 대하여 사회조직은 그 내부에서 형성되는 하나의 구성부분을 의미한다. 이러한 조직은 구성원의 공통된 목적을 달성하기 위해 계획적인 작업할당을 하며, 구성원들의 활동을 통하여 조직 자체의 유지 및 존속을 하게 된다. 그 예로 종교단체, 교육기관 등이 있다.

❷ 통제형식에 따른 유형

미국의 사회학자 에치오니(Amitai Etzioni, 1961)는 조직을 지배와 복종의 관계에서 관여하는 형태와 그 복종관계를 유지시키는 권력의 형태를 근거로 하여 조직을 다음과 같이 구분하였다.

㉠ 강제적 조직(coercive organization)

강제적 조직은 조직구성원들의 의사와 관계없이 조직의 목적을 달성하기 위해 강제적으로 통제하는 조직이다. 또한, 강제적으로 통제함으로써 그 구성원의 대부분이 극도로 소외의식을 갖는 조직이다. 그 예로 강제수용소, 군대, 교도소, 구금적 정신병원 등이 있다.

㉡ 공리적 조직(utilitarian organization)

공리적 조직은 조직구성원들이 보수·상여금 등과 같은 이해 득실을 따져 실리적인 목적을 위해서 소속된다. 따라서 실리적 조직 또는 보수적 조직(remunerative organization)이라고도 부른다. 이 조직은 보수를 주된 통제의 수단으로 활용한다. 그 예로 민간기업체인 회사, 경제단체, 이익집단 등이 있다.

㉢ 규범적 조직(normative organization)

규범적 조직은 조직구성원들이 자발적인 의지에 의해 소속되며, 권위·존경 등의 규범적 상징이나 애정·관용 등의 사회적 상징을 원천으로 이루어진 규범적 권력을 통제 수단으로 활용하기 때문에 조직구성원들은 조직에 대한 소속감과 적극적인 관여의 태도를 보인다. 그 예로 종교단체, 이데올로기적인 정당, 자발적 사회단체인 자원봉사단체 등이 있다.

3) 조직과 사회복지실천과의 관계

사회복지사는 조직에 고용되어 그 조직의 미션에 따라 정책과 규제에 맞게 자신의 직무를 수행한다. 즉, 자신이 근무하고 있는 조직의 특성에 따라 사회복지사가 맡아서 수행해야 할 업무의 성격도 달라진다. 사회복지사는 공식적으로 승인된 기관에서 사회복지 업무를 수행하게 된다.

조직은 비전과 미션에 따라 조직이 나아갈 방향을 정하고, 그 방향에 맞는 업무를 계획하여 조직구성원의 업무를 수행함으로써 조직이 정한 서비스 이용자의 삶의 질을 향상시키는 데 기여하게 된다.

사회복지분야에서 사회서비스 조직의 한 형태가 사회기관(social agency)이다. 사회기관은 사회서비스를 제공하는 조직이며, 이사회 및 운영위원회의 감독 아래 사회복지사와 다른 분야의 전문가, 준전문가인 자원봉사자 등의 인력으로 사회서비스를 제공하게 된다. 이때 조직의 사업수행 능력에 따라 이용자의 삶을 변화시킬 수 있다는 점에서 조직의 사업방향과 수행능력 등은 매우 중요한 영향을 준다.

사회서비스 조직은 투입(재정)과 서비스 제공 과정을 거쳐 결과를 산출(클라이언트를 위한 결과)한다. 따라서 조직은 사회복지실천의 과정과 결과에 다양한 영향을 미치게 된다.

02 지역사회의 이해

인간은 자신이 거주하고 있는 지역사회에 의해 인간의 삶이 변화될 수 있음과 동시에 해야 할 역할과 의무, 지켜야 할 규칙 등이 다름을 이해해야 한다.

1) 정의와 주요 개념

지역사회에 대한 영어 표현은 community이다. 이는 '공통의(common)' 또는 '공공의(communal)'와 같은 어원을 가지고 있으며, 공동소유, 공동체, 공동운명체 등의 뜻을 지니고 있다. 이처럼 지역사회라는 말은 공동체라는 말로 동일하게 사용되고 있는데, 이를 어원을 통해 확인하면 다음과 같다. 커뮤니티(community)는 라틴어의 cum과 munus(또는 munere)라는 두 어원에서 유래했다고 하는데, cum은 '함께', '서로'라는 말이며, munus는 '선물', munere는 '주다'라는 뜻이라고 한다. 이러한 어원을 종합하여 의미를 살펴보면, community는 '서로 선물을 주는 것'의 의미로 파악되어 지역사회는 공동체의 의미가 강하며(김종일, 2006; 홍현미라 외, 2010 재인용), 즉 상호부조의 의미를 내재하고 있다. 이는 거주의 장이면서 동시에 관계의 장으로서 지역사회가 설명되고 있다는 것으로, 전통적 근린지역이나 이웃의 개념처럼 지리적 경계를 바탕으로 정의되어 온 정의와 공동체 구성원의 공동관심에 초점을 둔 정의 등이 함께 혼용되어 사용되고 있다(감정기 외, 2009).

지역사회에 대한 사전적 정의는 "인간관계에 의해 또는 지리적·행정적 분할에 의해 나누어진 일정 지역의 사회"이다. 이 정의는 학자들에 따라 학문적 영역에 따라 다양하게 해석되고 정의되는데, 여기서는 사회학적 관점과 사회복지학적 관점에서 살펴보고자 한다.

(1) 지역사회의 정의

맥키버(R. M. Maciver)와 갈핀(C. J. Galpin)은 지역사회를 사회학적 관점에서 정의하고 있다. 지역사회에 대해 맥키버는 공동생활권으로 정의하며, 지역사회의 핵심을 지역성과 공동성 그리고 지역사회 의식이라고 강조하였다. 지역사회의 지역성과 공동성은 사회적 유사성, 공통된 사회적 관심, 공통된 전통, 공통된 관습, 공동소속감에서 찾고 있으며, 지역사회 의식의 구성요소로 동료의식, 역할의식, 의존의식을 지적하고 있다. 갈핀은 지역사회의 개념을 교역권이라고 했는데, 이는 분산된 토지에 거주하는 농가가 교역을 중심으로 주민과 상호작용하면서 교역관계를 맺고 있는 시장권을 지역사회라고 하였다(이태희 외, 2010). 즉, 사회학에서는 지역사회를 생활권 혹은 시장권으로 인식하는가에 따라 차이가 있다는 점에서 우리나라의 지역사회를 사회학적 관점에서 볼 때 농촌의 경우는 전형적인 농촌지역사회가 되고, 도시의 경우는 시장, 학교, 직장 등 행정권이 도시지역사회를 결정하는 주요 요인이 된다(김영모, 2001).

다음으로 사회복지학적 관점에서는 물리적·지리적·지방적 분리성을 갖는 경계선 측면과 사회적·문화적 동질성, 합의, 자조 또는 공동행위와 상호작용 등의 관계성의 측면으로 두 가지 주요 특징을 가지고 있다고 본다. 펠린(Fellin, 1995)은 지역사회를 상호 연결되는 공통적인 어떤 것을 가지고 있는 사람들의 결합체라 할 수 있으며, 지역 성원들이 공유하는 특성을 지리적 위치, 관심사, 문화, 정체감 또는 공통된 활동 등을 포함한다고 정의하였다. 또한 최옥채(2000)는 다양한 욕구 혹은 문제를 가지고 있으며, 주민의 상호작용이 활발하게 이루어지고 지역사회의 욕구나 문제를 해결하기 위한 사회복지실천이 가능한 일정한 규모의 장이라고 정의하였다(설진화, 2009 재인용).

이러한 정의를 종합해볼 때 설진화(2009)는 공동사회 또는 지역공동체로 불리는 지역사회라는 말은 원래 생물학적 용어로서 생물의 어떤 종이 지역적 또는 공간적으로 분포되어 한 곳에 모여 생활하는 모습을 나타내는 것이라고 설명하며, "사람들이 일정한 지역에서 단순히 함께 거주하는 것, 그 이상으로 상호관계를 맺고 서로의 생활과 행동 등에 영향을 미치는 성원들의 결합체"라고 정의하였다.

(2) 지역사회의 주요 개념

지역사회에 대한 이해를 토대로 활발한 이용을 위해서는 지역사회의 주요 개념을 살펴보는 것은 매우 의미가 있다(양성관 외, 2013).

❶ 지역사회복지

지역사회복지(community welfare)는 주민의 복지증진과 삶의 질 향상을 위하여 지역사회 차원에서 전개하는 사회복지를 말한다. 또한 지역사회라고 하는 단위의 복지를 위한 총체적 활동을 말하며, 지역사회의 모든 구성원이 건강하고 행복하게 삶을 영위할 수 있도록 안녕상태를 유지하고 지속시키는 모든 총체적인 활동이 지역사회복지라고 할 수 있다. 최일섭·류진석(1997)은 "전문 혹은 비전문 인력이 지역사회의 문제를 예방하고 해결하고자 하는 일체의 사회적 노력", 김영모(2001)는 "지역사회조직을 지역사회 성원의 공통된 욕구를 해결하기 위하여 그 지역사회가 지니고 있는 인적·물적·내적·외적 자원을 동원하여 조정하여 주는 과정", 정무성(1997)은 "지역사회에의 조직적이고 체계적인 개입을 통해 주민의 삶의 질을 향상시키기 위한 사회복지적 지식과 기술을 활용하는 전문 실천방법"이라고 정의하였다. 이를 토대로 박태영(2010)은 "일정한 지역사회 내에서 주민의 생활문제를 사회복지사와 주민이 함께 공식적·비공식적 자원을 활용, 개발하여 해결하거나 예방하는 다양한 노력들"이라고 정의하였다.

❷ 지역사회조직

지역사회조직(community organization)은 지역사회를 구성하는 개인, 집단, 이웃이 사회적 복리를 향상시키기 위해 지역사회의 수준에서 전개되는 일련의 활동을 말한다. 즉, 지역주민의 공통적 욕구(needs)를 해결하기 위해 지역사회 내의 인적·물적·정보·문화 자원을 활용하여 지역사회 주민의 욕구와 연계로 지역사회가 바람직한 방향으로 발전할 수 있도록 조직화하는 활동을 의미한다.

❸ 지역사회복지실천

지역사회복지실천(community welfare service)은 개인, 가족, 지역사회를 대상으로 이루어지는 사회복지실천방법을 통합적으로 보는 실천의 관점에서, 지역사회의 변화를 목표로 하는 사회복지실천을 의미한다.

❹ 지역사회보호

지역사회보호(community care)는 가능한 한 사회적 보호를 필요로 하는 사람들의 가정 또는 그와 유사한 자신이 거주하고 있는 지역사회 내의 환경에서 서비스를 제공하는 사회적 보호의 형태를 의미한다.

❺ 지역사회 욕구

개인처럼 지역사회도 욕구를 지닌다. 즉, 개인이 스스로 안정을 유지하기 위해 욕구가 있는 것처럼 지역사회도 안정 상태를 유지하기 위해 욕구를 갖는다. 지역사회욕구(community needs)는 지역사회 전체나 대부분의 지역사회 주민이 공동으로 지니는 욕구이다.

2) 특성과 유형

(1) 지역사회의 특성

지역사회의 특성은 지리적·경제적·심리적·문화적 특성으로 나눠 살펴보면 다음과 같다. 첫째, 지역사회는 지리적 위치에 의해 일정한 공간 위에 자리를 잡고 있는 공동체이다. 둘째, 지역사회는 경제적으로 협력하며 생활하는 상호부조의 공간이다. 셋째, 지역사회는 공동의식을 갖고 있는 구성원들로 구성되어 있다. 넷째, 지역사회는 전통, 언어, 생활습관 등과 같은 문화를 공유하고 있다(정지웅 외, 2000).

또한 지역사회의 특성을 역동성, 변화성, 서비스 요구성, 변화능력, 다양성, 시민의 변화를 위한 최적 단위 등으로 나눠 살펴보면 다음과 같다(최옥채 외, 2011). 첫째, 역동성은 지역사회를 구성하고 있는 지리적 공간, 생활공간, 주민, 조직, 상호작용 등의 지역사회가 추구하는 목표를 달성하기 위해 움직이는 상태를 의미한다. 둘째, 변화성은 주민의 제반 상황이 바뀌면서 지역사회가 처하고 있는 형편에 의해 긍정적 혹은 부정적인 변화를 끊임없이 시도한다. 이는 "지역사회는 정체된 상태로 남지 않는다(Jones, 1979)."와 의미가 동일하다. 셋째, 서비스 요구성은 지역사회가 다양한 욕구와 문제를 가지며 적당한 시기에 욕구나 문제 상황에 맞는 도움을 받고자 한다. 즉 현재의 수준에서 향상되고 안정된 상태를 위해 도움의 필요성이 잠재되고 있다는 것이다. 넷째, 지역사회를 구성하는 지역주민은 스스로 문제를 해결할 수 있는 변화능력을 갖고 있으며, 이는 지역사회도 마찬가지라는 점이다. 따라서 낙후된 지역이라도 긍정적 변화의 가능성이 없다고 낙인하지 않도록 주의해야 한다. 다섯째, 다양성은 지역사회가 그 구성요소의 특성이 다르기 때문에 다양한 유형으로 존재한다는 것이다. 여섯째, 시민의 변화를 위한 최적 단위는 지역사회가 시민의 변화를 위한 개입활동에 최고 적합한 규모의 공간이라는 점이다. 이때 시민의 변화는 지역사회 단위로 이루어지는 것이 바람직하다는 것이다.

(2) 지역사회의 유형

지역사회의 유형은 1800년대 독일 사회학자인 페르디난트 퇴니스(Ferdinand Tönnies)의 공동사회와 이익사회가 가장 오래된 구분이며, 이와 더불어 지리적 지역사회와 기능적 지역사회, 개인적 지역사회, 가상공동체 등이 구분되어 사용되고 있다(오봉욱 외, 2013).

❶ 공동사회와 이익사회

공동사회는 자연스럽고 인격적이며 직접적인 만남의 사회관계에 기초하며, 이익사회는 합리적인 자기 이해관계에 의해 특징이 지어진다(홍현미라 외, 2010). 퇴니스는 이 두 유형을 인간유대의 서로 다른 형태로 보았으며, 이익사회의 특성이 공동사회를 대체하는 것이 아니라 두 가지 유형 모두가 현대사회에서 불변적인 사회생활의 한 부분이 될 것이라고 보았다.

㉠ 공동사회(Gemeinschaft)

공동사회는 기능보다는 인격체로서의 만남이 중요하며 정서와 감정에 기반을 두고 사람들의 특성을 존중한다. 관습을 기반으로 하며 집단적 관계가 개인의 목적보다 우선시되며 가족, 전통적 공동체 내에 반영된 인간관계의 유형으로 본다.

㉡ 이익사회(Gesellschaft)

이익사회는 의도된 관계 형성으로 집단의 이해관계가 개인의 이해관계보다 중요하며, 개인 간의 상호작용은 실용적 목적을 가지고 계약에 기초하여 형성된다. 사회적 통제는 공식화된 법과 규칙에 기반하여 이루어진다.

❷ 지리적 지역사회와 기능적 지역사회

로스(Ross, 1967)는 지역사회를 지리적 지역사회와 기능적 지역사회로 나누어 설명하고 있다(김범수·신원우, 2009).

㉠ 지리적 지역사회(geographic community)

지리적 지역사회는 지리적 공간을 공유하며 밀접한 상호작용을 하는 사람들의 집단을 의미한다. 주로 행정구역에 의한 지리적 기준에 의한 범위로 읍·면·동 단위와 시장권, 학교권과 같은 자연스럽게 형성된 지역집단이 여기에 해당된다. 공간에 기초를 둔 지역사회로 크기, 영역, 조밀도 등에 따라 다르다. 그 예로는 아파트, 근린지역사회 등을 들 수 있다.

ⓛ 기능적 지역사회(functional community)

기능적 지역사회는 공간과 상관없이 특정한 공동의 관심과 기능을 공유하는 사람들의 집단을 의미한다. 앞서 정의에서 살펴보았던 공동체와 퇴니스의 유형 중 이익집단과 같은 의미로 사용된다. 그 예로는 사회복지학계, 야생동물보호 조직, 외국인근로자 인권 운동조직, 환경보호 운동조직 등이 있다.

❸ 개인적 지역사회(individual community)

지리적 의미의 지역사회와 기능적 의미의 지역사회의 특성을 모두 포함하는 것으로 개인이 자신의 관점에서 규정한 지역사회에 초점을 둔다. 개인의 참여와 관심의 정도에 따라 차이가 있고, 동시에 여러 지역사회에 속하게 되며, 지역사회에서 느끼는 소속감과 정체성은 각각 다르다(설진화, 2009).

❹ 가상공동체(virtual community)

정보통신의 발달로 인해 나타난 지역사회로 컴퓨터에 의해 매개되는 공동체이다. 이는 사람들 간의 직접적인 만남보다는 컴퓨터를 통해 의사소통하며, 퇴니스의 유형 중에서 구분한다면 이익집단으로 볼 수 있다. 개인적 이해관계와 기능적 특성에 따라 형성되며, 일대일 관계가 가능하며 직접적인 참여가 활발하고 비공식성이 공존하며 일시적 특성이 매우 강하다는 특징이 있다(홍현미라 외, 2010). 그 예로는 동일한 취미와 가치관을 갖고 만들어진 사이버 커뮤니티, 마을타운 커뮤니티 등이 있다.

3) 지역사회와 사회복지실천과의 관계

사회복지사는 공인된 조직에 고용되어 조직의 비전과 미션에 맞는 전문적인 사회복지 서비스를 제공하는 활동을 한다. 그리고 그 조직은 어떠한 지역사회에 존재하며, 지역사회는 인간행동에 중요한 영향을 미치는 거시체계 중

하나이다. 또한 지역사회라는 거시체계도 인간행동을 이해하는 데 매우 중요한 부분을 차지한다. 예를 들어, 사회복지사가 클라이언트가 살고 있는 지역사회를 검토함으로써 개입방향과 방법이 달라질 수 있기 때문이다. 분명한 것은 특정 클라이언트에게 맞는 개별적인 상황이 있으며, 어떻게 기능하고 있는지 파악하는 것은 중요한 부분이다. 그러나 개인이 살고 있는 환경의 영향력을 무시할 수 없으며, 지역사회는 인간의 삶에 긍정적 혹은 부정적 영향을 주기 때문이다.

지역사회에서 사회서비스를 제공하는 사회서비스 조직은 조직이 위치한 지역사회의 영향을 받아 조직의 성격이 변화되고 조직은 지역사회의 하나의 부분으로 존재하기도 한다. 그리고 조직을 구성하는 조직구성원은 지역사회에 대한 이해가 선행되지 못하면 결국 지역사회구성원으로서 존재하는 데 어려움을 경험하기도 한다. 사회서비스 조직은 지역사회에서 인적·물적·문화 등의 자원을 찾고 개발하여 조직에 투입하고 서비스 제공과정에 영향을 미쳐, 결과를 산출하게 된다. 따라서 사회복지사는 지역사회에 대한 이해가 매우 중요함을 인식하고 지역사회의 특성과 기능 등을 이해함으로써 클라이언트인 지역 주민과의 관계가 만들어질 수 있다.

최근 북한이탈주민[2], 외국인근로자 등 밀집지역에서 활동하는 사회복지 조직과 사회복지사는 지역사회의 특성에 대한 이해를 기반으로 사회복지 프로그램을 개발하고 진행하는 전문성이 요구된다(오봉욱 외, 2010; 조상윤·오봉욱, 2010).

2) 2005년 통일부는 탈북자라는 용어가 부정적인 인식을 심어줄 수 있다는 취지에서 '새터민'으로 변경한다고 발표하였다. 그러나 탈북단체들이 '새터민'의 용어 사용에 대해 부정적인 입장을 보여, 2008년 11월 통일부는 가급적 '새터민'이라는 용어를 쓰지 않겠다고 발표했다. 이후 '북한이탈주민'이 탈북자의 공식적인 명칭으로 사용되고 있다(통일부, 2012).

핵심정리

- 조직은 두 명 이상의 인간이 모여 동일한 목표를 성취하고자 어떤 일을 하며, 그 성과나 업적을 이루는 것이다.
- 조직은 어떤 목표를 달성하고자 구성원에게 일정한 지위와 역할을 부여하고 체계적인 구조를 갖는 하나의 집합체를 이룬 것이다.
- 조직의 특성은 목표지향, 권력과 통제, 지도력, 통합적인 활동체계, 구조화, 외부 환경과의 연관성이다.
- 조직은 그 조직의 특성에 맞는 일정한 규범을 갖는다. 조직의 규범은 조직을 운영 및 유지하는 데 중요한 수단이 되며, 이를 수용하는 자만이 그 조직의 성원이 된다. 조직의 규범은 구성원의 합의에 의해 변경될 수 있다.
- 조직의 5요소는 사회적 구조, 참여자, 목표, 기술(자), 환경이다(W. R. Scott).
- 조직문화는 조직구성원들이 공유하는 가치체계, 신념체계, 사고방식의 복합체이다.
- 지역사회는 다양한 욕구나 문제를 갖고 있으며, 일정한 지리적 공간 안에서 지역사회구성원의 상호작용이 활발하게 이루어진다.
- 지역사회는 지역사회의 욕구나 문제를 해결하기 위해 사회복지실천이 가능한 일정 규모의 장이다.
- 지역사회는 사회화, 생산·분배·소비, 사회통제, 사회통합, 상부상조 등의 기능을 한다.
- 지역사회의 특성은 역동성, 변화성, 서비스 요구성, 변화능력, 다양성, 시민의 변화를 위한 최적 단위이다.

14

CHAPTER

연습문제

01 다음 조직의 특성에 대한 설명으로 옳지 않은 것은?

① 조직은 특정 목적을 갖는다.
② 조직은 그 조직의 특성에 맞는 일정한 규범을 갖는다.
③ 조직의 운영과 유지를 위해 조직 내부에서 자원을 충당한다.
④ 권위 수준이 다양한 조직은 반드시 권위 수준을 계급화한다.
⑤ 조직간 위계를 갖는 독립조직은 상위조직 혹은 하위조직에 의존한다.

02 다음 〈보기〉의 설명은 무엇에 관한 설명인가?

〈보기〉

㉠ 동일한 관심을 가진 지역 주민으로 구성된 공동체
㉡ 시민의 변화를 위한 최적의 단위
㉢ 역동성, 변화성, 서비스 요구성 등의 특성

① 가족　② 집단
③ 조직　④ 지역사회
⑤ 문화

03 사회복지실천과정 중에서 시민의 변화를 위한 최적의 단위가 되는 사회체계는?

① 가족　② 집단
③ 조직　④ 지역사회
⑤ 문화

04 다음 지역사회의 특성에 대한 설명으로 옳지 않은 것은?

① 지역사회는 역동성을 띤다.
② 지역사회는 지리적 개념과 기능적 개념 모두를 의미한다.
③ 지역사회는 일방적으로 규격화시켜서 설명할 수 없다.
④ 지역사회는 변화성을 갖는다.
⑤ 지역사회는 상황에 따라 적절한 서비스를 요구하지 않는다.

05 다음 조직의 유형과 그에 대한 설명이 옳지 않은 것은?

① 호혜조직 : 조직구성원이 모두 상호이익을 얻는 조직이다.
② 자발적 조직 : 자유롭게 가입하거나 탈퇴할 수 있다.
③ 공익조직 : 일반대중이 조직활동 대상이다.
④ 공리조직 : 실리적인 목적을 위해 가입하거나 탈퇴할 수 있다.
⑤ 정치조직 : 경제활동을 통한 적응을 강조하는 조직이다.

정답 1. ③ 2. ④ 3. ④ 4. ⑤ 5. ⑤

참고문헌

감정기·백종만·김찬우(2009). 지역사회복지론. 나남출판.

강기정·김혜숙·박경애·이혜자·최덕경(2005). 인간행동과 사회환경. 공동체.

강선경·최원석(2012). 사회복지실천의 이해. 양서원.

강종수(2011). 사회복지행정의 이해. 학지사.

강혜원 저. Maslow의 욕구위계설 이론, Rogers의 욕구위계설 이론. 사천에 착한 사람들.

강흥구(2004). 의료사회복지 실천론. 양서원.

고순정(2005). 아동의 애착과 자아탄력성 및 사회성과의 관계. 한동대학교 교육대학원 석사학위논문.

곽형식 공저(2002). 인간행동과 사회환경. 형설출판사.

광주드림. 2013년 7월 5일 자(http://www.gjdream.com/v2/news/view.html?uid=447311).

구평회(2005). META구평회 교육학(하). 도서출판 신수서원.

국가통계포털의 연도별 사망원인 통계 http://kosis.kr/

국립국어원(2014). 표준국어대사전. http://stdweb2.korean.go.kr

권기성(2004). 인간행동관리 : 유전상담 및 내적치유. 한국인간관계학보, 9(1), pp.111-135.

권민균 외(2006). 아동발달. 창지사.

권순종·김 병·노희선·류종훈오정옥·이상주·이은경·이은혜·정정란(2008). 인간행동과 사회환경. 양서원.

권육상(2001). 인간행동과 사회환경. 유풍출판사.

권중돈·김동배(2005). 인간행동과 사회환경. 학지사.

__________(2008). 인간행동과 사회환경. 학지사.

__________(2009). 인간행동과 사회환경. 학지사.

__________(2011). 인간행동과 사회환경. 학지사.

권중돈(2012). 치매환자와 가족복지 환원과 통섭. 학지사.

_____(2014). 인간행동과 사회환경 이론과 실천. 학지사.

권희완(1997). 한국가족의 부부관계. 사회연구소출판부.

김경동(1986). 현대의 사회학. 박영사.

김계현 외(2000). 학교상담과 생활지도. 학지사.

김귀환 외(2013). 인간행동과 사회환경. 정민사.

김동배·권중돈(1999). 인간행동이론과 사회복지실천. 학지사.

____________(2005). 인간행동이론과 사회복지실천. 학지사.

____________(2008). 인간행동이론과 사회복지실천. 학지사.

김동배·이희연(2003). 사회복지실천의 생태체계 패러다임과 연구방법론에 대한 고찰 (1). 연세 사회복지연구, 9, 27-58.

김명자(2003). 중년기 발달. 교문사.

김범수·신원우(2009). 지역사회복지론. 공동체.

김선아 외(2006). 인간행동과 사회환경. 대왕사.

김선희(2008). 집단활동에서 교사와 영아의 상호작용. 배재대학교 대학원 박사학위 논문.

김성수(2007). 종교정향과 신앙성숙도가 비행과 친사회적 행도에 미치는 영향. 한양대학교 교육대학원 석사학위논문.

김애순(1993). 개방성향과 직업, 결혼, 자녀관계가 중년기 위기감에 미치는 영향. 연세대학교 박사학위 논문.

김애순(2002). 성인발달과 생애설계. 시그마프레스.

김양희(1993). 한국가정의 갈등 연구. 중앙대학교출판부.

김영란(2006). 사회복지의 사각지대 : 도서지역 사회복지의 실체와 지역사회복지학의 과제. 한국지역사회복지학, 19, 1-23.

김영모(2001). 지역사회복지론. 고헌출판사.

김영자(1999). 중년기 부부 교육프로그램 개발. 이화여자대학교 교육대학원 석사학위 논문.

김용엽(2009). 노인주거 복지시설론. (주)SB21.

김우성(1995). 스포츠 조직에 있어서 리더십 행동 유형과 조직유효성과의 관계. 서울대학교 대학원 석사학위논문.

김윤경(2011). 알기 쉬운 인간행동과 사회환경. 학지사.

김은미 외(2009). 다문화사회, 한국. 나남.

김정석·김송은(2012). 남녀노인의 노년시작인식연령과 노인인지. 한국노년학회지, 32(1), 103-114.

김정연(2013). 다문화실천가의 인종적 태도와 문화적 역량에 관한 연구. 가톨릭대학교 대학원 박사학위 논문.

김정희 외 공역(2005). 현대심리치료. 중앙적성출판사.

김제한(2001). 발달심리학. 양서원.

김종일(2004). 지역사회복지론. 현학사.

______(2006). 지역사회복지론. 청목출판사.

김칠봉(1998). 스포츠조직유형과 조직문화 및 조직유효성의 관계. 한국체육대학교 사회체육대학원 석사학위논문.

김향은·정옥분(1992). 정년퇴직을 앞둔 중년남성의 심리적 불안. 대한가정학회지, 30(2), 159-169.

김현택 외(2003). 현대 심리학의 이해. 학지사.

김형숙·남기현(2012). 문화적 정체성 구축을 위한 다문화미술교육 : 디아스포라 작가 탐구를 통한 실행연구. 미술과 교육, 13(2), 63-85.

김혜숙(2005). 가족치료 이론과 기법. 학지사.

김혜영·석말숙·최정숙·김성경(2010). 사회복지실천론. 공동체.

김혜온(2012). 다문화교육의 심리학적 이해. 학지사.

김효순(2003). 종교, 양육환경, 자아존중감에 따른 용서의 차이. 이화여자대학교 대학원 석사학위논문.

남세진(2001). 집단지도방법론. 서울대학교출판부.

남진열·강세현·전영록·유용식(2010). 지역사회복지론. 공동체.

도현심(2000). 초기 청소년의 또래에 의한 괴롭힘: 부모에 대한 애착, 또래거부 및 우정관계와의 관계. 아동학회지, 21(1), 307-322.

모선희 외(2007). 현대노인복지론. 학지사.

문아람(2007). 노년기가족관계특성이 노인 생활만족도에 미치는 영향. 중앙대학교 행정대학원. 석사학위논문.

박경애(1997). 인지 정서 행동치료. 학지사.

박동열(2012). 다문화주의와 그 쟁점들. 다문화교육 연구와 실천 4권.

박용순(2006). 지역사회복지론. 학지사.

박재갑 편(2006). 인간생명과학개론. 서울대학교출판부.

박태영(2010). 지역사회복지론. 학현사.

백준흠(2000). 청소년의 종교성이 삶의 질에 미치는 영향에 관한 연구: 원불교 청소년 교회의 활성화를 위한 제언. 원광대학교 대학원 박사학위 논문.

법제처(2024). 경기도 선배시민 지원 조례. [시행 2023.11.27.] [경기도조례 제7816호, 2023.11.27., 제정]

브리태니커사전(2014). http://preview.britannica.co.kr

사회복지고시연구회(2006). 1급 사회복지사 수험서 인간행동과 사회환경. 양서원.

사회복지사1급시험연구회(2012). 1급사회복지사 인간행동과 사회환경. 나눔의 집.

서진환 · 이선혜 · 정수경(2001). 역(말콤 페인). **현대 사회복지실천이론**. 나남출판.

선배시민학회 홈페이지. https://seniorcitizen.co.kr/

선배시민협회 홈페이지. https://xn--lg3btdx1n11b.kr/

설동훈(2005). 이민과 다문화사회의 도래. 한국사회론(김영기 편). 전북대학교출판부.

설진화(2009). 사회복지실천기술론. 양서원.

성영혜 공저(2003). **영유아 발달의 이론과 실제**. 동문사.

소형석(1995). 인지사회적 관점에 의한 인간행동과 교육의 새로운 이해. **교육학연구**, 33(3), 152-153.

손광훈(2008). **인간행동과 사회환경**. 공동체.

______(2010). **인간행동과 사회환경**. 공동체.

손덕순(2004). 노인 정신건강에 영향을 미치는 생태체계 요인에 관한 연구. 강남대학교 박사학위 논문.

손병덕 · 강란혜 · 백은령 · 서화자 · 양숙미 · 황혜원(2008). **인간행동과 사회환경**. 학지사.

손병돈 외(2008). **사회복지와 인권**. 평택대학교 다문화가족센터 편. 양서원.

송길연 외 공역(2005). **발달심리학**. 시그마프레스.

송명자(1995). 발달이론체계의 최근 동향 개관. **동아교육논총**, 21, 29-47.

______(2012). **발달심리학**. 학지사.

신명희 · 서은희 · 송수지 · 김은경 · 원영실 · 노원경 · 김정민 · 강소연 · 임호용(2017). **발달심리학**(제2판). 학지사.

신종우 · 윤경원 · 이우언(2012). **인간행동과 사회환경**. 동문사.

신종우 외(2012). **인간행동과 사회환경**. 동문사.

신혜진(2005). 종교성이 정신건강에 미치는 영향에 관한 연구 : 자기 효능감을 중심으로, 감리교신학대 대학원 석사학위논문.

안계춘(1990). **현대사회학의 이해**. 법문사.

안영진(2007). **아동발달**. 공동체.

양성관 · 주익수 · 박상진 · 김동환(2013). **지역사회복지론**. 정민사.

양정남 · 최선령(2011). **사회복지실천론**(제3판). 양서원.

엄명용 · 김성천 · 오혜경 · 윤혜미(2005). **사회복지실천의 이해**. 학지사.

엄신자(2007). **인간행동과 사회환경**. 인간과 복지.

엄태완 · 임성혜 · 진은영 · 강가영(2012). **인간행동과 사회환경**. 공동체.

엄한진(2006). 전 지구적 맥락에서 본 다문화주의 이민논의. 한국사회학회. **사회학대회 논문집**, 45-75.

오봉욱(2012a). 장애인의 접근성이 사회복지서비스 이용에 미치는 영향. **한국인간복지**

실천연구, 8, 131-148.

______(2012b). 장애인의 사회복지서비스 이용에 영향을 미치는 요인 연구. 한국인간복지실천연구, 9, 39-58.

오봉욱(2023). 선배시민자원봉사단 필수교육(기본, 심화) 자료집.

오봉욱·이명순·이태희·장수복·전수미·한주빈(2013). 사회복지개론. 동문사.

오봉욱·최종복·권혁철(2010). 북한이탈주민의 생활실태 조사 경기도 부천시 원미구 춘의임대아파트 거주자를 중심으로. 사회복지리뷰, 15, 105-127.

오봉욱·한주빈·전수미·이효순·성치상·최종복·최세영·전동일(2013). 사회복지실천기술론. 동문사.

오세진 외(2001). 인간행동과 심리학. 학지사.

오창순·신선인·장수미·김수정(2010). 인간행동과 사회환경. 학지사.

우혁준(2003). 인간의 이타적 행동에 관한 연구. 연세대학교 석사학위논문.

우혜선(2007). 청소년 자살생각에 영향을 미치는 생태 체계적 요인 검증 : 남녀 청소년 비교를 중심으로. 연세대학교 석사학위논문.

유네스코아시아·태평양 국제이해교육원(2008). 다문화사회의 이해. 동녘.

유안진·김혜선(1996). 인간발달. 한국방송통신대학교출판부.

윤진(1985). 성인노인심리학. 중앙적성출판사.

윤철수 외(2018). 사회복지개론. 학지사.

윤현숙·원성원(2010). 노인의 영성과 종교활동이 생활만족도와 우울에 미치는 영향. 한국노년학, 30(4), 1087-1088.

이규태(2012). 한국인의 의식구조. 신원문화사.

이근홍(2006). 인간행동과 사회환경. 공동체.

______(2010). 인간행동과 사회환경. 공동체.

______(2011). 인간행동과 사회환경. 공동체.

이동성·주재홍·김영천 외(2013). 문화다양성 교육의 개념적 특질 및 이론적 배경고찰. 다문화교육연구, 6(1), 1-72.

이병순·김문실·김영순·이남순·권경자·이예종(2011). 노인복지를 위한 노인영양관리. 광문각.

이부하(2008). 국가와 문화적 기본권 독일의 국가, 사회이론과 관련하여. 세계헌법연구, 14(1), 183-206.

______(2008). 종교의 법적 개념과 국가의 종교적 중립성. 헌법학연구, 14(2), 197-220.

이선영(2004). 생태체계관점에서 본 정신장애인 삶의 질 영향요인 연구. 서울여자대학교 박사학위 논문.

이성진 · 박성수(1999). **교육심리학**. 방송대출판부.

이수영 · 진석범 · 이예종 · 구본용 · 송미령 · 조순영(2005). **노년의 생활**. 대왕사.

이숙 · 문혁준 · 강희경 · 공인숙 · 김정희 · 심희옥 · 안선희 · 안효진 · 이미정 · 이희경 · 천희영 · 한미현(2013). **인간행동과 사회환경**. 창지사.

이예종 · 최금주(2013). 연령대별 성인의 정신건강이 삶의 질에 미치는 영향 제5기(2010) 국민건강 영양조사를 중심으로. **디지털정책연구**, 11(1), 321-327.

이예종(2005). 노인의 죽음준비인식과 죽음불안에 관한 연구 노인복지관 이용자를 중심으로. 가톨릭대학교 석사학위논문.

_____(2015). 노인의 인생목표달성도가 죽음불안감에 미치는 영향 – 자아통합의 매개효과 –. 동국대학교 대학원 박사학위논문.

이원규(2006). **인간과 종교**. 나남출판.

이윤로(2006). **인간행동과 사회환경**. 창지사.

_____(2008). **EBS 사회복지사 1급 방송교재 인간행동과 사회환경**. 와이드프로.

이은주 역(2010). **다문화사회복지실천**. 학지사.

이인정 · 최해정(2007). **인간행동과 사회환경**. 나남출판.

이인정 외 공저(2010). **인간행동과 사회환경**. 나남출판.

이정인 · 김순이(2011). 노인의 죽음불안에 영향을 미치는 요인. **한국보건간호학회지**, 25(1), 28-37.

이정화(1986). 대학생의 생의 의미 추구에 관한 연구. 숙명여자대학교 대학원 석사학위논문.

이종복 · 전남련(2011). **사회복지실천론(제3판)**. 학현사.

이지영(2011). 시설보호아동의 학교적응에 영향을 미치는 생태체계적 변인 연구. 위덕대학교 석사학위논문.

이철수(2013). **사회복지학 사전**. 혜민북스.

이태희 전태숙(2010). **지역사회복지론**. 창지사.

이형득(2009). **상담의 이론적 접근**. 형설출판사.

이효선 정푸름(2012). **사회복지실천론**. 정민사.

이훈구 역(1983). **성격심리학**. 법문사.

________(2003). **성격심리학**. 법문사.

이희연(2013). 학교폭력 경험에 관한 문화기술지. *Journal of School Social Work. 25*, 275-309.

인구보건복지협회(www.ppfk.or.kr). 2019 세계인구현황보고서(한국어판).

임경옥, 홍나미, 손경숙(2018). **아동권리와 복지**. 공동체

장석출(1997). **조직 속의 인간**. 해돋이.

장성옥 · 공은숙 · 김남초 · 김춘길 · 김희경 · 송미순 · 안수연 · 이영휘 · 조남옥 · 조명옥 · 최경숙(2010). 노인의 자아통합감과 우울의 주요 예측 변수에 대한 연구. **노인간호학회지, 12**(3), 225-236.

장수한 · 김현주 · 임혁(2011). **인간행동과 사회환경(제2판)**. 공동체.

장수환 · 강현주 · 임혁(2008). **인간행동과 사회환경**. 공동체.

장인협 · 김융일 · 정진영 · 이정숙 · 조흥식 역(1989). **인간행동과 사회환경**. 집문당.

장인협 · 최성재(2003). **노인복지학**. 서울대학교 출판부.

장희숙(2000). **인간발달**. 박영사.

전명수(2012). 종교화 사회복지의 접점: 종교의 사회적 책임과 복지활동의 실제. **종교연구, 68**, 253-280.

전재일 · 이종복 · 조운희 · 이준상 · 이애재 · 이성희(2004). **사회복지실천론**. 형설출판사.

정무성(1997). 지역사회복지 실천모델에 관한 이론적 고찰. 1997년 추계학술대회자료집. 한국사회복지학회.

정선영(2013). 다문화사회복지 관련 교과목의 현황과 제안. **다문화교육연구, 6**(2), 1-22.

정옥분 · 정순화 · 황현주(2009). **애착과 발달**. 학지사.

정옥분(2010). **아동발달의 이해**. 학지사.

______(2011). **성인 노인 심리학**. 학지사.

______(2012). **발달심리학 전생애 인간발달**. 학지사.

______(2015). **전생애 인간발달의 이론(제3판)**. 학지사.

정지웅 · 이성우 · 정득진 · 고순철(2000). **지역사회학**. 서울대학교출판부.

정현숙 · 유계숙(2001). **가족관**. 신평.

정현숙(2001). **가족연구의 발달적 접근**. 교문사.

조계화 · 이현지(2011). 중 노년의 죽음불안과 죽음의 개인적 의미가 품위 있는 죽음태도에 미치는 영향 : 가족의사소통의 매개역할 검증. **성인간호학회지, 23**(5), 482-493.

조복희 · 도현심 · 유가효(2010). **인간발달(제2판)**. 교문사.

조복희(2002). **아동발달**. 교육과학사.

______(2008). **아동발달(개정판)**. 교육과학사.

조상윤 · 오봉욱(2010). 농촌지역 독거노인을 위한 사회복지 실천전략과 과제. **사이버콘텐츠연구, 5**, 122-135.

조선일보. 1999.12.7.

_______. 2002.1.25.

_______. 2009.3.25.

_______. 2012.7.26.

_______. 2013.11.13.

조영달 외(2006). 다문화가정 자녀 교육 실태 조사. 연구용역 최종 보고서. 교육인적자원부.

조추용 · 최현자 역(2002). **치매 예방과 케어**. 창지사.

조향숙 외(2014). **인간행동과 사회환경**. 정민사.

조홍식 · 김학래 · 우국희 · 오승환 · 성정현 · 이지수(2010). **인간행동과 사회환경**. 학지사.

조희원(2014). 한국의 다문화주의와 단일민족주의: 공존과 사회적 통합을 중심으로. **분쟁해결연구**, 12(2), 5-30.

중앙치매센터. 2019 전국치매역학조사.

지은구 · 조성숙(2010). **지역사회복지론**. 학지사.

지혜경(2011). 중년후 외상후 성장경험과 종교적 대처가 주관적 안녕감에 미치는 영향. 아주대학교 교육대학원 석사학위논문.

최경숙 · 박영아(2005). **아동발달**. 창지사.

최경숙(2006). **아동발달 심리학**. 교문사.

최남순(1993). **인간행동과 사회환경**. 대경문화사.

최보가 · 임지영(1999). 또래 괴롭힘이 아동의 외로움과 불안에 미치는 영향. **대한가정학회지**, 37(5), 111-121.

최옥채 · 박미은 · 서미경 · 전석균(2007). **인간행동과 사회환경(제2판)**. 양서원.

___________________________(2011). **인간행동과 사회환경(제4판)**. 양서원.

최옥채(2000). **지역사회실천론**. 아시아미디어리서치.

______(2005). **사회복지사를 위한 조직화 기술**. 학현사.

______(2006). **사회복지실천론**. 양서원.

최외선(2007). 노인의 자아통합감과 죽음불안에 대한 연구. **한국노년학회지**, 27(4), 755-773.

최일섭 · 류진석(1997). **지역사회복지론**. 서울대학교출판부.

최혜지 · 최연순 · 최원희(2009). 문화적 유능감이 사회복지사의 임파워먼트에 미치는 영향력. **한국사회복지행정학**, 11(2)(통권 제26호), 1-34.

최혜지(2011). 다문화 실천인력의 다문화 경험과 문화적 역량에 대한 탐색적 고찰. **정신보건과 사회사업**, 37, 405-439.

퀴블러로스/성염 역(2000). **인간의 죽음 죽음과 임종에 관하여(7쇄)**. 분도출판사.

통계청(2013). 연도별 관련 보도자료 http://kostat.go.kr/

한경혜·이정화·옥선화·Ryff, C. Marks, N.(2002). 중년기 남녀의 사회적 역할과 정신건강. **한국노년학**, 22(2), 209-225.

한국교육심리학회(2000). **교육심리학용어사전**. 학지사.

한국여성정책연구원·한국문화인류학회(2007). 다민족·다문화사회. 진전에 있어서의 사회갈등 양상과 극복과정 - 호주와 일본의 사례 -. 경제·인문사회연구회 협동연구총서.

한국여성정책연구원(2007). 다문화 개념과 한국사회의 다문화 논의.

한국일보, 2013.9.17.

_______. 2013.7.21.

한영춘(1984). **현대조직론**. 법문사.

허은정(2011). 소비자의 윤리적 상품에 대한태도 및 구매의도의 관련요인 분석. **소비자학 연구**, 22(2), 89-111.

홍경자(1995). **합리적 정서적 치료**.

홍정미(2008). 다문화 가정 자녀의 학교생활 적응에 영향을 미치는 생태체계 변인. 숙명여자대학교 박사학위 논문.

홍현미라(2006). 지역사회관계망을 활용한 자원개발 경험의 유형에 관한 근거이론연구 : 사회자본 관점 적용. **한국사회복지학**, 58(4), 65-92.

홍현미라·김가율·민소영·이은정·심선경·이민영·윤민화(2010). **지역사회복지론**. 학지사.

1급 사회복지사 기본서(2016). **인간행동과 사회환경**. 나눔의 집.

A 40 year study of marriage. *Journal of Marriage and the Family*, *55*, 230-239.

Ainsworth, M. D. S. & Bell, S. M. (1974). Mother-infant interaction and the development of competence. In: K. J. Connolly, & J. Bruner (Eds.) *The growth of competence*. London and New York: Academic Press. 97-118.

Allan Wigfield, Jacquelynne S. E., (2000). Expectancy-Value Theory of Achievement Motivation, *Contemporary Educational Psychology*, *25*, 68-81.

Anderson, R. & Carter, I. (1990). *Human behavior in the social environment: A social systems approach*(4th ed). New York: Aldine de Gruyter.

Baltes, P. B., Straudinger, U. M. & Lindenberger, U. (1999). Lifespan Psychology : Theory and Application to Intellectual Functioning. *Annual Review of Psychology*, *50*, 471-507.

Banks, A. (2006). *Cultural diversity and education: Foundation, curriculum, and eaching*. Boston: Person Education.

Banks, A. (2009). "Diversity and citizenship education in multi-cultural nations." *Multi-cultural Education Review*, *1*(1). 1-28.

Blau, P. M. & Scott, W. R. (1962). *Formal organization*. San Francisco: Chandler.

Bradshaw, John, 오제은 역(2004). 상처받은 내면아이 치유. 학지사.

Bradshaw, John, 오제은 역(2013). 가족. 학지사.

Bronfenbrenner, U. (1979). *The Ecology of Human Development*. Cambridge. MA: Harvard University Press.

Bronfenbrenner, U. (1989). Ecological systems theory. *Annals of Child Development*, *6*, 187-249.

Brown, L.(1991). *Groups for Growth and Change.* New York: Longman.

Burchum, J.(2002). "Cultural competence: an evolutionary perspective." *Nursing Forum, 37*(40), 5-15.

Carl Rogers 저, 오제은 역(2007). 칼 로저스의 사람-중심상담. 학지사.

Chess, W. A. & Norlin, J. M. (1988). *Human Behavior and the Social Environment: A Social Systems Model.* Boston, MA: Allyn and Bacon, Inc.

Cross, T. L., B. J. Bazron, K. W. Dennis & M. R. Issacs (1989). *Toward a culturally competent system of care.* Washington, DC: George Town University Child Development Center.

Cynthia A. Munro., et al. (2019). "Stressful life events and cognitive decline: Sex differences in the Baltimore Epidemiologic Catchment Area Follow-Up Study." *International Journal of Geriatric Psychiatry*, *34*(7). 1008-1017.

Daniel W. Parker(2013). The Relationship Between Ego Integrity and Death Attitudes in Older Adults. *American Journal of Applied Psychology*, *2*(1), 7-15.

David C. Este. "The Black Church as a Social Welfare Institution Union United Church and the Development of Montreal's Black Community, 1907-1940." *Journal of Black Studies 35:1*(2004). 3, 20-21.

Etzioni, A. (1961). Comparative Analysis of Complex Organization, Glencoe, Ill: The Free Press.

Etzioni, A.(1964). *Modern Organization*. Englewood Cliffs, NJ: Prentics-Hall.

Fellin, P. (1995). *The Community and The Social Worker.* Itasca, IL: Peacock.

Freud. S. (1933). *New introductory lectures in psychoanalysis*. New York: Norton.

Garbarino. J. (1983). *Social Support Networks : RX for Helping Professionals, Social*

Support Networks. Whittaker, J., Garbarino. J., Aidine Publishing Company.

Germain, C. & Gitterman, A. (1980). *The life model of social work practice*. New York: Columbia University Press.

Germain, C. B. (1987). Human development in contemporary environment. *Social Service Review*, 565-580.

Gnright, R. F. & Zell, R. L.(1989). "Problems encountered when we forgive one another." *Journal of Psychology and Christianity 8*. 52-60.

Green, R. G., et al.(2005). "The multi cultural counseling inventory: A measure for evaluating social work student and practitioner self-perceptions of their multicultural competencies." *Journal of Social Work Education. 41. 191-208.*

Green, R. R. & Ephross, P. H. (1991). *Human Behavior theory and Social Work Practice*. New York: Aldine de Gruyter.

Hutchison, E. (2003). *Dimensions of human Behavior: Person and Environment* (2nd Ed.). Sage.

Jeffrey J. A.(2018). 정영숙· 박영신· 정명숙· 안정신· 노수림 역. 인간발달 문화적 접근. 시그마프레스.

Joachim de Posada Ellen Singer, 공경희 역(2013). 마시멜로 두 번째 이야기. 21세기북스.

Johnson, L,. C. & Yanca, S. J. (2001). *Social work practice A generalist approach* (7th ed.). Jones, M. (1979). The Therapeutic Community. in R. D. Hinshelwood and Mick Manning. Ed. Therapeutic Communities. London : Routledge & Kegan Paul.

Kirby, Sarah E., et al(2004). "Spirituality and Wellbeing in Frail and Nonfrail Older Adult." *The Journal of Gerontology Series B: Psychological Sciences and Social Sciences 59:3.*

Krause, Neal(2006). "Church-Based Social Support and Morality." *The Journals of Gerontology Series B: Psychological Sciences and Social Sciences 61:3.*

Lachman. M. E.(2004). Development in midlife. *Annual Review of Psychology*, *55*. 305-331.

Lefrancois(1984). *Of children: An introduction to child development*(3rd ed,). Belmont, C. A. : Wadsworth Publishing Co.

Lena Johansson., et al(2013). "Common psychosocial stressors in middle-aged women related to longstanding distress and increased risk of Alzheimer's disease: a 38-year longitudinal population study." *BMJ Open 2013;3:e003142. doi:*

10.1136/

Luthans, F. (1992). *Organizational Behavior*(6th ed)(New York : McGraw-Hill Book Company.

Maslow, A. H. (1965). A theory of human motivation In D. E. Hamachek (Ed..) *The self in growth, teaching and learning,* New Jersey: Prentice Hall.

Mattaini, M. J. Lowery, C. T. & Meyer, C. H. (Eds.) (1998). The foundations of social work practice(2nd ed.). Washington, D. C. : NASW Press. 이팔환 외 역. (2000). 사회복지실천의 토대. 나눔의 집.

Meyer, C. H. ed. (1983). *Clinical Social Work in the Ecosystem Perspective*. New York: Columbia University Press.

Miley, K., OMelian, M. & Dubois, L. (2001). *Generalist Social Work Practice: An Empowering Approach*. Boston: Allyn and Bacon.

Minuchin, S. & P. Nichols, 오제은 역(2013). 가족치유. 학지사.

National Association of Social Workers(2001). *NASW standards for cultural competence in social work practice.* Washington, DC: Author.

National Centre for Cultural Competence(2006). *Conceptina frameworks models guiding values and principles.* Washington DC: Gerogetown University Child Development Center.

Norlin, J. M. & Chess, W. A. (1997). *Human Behavior and the Social Environment: Social System Theory*. Boston: Allyn and Bacon.

OECD(2009). 회원국별 자살률 분석자료 http://puck.sourceoecd.org

Parsons, T. (1960). *Structures and Process in Modern Societies*. Glencoe, Ill: Free Press.

Parsons, T. (1961). “An Outline of a Social System,” In T. Parsons et al. (Eds), Theories of Society. New York: The Free Press.

Payne, M. S. (1997). *Modern Social Work Theory*. Macmillan Press. Perspectives on the American community(5th ed.). Chicago: The Dorsey Press.

Roland Leslie Warren & Max Weber & Georg Simmel & Robert Ezra Park & Louis Wirth. (1988). *New Perspectives on the American Community*(5th ed.). Chicago: The Dorsey Press.

Ross, M. G. (1967). *Community Organization: Theory, Principles, and Practice*, 2nd ed., New York: Harper & Row.

S. Minuchin. P. Nichols, 오제은 역(2013). 가족치유. 학지사.

Schumaker, J. F. Ed.(1995). *Religion and Mental Health.* New York: Oxford University Press.

Searles, Harold F. (1960). *The Nonhuman Environment in Normal Development and in Schizophrenia*. New York: The Free Press.

Seyle, H. (1956). *The Stress of life*. New York: McGraw-Hill.

Skinne. (1953). *Science and buman bebavior.* New York: Freepress.

Tonnies, F. (1988). *Gemeinschaft and Gesellschaft*. in R. L. Warren, & L. Lyon. New

Vaillant, C. O., & Vaillant, G. E.(1993). Is the u-curve of marital satisfaction an illusion?

Weber, Max. (1947). *The Theory of Social and Economic Organization*. New York: Free Press.

Zanden, J. W. V.(1997). *Human Development*(6th ed,). New York: McGraw-Hill Co., Inc.

Zastrow, C. & Kirst-Ashman, K. K.(1997). *Understanding Human Behavior and the Social Environment*(4th ed,). Chicago, Il: Nelson-Hall Publishers.

http://media.daum.net/breakingnews/newsview?newsid=20130725185114098

http://redpandacare.com/the-sandwich-generation

http://www.ruthgeneslaw.com/gallery/pages/sandwichGeneration_jpg.htm

http://www.telegraph.co.uk/news/newstopics/howaboutthat/10156725/Top-40-signs-of-a-midlife-crisis-revealed.html

찾아보기

ㄷ

ㄹ

ㅁ

ㅂ

ㅈ

저자약력

■ 장수복

현) 새에덴요양원 대표

전) 칼빈대학교 사회복지학과 교수

김포대학교 사회복지과 조교수

서울사회복지대학원대학교 교수

명지대학교 사회복지대학원 사회복지학 석사

백석대학교 대학원 사회복지학 박사

■ 한주빈

현) 연성대학교 사회복지과 조교수

전) 한신대학교 사회복지학과 실습전담교수

서일대학교 사회복지과 조교수

가톨릭대학교 대학원 사회복지학 석사 및 박사

■ 이예종

현) 김천대학교 사회복지학과 부교수

국제공인 죽음교육상담전문가(ADEC)

숙명여자대학교 대학원 가정관리학 석사

가톨릭대학교 사회복지대학원 사회복지학 석사

동국대학교 대학원 사회복지학 박사

■ 양시영

현) 여성긴급전화 1366 인천센터 센터장

전) 백석문화대학교 사회복지과 겸임교수

명지대학교 사회복지대학원 임상사회사업 석사

상명대학교 일반대학원 행정학(사회복지전공) 박사과정 수료

■ 오봉욱

현) 국제사이버대학교 노인복지학과 객원교수

케이(K)디지털선배시민복지관 관장

전) 서원대학교 미래대학 사회복지학과 조교수

청주서원노인복지관 관장

경기과학기술대학교 사회복지과 조교수

국제사이버대학교 사회복지학과 실습전담교수

김포대학교 사회복지과 조교수

가톨릭대학교 대학원 사회복지학 석사 및 박사

■ 고경은

현) 고려사이버대학교 사회복지학과 외래교수

전) 인덕대학교 사회복지학과 교수

한국열린사이버대학교 사회복지학과 교수

한국방송통신대학교 청소년교육학과 전임대우 강의교수

가톨릭대학교 대학원 사회복지학 석사 및 박사

사회복지실천의 기초지식
인간행동과 사회환경 제3판

초 판 1쇄 발행 / 2019년 8월 30일
제2판 1쇄 발행 / 2021년 6월 30일
제2판 2쇄 발행 / 2022년 8월 30일
제3판 1쇄 발행 / 2024년 3월 5일
제3판 2쇄 발행 / 2025년 3월 5일

•

공저자 / 장수복 · 한주빈 · 이예종
양시영 · 오봉욱 · 고경은
발행인 / 이 중 수
발행처 / **동 문 사**

•

서울특별시 서대문구 홍제원 1길 12
(홍제동 137-8)
Tel : 02)736-3718(대), 736-3710, 3720
Fax : 02)736-3719
등록번호 : 1974.04.27. 제9-17호
가격 : 23,000원

•

ISBN : 979-11-6328-580-9(93330)
E-mail : dong736@naver.com
www.dongmunsa.com